Verfassungsfragen der Beitragsgestaltung in der gewerblichen Unfallversicherung

Frankfurter Abhandlungen zum Sozialrecht

Herausgegeben von Ingwer Ebsen, Franz Ruland und Michael Stolleis

Band 9

PETER LANG
Frankfurt am Main · Berlin · Bern · Bruxelles · New York · Oxford · Wien

Jürgen Fenn

Verfassungsfragen der Beitragsgestaltung in der gewerblichen Unfallversicherung

Gefahrtarif und DDR-Altlasten als Gleichheitsproblem

PETER LANG
Europäischer Verlag der Wissenschaften

Bibliografische Information Der Deutschen Bibliothek
Die Deutsche Bibliothek verzeichnet diese Publikation in der Deutschen Nationalbibliografie; detaillierte bibliografische Daten sind im Internet über <http://dnb.ddb.de> abrufbar.

Zugl.: Frankfurt (Main), Univ., Diss., 2005

Gedruckt mit Unterstützung des
Hauptverbandes der gewerblichen Berufsgenossenschaften
in Sankt Augustin.

D 30
ISSN 0944-1263
ISBN 3-631-54536-3

www.peterlang.de

Danksagung

Die vorliegende Arbeit wurde im Sommersemester 2005 vom Fachbereich Rechtswissenschaft der *Johann Wolfgang Goethe-Universität* in Frankfurt am Main als Inauguraldissertation angenommen.

Mein Dank gilt allen, die zum Gelingen der Arbeit beigetragen haben:

- zunächst meinem Doktorvater, Herrn *Prof. Dr. Ingwer Ebsen*, der die Arbeit angeregt und betreut hatte;
- weiterhin Herrn *Prof. Dr. Manfred Wandt* für die Erstattung des Zweitgutachtens;
- den Mitarbeitern der gewerblichen Berufsgenossenschaften, die auf Seite XXV namentlich genannt sind;
- den stets hilfsbereiten Bibliothekarinnen und Bibliothekaren in den Frankfurter Bibliotheken und in der Stadtbibliothek Neu-Isenburg;
- *David Kastrup* und *Ralf Angeli*, die mir im Sommer 2004 innerhalb von zwei Wochen einen *Patch* zur Verfügung gestellt hatten, so daß ich mit der CVS-Version von *AUCTeX* weiterschreiben konnte;
- den vielen, die mich während der Arbeit EDV-technisch beraten haben;
- *Elisabeth* und *Günter Hoffmann* danke ich für tatkräftige Hilfe in der Not, für manchen gedeckten Tisch und für stetigen Antrieb und Ermutigung, während ich die Arbeit schrieb;
- meiner Mutter und meinem 1990 verstorbenen Vater danke ich dafür, daß sie mir diese Ausbildung ermöglicht haben. Auch das ist keine Selbstverständlichkeit.

Dem *Hauptverband der gewerblichen Berufsgenossenschaften e. V.* danke ich zudem für die freundliche Übernahme eines Teils der Druckkosten.

Die Arbeit wurde mit Freier Software erstellt: *Emacs* 21.3 mit *AUCTeX*; LaTeX 2ε mit *KOMA-Script* v 2.9 s; Textsatz mit TeX (Web2c 7.5.2) 3.141592 aus der *URW-Palladio* 10pt. Die PS-Datei wurde mit *dvips* 5.94 a erzeugt.

Neu-Isenburg, den 2. Oktober 2005

Jürgen Fenn
`http://www.juergenfenn.de/`

Inhaltsverzeichnis

Tabellenverzeichnis

Abbildungsverzeichnis

Literaturverzeichnis

Arbeitsgruppe Alternative Wirtschaftspolitik Memorandum 2002. Blauer Brief für falsche Wirtschaftspolitik – Kurswechsel für Arbeit und Gerechtigkeit. Blätter für deutsche und internationale Politik 2002, 626 und Internet: `http://www.memo.uni-bremen.de/docs/memo02ku.pdf`; Tabellenanhang, vgl. Internet: `http://www.memo.uni-bremen.de/docs/memo02ta.pdf` (am 4. Januar 2003).

Aulmann, Heinz Gemeinsamkeiten und Unterschiede in der Verhütung und Entschädigung von Arbeitsunfällen und Berufskrankheiten in der Bundesrepublik Deutschland und in der DDR. BG 1990, 184.

Axer, Peter Normsetzung der Exekutive in der Sozialversicherung. Ein Beitrag zu den Voraussetzungen und Grenzen untergesetzlicher Normsetzung im Staat des Grundgesetzes. 2000.

Bau-Berufsgenossenschaft Frankfurt am Main (Hg.) 100 Jahre Bau-Berufsgenossenschaft Frankfurt am Main. Festschrift zum 100jährigen Bestehen der Bau-Berufsgenossenschaft Frankfurt am Main. 1985.

Bereiter-Hahn, Werner Bereiter-Hahn und Gerhard Mehrtens. Gesetzliche Unfallversicherung. Loseblatt. – Zitiert: Bereiter-Hahn/Mehrtens.

Bigge, Gerd und Peter Fabian Beitragsrecht. Teil I. Reihe Lehrmaterial für die Fortbildung zum gehobenen berufsgenossenschaftlichen Dienst. Stand: April 1997.

Bleckmann, Albert Europarecht. 6. Aufl. 1997.

Bley, Helmar und Ralf Kreikebohm, Andreas Marschner Sozialrecht. 8. Aufl. 2001.

Breuer, Joachim Die Last der Wismut – eine Herausforderung für die Berufsgenossenschaften. BG 1991, 508.

Bull, Hans Peter Allgemeines Verwaltungsrecht. 6. Aufl. 2000.

Bundesministerium für innerdt. Beziehungen (Hg.) DDR-Handbuch. 2 Bände. 3. Aufl. 1985.

Butzer, Hermann Fremdlasten in der Sozialversicherung. 2001.

Buß, Eugen Lehrbuch der Wirtschaftssoziologie. 2. Aufl. 1995.

Denninger, Erhard u. a. (Hg.) (mit Wolfgang Hoffmann-Riem, Hans-Peter Schneider, Ekkehart Stein). Kommentar zum Grundgesetz für die Bundesrepublik Deutschland (Alternativkommentar). 3. Aufl. Loseblatt.

Deutsch, Erwin Versicherungsvertragsrecht. 4. Aufl. 2000.

Diemer, Hans-Wolfgang Zur Beitragsgerechtigkeit in der gesetzlichen Unfallversicherung. SGb 1993, 608.

Dieterich, Thomas (Hg.) Erfurter Kommentar zum Arbeitsrecht. 1998.

Dolzer, Rudolf (Hg.) Bonner Kommentar zum Grundgesetz. Loseblatt.

Dreher, Meinrad Die Versicherung als Rechtsprodukt. 1990.

Erichsen, Hans-Uwe und Dirk Ehlers (Hg.) Allgemeines Verwaltungsrecht. 12. Aufl. 2002.

Ebsen, Ingwer Sozialversicherungsrechtliche Behandlung einmaligen Arbeitsentgelts – zugleich eine Fallstudie zum Verhältnis von Bundesverfassungsgericht und Gesetzgebung. NZS 1997, 441.

Fahr, Ulrich und Detlef Kaulbach Versicherungsaufsichtsgesetz. 1994.

Fenn, Jürgen Effektiver Rechtsschutz gegen Gefahrtarife. SGb 2004, 94.

Gitter, Wolfgang Die Festsetzung von Gefahrtarifen in der gesetzlichen Unfallversicherung im Hinblick auf den Fußballsport. NZS 1996, 247.

Gitter, Wolfgang und Jochem Schmitt Sozialrecht. 5. Aufl. 2001.

Gnauck-Stuwe, Manuela und Susanne Heyne Beitrags- und Finanzierungsentwicklung in der gesetzlichen Unfallversicherung am Beispiel der Festsetzung von Gefahrklassen für Sportvereine. Verwaltungs-Berufsgenossenschaft, Hamburg, Abteilung Gefahrtarif. Unveröffentlichtes Manuskript. 1998.

Gössl, Thomas Michael Johannes Die Finanzverfassung der Sozialversicherung. 1992.

Graeff, Günter Die Rechtseinheit in der gesetzlichen Unfallversicherung zum 1. Januar 1992. BG 1991, 498.

Große, Walter und Heinz-Leo Müller-Lutz, Reimer Schmidt (Hg.) Versicherungsenzyklopädie. 4. Aufl. 1991. Bd. 4.

Hanau, Peter und Klaus Adomeit Arbeitsrecht. 12. Aufl. 2000.

Hase, Friedhelm Versicherungsprinzip und sozialer Ausgleich. 2000.

Hein, Michael Die Verbände der Sozialversicherungsträger in der Bundesrepublik Deutschland. 1990.

Hesse, Konrad Grundzüge des Verfassungsrechts der Bundesrepublik Deutschland. 19. Aufl. 1993.

Hochstädter, Dieter Statistische Methodenlehre. Ein Lehrbuch für Wirtschafts- und Sozialwissenschaftler. 8. Aufl. 1996.

Höller, Evelyn Die Einordnung der Unternehmen der gewerbsmäßigen Arbeitnehmerüberlassung in den Gefahrtarif in der gesetzlichen Unfallversicherung. SGb 1999, 661.

HVBG (Hg.) Berufsgenossenschaftliche Aktivitäten und Forschungsvorhaben zum Thema Wismut – Erkenntnisstand und Perspektiven. Fachkolloquium Dresden, 9. und 10. Dezember 1996. 1997.

Isensee, Josef Die typisierende Verwaltung. 1976.

Isensee, Josef und Paul Kirchhof (Hg.) Handbuch des Staatsrechts der Bundesrepublik Deutschland. 1987 ff. – Zitiert: HbStR.

Janzen, Peter Beitragsfreiheit in der gesetzlichen Unfallversicherung? NZS 2001, 351.

Jarass, Hans D. und Bodo Pieroth Grundgesetz für die Bundesrepublik Deutschland. 7. Aufl. 2004.

Kasseler Kommentar Sozialversicherungsrecht Loseblatt.

Kaufmann, Franz-Xaver Herausforderungen des Sozialstaats. 1997.

Larenz, Karl und Claus-Wilhelm Canaris Lehrbuch des Schuldrechts. Band II, Halbband 2: Besonderer Teil. 13. Aufl. 1994.

Lauterbach, Herbert und Friedrich Watermann Gesetzliche Unfallversicherung. 3. Aufl. Loseblatt. – Zitiert: Lauterbach/Watermann.

Leichsenring, Christian Gerechtigkeitsdefizite im Beitragsrecht der Unfallversicherung. BG 2001, 433.

Maurer, Hartmut Allgemeines Verwaltungsrecht. 11. Aufl. 1997.

Maydell, Bernd Baron von Die gesetzliche Unfallversicherung – ein übertragbares Modell? In: Haupverband der gewerblichen Berufsgenossenschaften (Hg.). Die soziale Unfallversicherung – Beiträge zur Standortbestimmung. Dr. Friedrich Watermann zum 75. Geburtstag. 1996. S. 149. Zitiert: FS Watermann. S. 99.

Maydell, Bernd Baron von und Franz Ruland (Hg.) Sozialrechtshandbuch (SRH). 3. Aufl. 2003.

Meyer, Hans und Michael Stolleis (Hg.) Staats- und Verwaltungsrecht für Hessen. 4. Aufl. 1996.

Muckel, Stefan Sozialrecht. 2003.

von Münch, Ingo und Philip Kunig (Hg.) Grundgesetz-Kommentar. 5. Aufl. 2000 ff.

Nipperdey, Thomas Deutsche Geschichte 1866–1918. Band I. Arbeitswelt und Bürgergeist. 1990. Sonderausgabe 1998.

Noack, Ingolf Zur Entwicklung des Sozialrechts in der ehemaligen DDR im zweiten Halbjahr 1990. JbSozR 13 (1990), 45.

Oppermann, Thomas Europarecht. 2. Aufl. 1999.

Ossenbühl, Fritz Staatshaftungsrecht. 5. Aufl. 1998.

Papier, Hans-Jürgen und Johannes Möller Verfassungsrechtliche Fragen der Festsetzung der Beiträge in der Unfallversicherung. SGb 1998, 337.

Papier, Hans-Jürgen und Johannes Möller Die Rolle des Solidarausgleichs in der gesetzlichen Unfallversicherung. NZS 1998, 353.

Peine, Franz-Joseph Allgemeines Verwaltungsrecht. 5. Aufl. 2000.

Pernice, Ingolf Billigkeit und Härteklauseln in öffentlichen Recht. Grundlagen und Konturen einer Billigkeitskompetenz der Verwaltung. 1991.

Pieroth, Bodo und Bernhard Schlink Grundrechte. Staatsrecht II. 17. Auflage 2001.

PKV – Verband der privaten Krankenversicherung (Hg.) Wie werden die Beiträge in der PKV kalkuliert? Internet: `http://www.pkv-verband.de/downloads/ikalk.pdf` am 7. Mai 2004.

Platz, Albert Anmerkung zu BSG, SGb 2004, 55. A. a. O., S. 62 ff.

Ricke, Wolfgang Zuständigkeitsrecht der gewerblichen Berufsgenossenschaften. Praxisaspekte, Rechtsgrundlagen, Zuständigkeitsentscheidungen. 1996. – Zitiert: Zuständigkeitsrecht.

Richardi, Reinhard (Hg.) Münchener Handbuch zum Arbeitsrecht. 2000 ff.

Robbers, Gerhard Der Gleichheitssatz. DÖV 1988, 749.

Rolfs, Christian Das Versicherungsprinzip im Sozialversicherungsrecht. 2000.

Ruß, Werner Die Sozialversicherung der DDR. Eine Untersuchung unter besonderer Berücksichtigung der Zielsetzungen der marxistisch-leninistischen Sozialpolitik. 2. Aufl. 1982.

Sachs, Michael (Hg.) Grundgesetz. 3. Aufl. 2003.

Schäfers, Bernhard Gesellschaftlicher Wandel in Deutschland. 6. Aufl. 1995.

Schoch, Friedrich Der Gleichheitssatz. DVBl. 1988, 863.

Schönfelder, Bruno Ökonomisches Risiko und Versicherung in sozialistischen Volkswirtschaften. Am Beispiel der UdSSR und der DDR unter Einbeziehung der Sozialversicherung und unter Berücksichtigung der Versicherungstheorie. 1986.

Schulin, Bertram (Hg.) Handbuch des Sozialversicherungsrechts. Band 2. Unfallversicherungsrecht. 1996. – Zitiert: HS-UV.

Schulin, Bertram und Gerhard Igl Sozialrecht. 7. Aufl. 2002.

Simon, Silvia Umverteilung in der Sozialversicherung. 2001.

Sokoll, Günther Sozialunion in Deutschland. Aktueller Stand und Perspektiven. Die Unfallversicherung im vereinten Deutschland. BG 1991, 722.

Sokoll, Günther Verfassungsmäßigkeit der Unfallversicherung als Pflichtversicherung. BG 2002, 325.

Schimanski, Siegfried Risiko- und Solidaritätsausgleich in der gesetzlichen Unfallversicherung. 1986.

Schulz, Udo Gefahrtarif und Risikoausgleich bei den gewerblichen Berufsgenossenschaften. 1981.

Schulz, Udo Der kaufmännische und verwaltende Teil (Büroteil) der Unternehmen in den Gefahrtarifen der gewerblichen Berufsgenossenschaften, BG 1984, 510.

Schulz, Udo Der Wegeunfall im Gefahrtarif. BG 1985, 704.

Schulz, Udo Äquivalenzprinzip und Berufsgenossenschaftsbeitrag. BG 1991, 331.

Schulz, Udo Risikogerechte Finanzierung als Gestaltungsfaktor in der Prävention der gewerblichen Berufsgenossenschaften. In: Haupverband der gewerblichen Berufsgenossenschaften (Hg.). Die soziale Unfallversicherung – Beiträge zur Standortbestimmung. Dr. Friedrich Watermann zum 75. Geburtstag. 1996. S. 149. Zitiert: FS Watermann.

Schulz, Udo und Jörg Stemmler Die beitragsrechtliche Stellung der freiwilligen Unternehmerversicherung. SGb 1998, 390.

Schulz, Udo Der Gefahrtarif der gewerblichen Berufsgenossenschaften. März 1999. – Zitiert: *Schulz*, Gefahrtarif.

Schulz, Udo Verfassungsrechtliche Fragen der Festsetzung der Beiträge in der Unfallversicherung. Erwiderung zum Aufsatz von Prof. Dr. Hans-Jürgen Papier und Wiss. Ass. Johannes Möller, München, in dieser Zeitschrift, Heft 8, August 1998, S. 337 ff. SGb 1999, 172.

Schulz, Udo Belastungsziffernumrechnungen vor Gefahrklassenfestsetzungen. BG 2001, 196, 196.

Schüren, Peter und Annemarie Diebold Sozialversicherung bei Arbeitnehmerüberlassung. NZS 1994, 241.

Stolleis, Michael Die Geschichtlichkeit des Sozialrechts. SGb 1984, 378.

Stolleis, Michael Geschichte des Sozialrechts in Deutschland. 2003.

Ulrich, Peter Anm. zu BSG, SGb 2001, 254. A. a. O.

Waltermann, Raimund Sozialrecht. 2000.

Wannagat, Georg Lehrbuch des Sozialversicherungsrechts. Bd. I. 1965.

Wannagat, Georg Sozialgesetzbuch. Kommentar. Loseblatt.

Wolff, Hans J. und Otto Bachof Verwaltungsrecht I. 9. Aufl. 1974.

Wollschläger, Frank und Michael Kossens Das Gesetz zur Änderung des Sozialgesetzbuches vom 27. 6. 2003 – Finanzausgleich Unfallversicherung, Geringverdienergrenze und Beitragsrecht –. NZS 2003, 514.

Zöllner, Wolfgang und Karl-Georg Loritz Arbeitsrecht. 5. Aufl. 1998.

Gesprächspartner

Der Verfasser dankt den folgenden Gesprächspartnern, die ihm bei den Unfallversicherungsträgern zur Verfügung standen. Sie haben die Arbeit sehr wohlwollend begleitet und gefördert. Ohne sie wäre die Arbeit nicht möglich gewesen.

Hauptverband der gewerbl. Berufsgenossenschaften Herr *Dr. Günter Rothe.*

Bau-Berufsgenossenschaft Frankfurt am Main Herr *Prof. Dr. Eberhard Jung*, Direktion, Hauptabteilung *„Allgemeine Verwaltung“*; Herr *Wesp*, Abteilung *„Mitglieder und Beitrag“*.

Verwaltungs-Berufsgenossenschaft Frau *Manuela Gnauck-Stuwe* und Frau *Susanne Heyne*, Direktion, Hamburg; Herr *Zieten*, Abteilung *„Mitglieder und Beitrag“*, Bezirksverwaltung Mainz.

Abkürzungsverzeichnis

Es wird allgemein verwiesen auf: Hildebert Kirchner, *Abkürzungsverzeichnis der Rechtssprache, 4. Aufl. 1993.*

Vollständige bibliographische Angaben enthält das Literaturverzeichnis ab Seite XVII ff.

AöR Zeitschrift *„Archiv des öffentlichen Rechts"*

AK-GG *Denninger u. a. (Hg.).* Alternativkommentar zum Grundgesetz

BG Zeitschrift *„Die Berufsgenossenschaft"*

BGF Berufsgenossenschaft für Fahrzeughaltungen

BGFE Berufsgenossenschaft der Feinmechanik und Elektrotechnik

BMA Bundesministerium für Arbeit und Sozialordnung

BRD Bundesrepublik Deutschland

Breith. Entscheidungssammlung *„Breithaupt"*

BT-Drs. Bundestags-Drucksache

DDR Deutsche Demokratische Republik

DER SPIEGEL Nachrichtenmagazin *„Der Spiegel"*

DRV Zeitschrift *„Deutsche Rentenversicherung"*

DVBl. Zeitschrift *„Deutsches Verwaltungsblatt"*

EuZW *„Europäische Zeitschrift für Wirtschaftsrecht"*

FDGB Freier Deutscher Gewerkschaftsbund

GBl. Gesetzblatt (der DDR)

HVBG Hauptverband der gewerblichen Berufsgenossenschaften e. V., Sankt Augustin

HVBG-INFO *„Aktueller Informationsdienst für die berufsgenossenschaftliche Sachbearbeitung"*

HZvNG *„Hüttenknappschaftliches Zusatzversicherungs-Neuregelungs-Gesetz"* vom 21. Juni 2002, BGBl. S. 2167

JbSozR *„Jahrbuch des Sozialrechts der Gegenwart"*

NZA *„Neue Zeitschrift für Arbeitsrecht"*

NZS *„Neue Zeitschrift für Sozialrecht"*

SED Sozialistische Einheitspartei Deutschlands

SGb Zeitschrift *„Die Sozialgerichtsbarkeit"*

SKWPG *„1. SKWPG": „Erstes Gesetz zur Umsetzung des Spar-, Konsolidierungs- und Wachstumsprogramms"* vom 21. Dezember 1993, BGBl. I S. 2353

UVG *„Unfallversicherungsgesetz"* vom 6. Juli 1884, RGBl. S. 69.

UVNG *„Unfallversicherungs-Neuregelungsgesetz"* vom 30. April 1963, BGBl. I S. 241

VBG Verwaltungs-Berufsgenossenschaft

ZfSH/SGB *„Zeitschrift für Sozialhilfe und Sozialgesetzbuch"*

ZSR *„Zeitschrift für Sozialreform"*

1 Einführung

1.1 Vorbemerkung

Noch vor etwa 10 Jahren lag der Anteil von Streitigkeiten aus dem Beitragsrecht der gesetzlichen Unfallversicherung bei nur ca. 2–3% aller Unfallstreitsachen.[1] Seitdem haben die diesbezüglichen Entscheidungen zugenommen, allerdings ohne daß eine Aussage über ihren Anteil an allen Unfallsachen möglich wäre. Das Beitragsrecht der Unfallversicherung ist in der Literatur präsent. Beitragsrechtliche Verfahren finden stetig statt, wie auf den nächsten Seiten aufgezeigt werden wird.

Zumindest auf die Auseinandersetzung um die Unfallversicherungsbeiträge der Sportvereine[2] ist auch eine breitere Öffentlichkeit aufmerksam geworden. Ein weiterer Schwerpunkt waren in den letzten Jahren die Streitigkeiten um die Bildung von Gefahrtarifstellen für Zeitarbeitsunternehmen.[3] Es waren aber noch andere Branchen betroffen.

Darüberhinaus war die Umlage der Altlasten aus der Unfallversicherung der DDR auf die (west-) deutschen Unfallversicherungsträger, deren Zuständigkeit seit 1990 teilweise auf das ostdeutsche Beitrittsgebiet erstreckt worden war, umstritten.

Die Entwicklung dieser Streitfragen soll im folgenden zunächst anhand der Rechtsprechung nachgezeichnet werden, um einen problembezogenen Zugang zu den theoretischen Problemen zu eröffnen, die hinter diesen Streitigkeiten stehen. Es werden Gleichheitsprobleme bei der Festsetzung des Gefahrtarifs und bei der Umlage von Altlasten auf die Unternehmer vorgestellt. Die Einführung beschränkt sich auf (mittlerweile) „klassische" Problemstellungen, die in der jüngeren Praxis der Sozialgerichte aufgetreten sind und die schließlich vom Bundessozialgericht entschieden wurden.

1 *Hans-Wolfgang Diemer*, Zur Beitragsgerechtigkeit in der gesetzlichen Unfallversicherung, SGb 1993, 608.
2 Vgl. Abschnitt 1.2.5 auf Seite 13 ff.
3 Vgl. Abschnitt 1.2.4 auf Seite 8 ff.

1.2 Streitfragen des Beitragsrechts der gesetzlichen Unfallversicherung

1.2.1 Die Tarifstellen der Energieversorgungsunternehmen

Zu Beginn der 1980er Jahre waren Klagen von Energieversorgern gegen die Veranlagung nach den Gefahrtarifen 1972 und 1977[4] der Berufsgenossenschaft der Feinmechanik und Elektrotechnik (BGFE)[5] zu entscheiden.[6]

Die Vertreterversammlung der BGFE hatte im Gefahrtarif 1972 eine Tarifstelle für *„Energieversorgungsunternehmen"* mit der Gefahrklasse 7,0 gebildet. Daneben sollten *„Verwaltungszentren"* zu der Gefahrklasse 1,0 veranlagt werden. Eine gesonderte Tarifstelle *„Büroteil"* für verwaltende Tätigkeiten[7] war nicht vorhanden. Der Gefahrtarif sah im übrigen vor, daß jedes Unternehmen[8] *„grundsätzlich zu einer Gefahrklasse"*[9] zu veranlagen sei.

Ein Beschluß des Vorstands der Berufsgenossenschaft aus dem März 1974 bestimmte rückwirkend für den Gefahrtarif 1972, daß als *„Verwaltungszentren"* nur Großunternehmen mit mindestens 1 500 Beschäftigten veranlagt werden könnten.[10] In dem – insoweit ansonsten unveränderten – Gefahrtarif 1977 wurde ein „Verwaltungszentrum" so definiert, daß dort mindestens 1 000 Beschäftigte vorhanden sein müßten.

Streitig war, ob kleinere Energieversorger, die insgesamt etwa 400 Mitarbeiter beschäftigten, nur zu der Tarifstelle für Energieversorgungsunternehmen zu der Gefahrklasse 7,0 oder hinsichtlich ihrer Hauptverwaltung auch zu der Tarifstelle für Verwaltungszentren zur Gefahrklasse 1,0 zu veranlagen waren.

---

4 Mit der Bezeichnung „Gefahrtarif 1972" usw. ist der für die Veranlagung ab dem 1. Januar 1972 usw. anzuwendende Gefahrtarif gemeint.

5 Internet: `http://www.bgfe.de/`

6 BSG, Az.: 8/8a RU 34/80, SozR 2200 § 734 RVO Nr. 1; BSG, Az.: 2 RU 27/81, BSGE 55, 26.

7 Vgl. hierzu: *Udo Schulz*, in: Wannagat, SGB VII, § 157 SGB VII Rn. 15; *ders.*, Der kaufmännische und verwaltende Teil (Büroteil) der Unternehmen in den Gefahrtarifen der gewerblichen Berufsgenossenschaften, BG 1984, 510, passim.; *Schulz*, Der Gefahrtarif der gewerblichen Berufsgenossenschaften, März 1999 (im folgenden zitiert: *Schulz*, Gefahrtarif), S. 60 ff. mit einer Übersicht zur Tarifstelle *Büroteil* in den Gefahrtarifen der gewerblichen Berufsgenossenschaften auf S. 61–65.

8 Es ist auf das Unternehme*n* abzustellen, nicht auf den Unternehme*r*; vgl. den Wortlaut in § 734 I RVO und § 159 I 1 SGB VII.

9 BSG, SozR 2200 § 734 RVO Nr. 1 S. 2.

10 BSG, SozR 2200 § 734 RVO Nr. 1 S. 1.

Damit ist die Frage nach den maßgeblichen Kriterien für die Bildung von Gefahrtarifstellen und für die Festsetzung der Gefahrklassen sowie für die Veranlagung der Unternehmen zu den Gefahrklassen aufgeworfen. § 730 RVO bestimmte hierzu – weitaus knapper gefaßt als § 157 SGB VII – : *„Zur Abstufung der Beiträge nach dem Grad der Unfallgefahr hat die Vertreterversammlung durch einen Gefahrtarif Gefahrklassen zu bilden."* Fraglich ist, ob die vorliegend von der Vertreterversammlung gewählte Gestaltung des Gefahrtarifs rechtmäßig war.

Der Gefahrtarif bestimmt hier die Ungleichbehandlung kleiner und größerer Unternehmen bei der Veranlagung zu den Gefahrklassen: Die kleineren Energieversorger werden insgesamt – mit den Betriebsteilen Produktion *und* Verwaltung – der Tarifstelle *„Energieversorgungsunternehmen"* zugewiesen und damit – zusammen mit der Produktion der größeren Versorger – zu der Gefahrklasse 7,0 veranlagt. Demgegenüber werden größere Energieversorger, die umfangreiche „Verwaltungzentren" unterhalten, mit ihrem Verwaltungsteil nur zur Gefahrklasse 1,0 veranlagt. Umgekehrt führte die Ausgliederung nur der „Verwaltungszentren" ab einer bestimmten Beschäftigtenzahl in eine eigene Tarifstelle zur Gleichbehandlung der Verwaltung der kleineren Versorger mit der Produktion aller Versorgungsunternehmen, für die die Berufsgenossenschaft zuständig war.

Diese (Un-) Gleichbehandlung der Energieversorger war nach der Ansicht des 8. Senats des Bundessozialgerichts nicht zu beanstanden.[11] Das Gericht entschied am 29. Oktober 1981, die Vertreterversammlung der Berufsgenossenschaft sei nicht verpflichtet gewesen, die Verwaltungsteile aller Versorger in eine eigene Gefahrtarifstelle auszugliedern. Maßgeblich für die Bildung der Tarifstellen sei die *„gewerbetypische Unfallgefahr"* eines Gewerbezweigs.[12] Die von der Vertreterversammlung getroffene Regelung nehme auf die Besonderheiten der Versorgerbranche Rücksicht und sei deshalb sachgerecht.[13] Die Abgrenzung von Tarifstellen nach der Zahl der Beschäftigten in einem Unternehmen und die Entscheidung darüber, ob ein Unternehmen nach einer oder nach mehreren Tarifstellen zu veranlagen wäre, sei von dem Gestaltungsspielraum des Satzungsgebers umfaßt.[14] Ein Verstoß gegen Art. 3 I GG sei nicht ersichtlich.[15]

11 BSG, SozR 2200 § 734 RVO Nr. 1.
12 BSG, SozR 2200 § 734 RVO Nr. 1 S. 3.
13 BSG, SozR 2200 § 734 RVO Nr. 1 S. 3 f.
14 BSG, SozR 2200 § 734 RVO Nr. 1 S. 4.
15 BSG, SozR 2200 § 734 RVO Nr. 1 S. 4. – A. A. war insoweit das Berufungsgericht, zitiert

Das Bundesverfassungsgericht hat die in dem Gefahrtarif vorgenommene Typisierung in dem Beschluß vom 4. März 1982[16] ebenfalls für rechtmäßig befunden und damit die Rechtsprechung des BSG bestätigt. Die Typisierung nach der Zahl der Beschäftigten sei durch die Bedürfnisse der Massenverwaltung gerechtfertigt.[17] Härten im Einzelfall seien dabei hinzunehmen.[18]

Der 2. Senat des Bundessozialgerichts dagegen hat in einer späteren Entscheidung die Ansicht vertreten, es sei nicht festgestellt worden, ob es einen hinreichenden sachlichen Grund für die in dem Gefahrtarif getroffene Differenzierung der Veranlagung nach der Zahl der in den Verwaltungsteilen Beschäftigten gegeben habe.[19] Es hatte die Sache deshalb an das LSG zur Nachholung der Feststellung dieser Tatsachen zurückverwiesen.[20]

1.2.2 Die Tarifstelle der Personenverkehrsunternehmer

In seinem Urteil vom 12. Dezember 1985[21] hatte sich der 2. Senat des Bundessozialgerichts mit dem Gefahrtarif 1979 der Berufsgenossenschaft für Fahrzeughaltungen (BGF)[22] auseinanderzusetzen. Ein Kraftbusunternehmer hatte sich dagegen gewandt, hinsichtlich seines gewerblichen Betriebsteils[23] mit den Taxiunternehmern und den Mietwagenunternehmern in derselben Tarifstelle *„Personenverkehr"* zusammengefaßt zu werden, obwohl die Unfallgefahr der Omnibusunternehmer, gemessen an den Arbeitsentgelten und den Unfallbelastungen, ganz erheblich von denjenigen der beiden anderen Gewerbzweige abwich.[24]

Wiederum war fraglich, nach welchen Kriterien bei der Bildung der Tarifstellen und bei der Festsetzung der Gefahrklassen im Gefahrtarif zu ver-

nach: BSG, SozR 2200 § 734 RVO Nr. 1 S. 4.

16 BVerfG, Az.: 1 BvR 34/82, SozR 2200 § 734 RVO Nr. 2 S. 5 f.

17 BVerfG, SozR 2200 § 734 RVO Nr. 2 S. 6.

18 BVerfG, SozR 2200 § 734 RVO Nr. 2 S. 6 unter Bezugnahme auf BVerfGE 12, 21, 29 und die seither ständige Rechtsprechung.

19 BSG, Urteil vom 22. März 1983, BSGE 55, 26.

20 BSGE 55, 26, 29 f.

21 BSG, Az.: 2 RU 40/85, SozR 2200 § 731 RVO Nr. 2 = SGb 1986, 340.

22 Internet: `http://www.bgf.de/`

23 Der Gefahrtarif enthält in übrigen eine eigene Tarifstelle für die kaufmännischen Betriebsteile, der vorliegend nicht im Streit steht.

24 Kraftomnibusunternehmer: –36,6%, Kraftdroschken: +36,2%, Mietwagenunternehmer: +36,2%; zitiert nach: BSG SGb 1986, 340, 341.

fahren sei.

Die Gleichbehandlung der Kraftomnibusunternehmer mit den Taxiunternehmern und den Mietwagenunternehmern war angesichts der sehr weit divergierenden Unfallgefahren der Gewerbezweige höchst problematisch.[25] Wie schon in Abschnitt 1.2.1 auf Seite 2 ff. stellt sich auch hier die Frage, ob die Tarifstelle aufzuteilen sei, das heißt vorliegend: ob die Omnibusunternehmer in eine eigene Tarifstelle auszugliedern seien, damit sie zu einer Gefahrklasse veranlagt werden können, die ihrer Unfallgefahr im Vergleich zu den der anderen Gewerbezweige, mit denen sie in derselben Tarifstelle zusammengefaßt worden waren, besser entspricht. Das Bundessozialgericht hat das bejaht.[26] Es hat der Vertreterversammlung allerdings einen *„ausreichenden Beobachtungszeitraum"* bei der Neuordnung des Gefahrtarifs hinsichtlich der in Rede stehenden Tarifstelle zugebilligt, um ihr Gelegenheit zu geben, die Entwicklung zu beobachten.[27] Die Klage hatte deshalb im Ergebnis keinen Erfolg.

In dem vorliegenden Urteil hat das BSG im übrigen Bedenken wegen der Eignung der Lohnsummen und der Unfallasten als Maßstab für die Unfallgefahr der Gewerbezweige diskutiert.[28] Prinzipiell kann die Unfallgefahr in der gewerblichen Unfallversicherung als Verhältnis der Unfallasten entweder zu der Anzahl der Vollarbeiter oder zu den Lohnsummen bestimmt werden. Der Gesetzgeber hat zwischenzeitlich, der – schon damals vorherrschenden[29] – berufsgenossenschaftlichen Praxis folgend, in § 157 III SGB VII bestimmt, daß das *„Verhältnis der gezahlten Leistungen zu den Arbeitsentgelten"* als Maßstab für die Berechnung der Gefahrklassen heranzuziehen ist:[30]

$$\text{Gefahrklasse} = \frac{\text{Entschädigungsleistungen} \times 1000}{\text{Arbeitsentgelte}} \tag{1.1}$$

---

25 BSG SGb 1986, 340, 342.

26 BSG SGb 1986, 340, 342.

27 BSG SGb 1986, 340, 343. – In der Literatur werden 1–2 Beobachtungszeiträume, d. h. Gefahrtarifperioden, für ausreichend gehalten: *Schulz*, in: Wannagat, § 157 SGB VII Rn. 36.

28 BSG SGb 1986, 340, 342.

29 BSG SGb 1986, 340, 342.

30 *Schulz*, Gefahrtarif, S. 161, begrüßt diese *„Klarstellung"* ausdrücklich, weil sie *„die grundsätzliche Diskussion über die Merkmale der Gefahrklassenberechnung beendet"* habe. – Formel 1.1 (und entsprechend Formel 1.7 auf Seite 58) zeigt die in der Praxis übliche Berechnung, bezogen auf 1 000 Euro Arbeitsentgelt. – Vgl. *Albert Platz*, in: HS-UV, § 58 Rn. 15 und 12 sowie *Udo Schulz*, Belastungsziffernumrechnungen vor Gefahrklassenfestsetzungen, BG 2001, 196, 196.

Das Gericht hat hiergegen den Einwand erhoben, daß eine dieserart berechnete Belastungsziffer bzw. Gefahrklasse[31] *„nur in etwa die bestehende Unfallgefahr ausdrückt"*.[32] Besteht nämlich in zwei Gewerbezweigen eine vergleichbare Unfallgefahr, so wird bei der Berechnung der Gefahrklasse nach dem vorstehenden Verfahren für denjenigen Gewerbezweig ein betragsmäßig größerer Quotient berechnet, der bei gleicher Zahl der Beschäftigten und bei gleicher Unfallast die kleinere Lohnsumme aufweist.[33] Die Omnnibusunternehmer waren deshalb hier schon wegen des in ihrer Branche bestehenden höheren Lohnniveaus gegenüber den Taxiunternehmern bei der Berechnung der Belastungsziffer „im Vorteil".[34] Zwar wird dies dadurch relativiert, daß zumindest ein Teil der von der Berufsgenossenschaft zu erbringenden Leistungen am Arbeitsentgelt der Versicherten orientiert ist,[35] denn hierdurch erhöhen sich *ceteris paribus* wiederum die Kosten je Unfall im Vergleich zu den Branchen, die hinsichtlich der Lohnsummen sozusagen „schlechter" gestellt sind. Das ändert jedoch nichts daran, daß die Kosten eines gegebenen Unfalls einen Gewerbezweig umso stärker belasten, je niedriger seine Lohnsumme ist.[36] Weitere Verzerrungen können sich dadurch ergeben, daß die Kosten für den technischen und medizinischen Dienst von der Berechnung der Belastungsziffer ausgenommen sind.[37]

Das Gericht ist dessenungeachtet der Ansicht, die dergestalt berechneten Gefahrklassen seien ein brauchbarer Maßstab für die Unfallgefahr in den Gewerbezweigen.[38] Aus den durch das Berechnungsverfahren bedingten *„Unwägbarkeiten"* leitet es her, nur solche Gefahrklassen, die *„auffällig voneinander abweichen"*, wiesen einen rechtlich erheblichen Unterschied auf,

31 Genaugenommen ist die sogenannte Belastungsziffer das unmittelbare Ergebnis der Rechnung. Die in der Folge auf ihrer Grundlage festzusetzende Gefahrklasse kann von der Belastungsziffer abweichen (BSG SGb 1986, 340, 342.).

32 BSG SGb 1986, 340, 342.

33 BSG SGb 1986, 340, 342. – Ein Beispiel: Gegeben sei eine Unfallast von 200 000 Euro. Bei einer Lohnsumme von 2 000 000 Euro beträgt der Quotient aus Entschädigungsleistungen und Arbeitsentgelten 0,1 oder, bezogen auf 1 000 Euro Arbeitsentgelt, gerade 100 (die Währungseinheit entfällt bei der Division durch sich selbst). Beträgt die Lohnsumme dagegen das Doppelte, so ergibt sich eine rechnerische Gefahrklasse von 0,05 bzw. von 50.

34 BSG SGb 1986, 340, 342.

35 BSG SGb 1986, 340, 342. – Gemeint sind die Renten, vgl. §§ 56 ff. SGB VII.

36 BSG SGb 1986, 340, 342.

37 BSG SGb 1986, 340, 342.

38 BSG SGb 1986, 340, 343.

der sich auf die Gestaltung des Gefahrtarifs auswirken müsse.[39]

1.2.3 Die Tarifstelle *„Garage, Autohof, Bootshaus"*

Umstritten war weiterhin die Veranlagung der Betreiber von Parkhäusern hinsichtlich des von ihnen beschäftigten Kassenpersonals. Hierzu sind in einer Sache zwei aufeinanderfolgende Entscheidungen des BSG vom 22. September 1988[40] sowie vom 21. August 1991[41] ergangen.

Die BGF hatte in demselben Gefahrtarif, der schon bei der Veranlagung des Personenverkehrs in Abschnitt 1.2.2 auf Seite 4 ff. zur Anwendung gekommen war, die Parkhausbetreiber in der Tarifstelle *„Garage, Autohof, Bootshaus"* zur Gefahrklasse 6 veranlagt. Die Tarifstelle bestand zu etwa 80% aus Betreibern von Parkhäusern.[42] Die Unternehmer wandten sich zum einen dagegen, mit den übrigen Gewerbezweigen in einer Tarifstelle zusammengefaßt zu werden, obwohl deren Unfallgefahr nach den Feststellungen des LSG nach Zurückverweisung der Sache etwa 340% höher war.[43] Zum anderen wandten sie sich dagegen, daß die in den Parkhäusern eingesetzten Kassierer zur Gefahrklasse 6 in die Veranlagung einbezogen worden waren, obwohl sie, *„in einem Blechhäuschen"* sitzend, keinen unmittelbaren Kontakt zum ruhenden oder fließenden Verkehr hatten.[44] Sie begehrten daher eine Veranlagung hinsichtlich ihres Kassenpersonals zur Gefahrklasse 1 für kaufmännische Tätigkeiten.

Auch hier ist wiederum die Bildung und die Abgrenzung der Tarifstellen voneinander problematisch. Fraglich ist, ob es sachlich gerechtfertigt war, Gewerbezweige mit so großer Divergenz der Unfallgefahr in einer Tarifstelle zusammenzufassen. Darüberhinaus war problematisch, ob es für die Zuordnung der der Kassierer zu dem übrigen, in einem Parkhaus eingesetzten Personal – sowie der in den anderen Gewerbezweigen der Tarifstelle tätigen, nachweislich wesentlich stärker gefährdeten Versicherten – einen sachlichen Grund gab oder ob die Kassierer eher dem Büropersonal der Parkhausbetreiber gleichzustellen wären.

---

39 BSG SGb 1986, 340, 343.

40 BSG, Az. 2 RU 2/88, HVBG-INFO 1988, 2215.

41 BSG, Az. 2 BU 42/91, HVBG-INFO 1991, 2058. – Beide Entscheidungen sind über *Juris* abrufbar und werden im folgenden nach dieser Fassung absatzweise zitiert.

42 BSG, 21. August 1991, Absatz 4 der Gründe, a. a. O.

43 BSG, 21. August 1991, Absatz 4 f. der Gründe, a. a. O.

44 BSG, Urteil vom 22. September 1988, Absatz 2 des Tatbestands, a. a. O.

Das LSG stellte sich in der zweiten Frage – entgegen dem SG – auf den letzteren Standpunkt,[45] da die Einnahme von Parkgebühren eine Tätigkeit kaufmännischer Art sei, die der *„Realisierung des unternehmerischen Ergebnisses"* diene.[46] Dem ist das BSG indessen nicht beigetreten. Es ging vielmehr von dem Grundsatz aus, daß es nicht auf die Unfallgefahr an einem bestimmten Arbeitsplatz, sondern auf die gewerbetypische Unfallgefahr des Gesamtbetriebs ankomme. Deshalb sei entscheidend, in welchem Betriebsteil die Kassierer eingesetzt würden. Konsequenterweise ist die Art der Tätigkeit, die ein bestimmter Beschäftigter in einem nichtkaufmännischen Beriebsteil ausübt, unbeachtlich.[47] Da die Kassierer nicht im Büro, sondern im Parkhaus tätig sind, seien sie in die Veranlagung des Unternehmens nicht nach der Gefahrklasse 1, sondern nach der Gefahrklasse 6 einzubeziehen. Im übrigen wurde die Sache zur weiteren Verhandlung an das LSG zurückverwiesen.

Hinsichtlich der Bildung der Tarifstelle hielt das LSG daraufhin die Bildung der Tarifstellen trotz der erheblichen Divergenz der Unfallgefahr für *„noch mit der Zielvorstellung des Gesetzgebers"* vereinbar.[48] Dabei bezeichnete das Gericht das in dem weiteren Verfahren von der Berufsgenossenschaft vorgelegte Zahlenmaterial als *„letztlich noch ausreichend"*, die Tatsachen seien *„nicht in dem wünschenswerten Umfang zu ermitteln gewesen"*.[49] Die Nichtzulassungsbeschwerde gegen das Urteil hatte keinen Erfolg.[50]

1.2.4 Die Tarifstellen der Zeitarbeitsunternehmer

Die Streitigkeiten zwischen der Verwaltungs-Berufsgenossenschaft (VBG)[51] und den Zeitarbeitsunternehmern erstrecken sich seit Mitte der 1980er Jahre bis in die Gegenwart. Anstoß hierfür war ursprünglich der Übergang der VBG von einem sogenannten Tätigkeitstarif, bei dem die Unternehmen je nach den in ihnen ausgeübten Tätigkeiten zu veranlagen

45 BSG, Urteil vom 22. September 1988, Absätze 3 f. des Tatbestands, a. a. O.

46 BSG, Urteil vom 22. September 1988, Absatz 6 des Tatbestands, a. a. O.

47 BSG, Urteil vom 22. September 1988, Absatz 5 der Entscheidungsgründe, a. a. O.

48 BSG, 21. August 1991, Absatz 4 der Gründe, a. a. O.

49 BSG, 21. August 1991, Absatz 4 der Gründe, a. a. O.

50 BSG, 21. August 1991, a. a. O.

51 Die genaue Bezeichnung der Berufsgenossenschaft lautet nach Nr. 31 der Anlage 1 zu § 114 SGB VII: *„Berufsgenossenschaft der Banken, Versicherungen, Verwaltungen, freien Berufe und besonderen Unternehmen – Verwaltungs-Berufsgenossenschaft"*, Internet: `http://www.vbg.de/`

waren, zu einem nach Gewerbezweigen gegliederten Gefahrtarif zu Beginn des Jahres 1984.

In dem Gefahrtarif 1984 bildete die Vertreterversammlung der VBG zwei Tarifstellen für *„Unternehmen zur gewerbsmäßigen Arbeitnehmerüberlassung"*, nämlich die Tarifstelle 5.9 für Zeitarbeitsunternehmen, *„in denen überwiegend Personen, die in den büromäßigen Bereich fallen, tätig sind"* mit der Gefahrklasse 3,5 und die Tarifstelle 5.10 für Unternehmen, *„in denen überwiegend Personen, die in den nicht büromäßigen Bereich fallen, tätig sind"* mit der Gefahrklasse 16,0. Unterscheidungsmerkmal – in dem Gefahrtarif 1990 ausdrücklich so definiert, in der Praxis aber seitdem die ganze Zeit über so gehandhabt – war die Versicherungspflicht der Beschäftigten bei der Bundesversicherungsanstalt für Angestellte (BfA) oder bei einer Landesversicherungsanstalt (LVA).[52] Dagegen wurde das Merkmal „überwiegender" Tätigkeit im Büro oder nicht seit dem Gefahrtarif 1995 durch durch das Erfordernis *„ausschließlicher"* dortiger Tätigkeit geändert. Jedes Zeitarbeitsunternehmen wurde grundsätzlich zu beiden Tarifstellen veranlagt.

Die Unternehmer wehrten sich von Anbeginn an gegen die vorgenannte Zusammenfassung zu zwei Tarifstellen in den Gefahrtarifen.[53]

Aus der Sicht des allgemeinen Gleichheitssatzes ist in der Tat problematisch, daß das äußerst vielgestaltige Erscheinungsbild der gewerbsmäßigen Arbeitnehmerüberlassung in dem Gefahrtarif in nur zwei Tarifstellen abgebildet wird. Die meisten Unternehmer „verleihen" Personal sowohl für Bürotätigkeiten als auch für die Verwendung in technischen oder handwerklichen Betrieben, und zwar in wechselnden Anteilen und Schwerpunkten. Viele Felder, in denen die Versicherten tätig sind, fallen zudem auch sonst in die originäre Zuständigkeit der VBG. Das gilt insbesondere für Büro- und Verwaltungstätigkeiten. Entlieh ein Zeitarbeitsunternehmen beispielsweise ausschließlich Arbeitnehmer an Banken und Versicherungen, so unterfiel das nach dem Gefahrtarif 1984 der Tarifstelle 5.9 mit der Gefahrklasse 3,5, während die Unternehmen, die diese Arbeitnehmer einsetzen, würden sie sie selbst beschäftigen, nach der Tarifstelle 1.1 nur zu

52 Die Versicherungspflicht zur Rentenversicherung bei der Arbeitnehmerüberlassung knüpft an das Arbeitsverhältnis mit dem Verleiher an. – Vgl. *Peter Schüren und Annemarie Diebold*, Sozialversicherung bei Arbeitnehmerüberlassung, NZS 1994, 241, 242 m. w. N.

53 Nachweise der unveröffentlichten instanzgerichtlichen Urteile bis 1999, in denen die VBG unterlegen war, bei *Evelyn Höller*, Die Einordnung der Unternehmen der gewerbsmäßigen Arbeitnehmerüberlassung in den Gefahrtarif in der gesetzlichen Unfallversicherung, SGb 1999, 661, dort Fn. 3.

einer Gefahrklasse von 1,0, der sogenannten Eckgefahrklasse[54] zu veranlagen wären.

Hier ist zunächst die Ungleichbehandlung zu rechtfertigen, die durch die Bildung der beiden Tarifstellen für Zeitarbeitsunternehmer entsteht. Ungleich behandelt werden die Zeitarbeitsunternehmer, die Bürokräfte „verleihen", gegenüber denjenigen, die andere Branchen bedienen. Umgekehrt, werden die Unternehmer, die zu derselben Tarifstelle zusammengefaßt werden, jeweils gleich behandelt, und zwar unabhängig davon, in welchen Branchen das von ihnen an Dritte überlassene Personal tätig wird. Das können ganz unterschiedliche Tätigkeiten sein, die mitunter, soweit sie auch sonst in die Zuständigkeit der VBG fallen, mit ganz unterschiedlichen Gefahrklassen versehen worden sein können.

Andererseits ist die Ungleichbehandlung der Zeitarbeitsunternehmer mit den übrigen Unternehmern, für die die VBG zuständig ist, durch einen sachlichen Grund zu rechtfertigen, das heißt die Bildung eigener Tarifstellen für diese Unternehmer überhaupt. Anstelle der Bildung eigener Tarifstellen ist zu erwägen, ob die Zeitarbeitsunternehmer nicht auch zu den Gefahrklassen veranlagt werden könnten, zu denen diejenigen Unternehmer veranlagt werden, in denen die jeweiligen Versicherten tatsächlich tätig werden, ob es also tatsächlich eigener Tarifstellen für die Zeitarbeitsbranche bedarf oder ob sie letztlich entbehrlich wären.

Das BSG hat in seinem – zur weiteren Verhandlung an das LSG zurückverweisenden – Urteil vom 21. August 1991 entschieden, daß die Bildung der Tarifstellen für die Unternehmer der gewerbsmäßigen Arbeitnehmerüberlassung im Gefahrtarif 1984 der VBG grundsätzlich rechtmäßig gewesen sei.[55] Insbesondere seien die Zeitarbeitsunternehmen ein Gewerbezweig, der durch eine *„gemeinsame gewerbetypische Unfallgefahr"* gekennzeichnet ist.[56] So ergäben sich etwa aus dem häufigen Wechsel des Arbeitsplatzes Gefahren, weil die Versicherten immer wieder auf neue Verhältnisse sich einstellen müßten.[57] Gerade weil die Beschäftigten ständig in andere Betriebe ausgeliehen würden, wo sie ganz verschiedene Tätigkeiten

54 Die Eckgefahrklasse ist diejenige Gefahrklasse, auf die alle anderen Gefahrklassen durch eine einfache Umrechnung bezogen werden, um die Übersichtlichkeit des Gefahrtarifs im ganzen zu verbessern. Vgl. hierzu: *Gerhard Mehrtens*, in: Bereiter-Hahn/Mehrtens, § 157 SGB VII Rn. 9.1.

55 BSG, Az.: 2 RU 54/90, NZA 1992, 335.

56 BSG, NZA 1992, 335, 335.

57 BSG, NZA 1992, 335, 335 f.

ausüben müßten, ergäben sich vielfältige Unfallgefahren in unterschiedlichen Kombinationen.[58] Das sei den Zeitarbeitsunternehmen eigen und mithin für sie typisch. Deshalb sei die Bildung eigener Tarifstellen für sie zulässig gewesen.[59] Der Regelungsspielraum der Vertreterversammlung bei der Festsetzung des Gefahrtarifs sei umso größer, je komplexer der zugrundeliegende Sachverhalt ist. Dabei stehe ihr insbesondere ein ausreichender Zeitraum zu, um Erfahrungen zu sammeln.[60] Die Unterteilung in die beiden Tarifstellen für Büro- und sonstiges Personal sei zudem in der sich schnell entwickelnden und expandierenden Branche der Arbeitnehmerüberlassungsunternehmen sachgerecht gewesen.[61]

Nach erneuter Verhandlung bei dem LSG entschied das BSG sodann in seinem Urteil vom 18. Oktober 1994, die für die Tarifstelle 5.9 im Gefahrtarif 1984 festgesetzte Gefahrklase sei nichtig.[62] Das Gericht hatte nur über die Gefahrtarifstelle 5.9 zu entscheiden, weil die Klägerin nur zu dieser Tarifstelle veranlagt worden war.[63] Es führt aber im weiteren aus, die Gefahrklassen beider Tarifstellen für Zeitarbeitsunternehmen seien rechtswidrig und damit nichtig gewesen.[64] Es entwickelt seine Rechtsprechung insoweit fort, als es feststellt, die Gefahrklasse müsse *„nicht nachrechenbar, wohl aber nachvollziehbar sein"*.[65] Der Gefahrtarif *„und die dazu gebildeten Gefahrklassen insgesamt"* seien *„kein bloßes Rechenwerk, sondern ein Zusammenfluß rechnerischer, wertender und gewichtender Faktoren"*. Der Gefahrtarif müsse allerdings *„auf gesichertem Zahlenmaterial fußen und im Ergebnis versicherungsmathematischen Grundsätzen entsprechen"*.[66]

Das LSG und das BSG beanstandeten hier insbesondere, daß die in die Berechnung der Gefahrklasse eingehenden Unfallasten und Lohnsummen sich im einzelnen nicht mit der Abgrenzung der Gefahrtarifstellen gedeckt haben.[67] Der Umrechnung der berechneten Belastungsziffer von 1,33 im Zuge der bei der VBG damals noch üblichen „Normierung"[68] zu 3,69 und

58 BSG, NZA 1992, 335, 336.
59 BSG, NZA 1992, 335, 336.
60 BSG, NZA 1992, 335, 336.
61 BSG, NZA 1992, 335, 336.
62 BSG, Az.: 2 RU 6/94, SGb 1995, 253, 256.
63 BSG, SGb 1995, 253, 255.
64 BSG, SGb 1995, 253, 256.
65 BSG, SGb 1995, 253, 255.
66 BSG, SGb 1995, 253, 255.
67 BSG, SGb 1995, 253, 254, 256.
68 Gemeint war eine Indizierung der Gefahrklassen, die sich betragsmäßig alle auf die Gefährdungsrisiken in der Kreditwirtschaft bezogen, welche gleich 1,0 gesetzt waren.

gegen die darauf beruhende Rundung zu 3,5 bestehen keine rechtlichen Bedenken.[69] Zu beanstanden war hingegen letztlich, daß der Berechnung der Gefahrklassen ganz andere Lohnsummen und Unfallasten zugrundegelegt worden waren, als es die Abgrenzung der Tarifstellen im Gefahrtarif bestimmt hatte. Der Fehler ging darauf zurück, daß das vorgenannte Abgrenzungsmerkmal zwischen den Tarifstellen – die Zugehörigkeit der Versicherten zur Rentenversicherung der Angestellten oder der Arbeiter – erst nachträglich von der Verwaltung in Zusammenarbeit mit dem Bundesverband Zeitarbeitsunternehmen (BZA) in die Praxis zur Konkretisierung des in dem Gefahrtarif genannten Merkmals „überwiegend büromäßig" eingeführt worden war.[70] In die vorher durchgeführte Berechnung der Gefahrklassen jedoch waren Zahlen aus ganz unterschiedlichen Gewerbezweigen und Tätigkeitsbereichen eingegangen, die auf diese Unterscheidung nicht abstellten.[71] Auch eingedenk der immensen Schwierigkeiten, mit denen die Berufsgenossenschaft und ihre Vertreterversammlung bei der Umstellung von dem Tätigkeitstarif zum Gewerbezweigtarif konfrontiert gewesen sei,[72] seien diese Fehler nicht mehr hinzunehmen.

Das LSG hatte deshalb zutreffend entschieden, daß die Berechnung der Gefahrklassen für die in Rede stehenden Gefahrtarifstellen *„so viele Unklarheiten und Lücken aufweist, daß das darauf basierende Verfahren zur erstmaligen Berechnung der Belastungsziffer und damit zur Festsetzung der Gefahrklasse für die Gefahrtarifstellen 5.9 und 5.10 fehlerhaft ist"*[73] und *„keine verwertbare rechnerische Basis für die Belastungsziffer und die darauf fußende Gefahrklasse"*[74] darstellt.

Das BSG hat seine Rechtsprechung in mehreren neueren Entscheidungen bestätigt, in denen keine neuen Gesichtspunkte oder Kriterien entwickelt werden.[75] Allerdings leitet das Gericht seine Auffassungen zur Festsetzung des Gefahrtarifs nunmehr aus dem zwischenzeitlich in Kraft getretenen § 157 SGB VII her, was im Schrifttum einerseits auf Zustimmung

– Auskunft der VBG sowie Internet: `http://www.vbg.de/aktuelles/gefahrtarif/index.html` am 10. Juni 2001.

69 BSG, SGb 1995, 253, 256.

70 BSG, SGb 1995, 253, 254, 256.

71 BSG, SGb 1995, 253, 254, 256.

72 So der Vortrag der Beklagten in der Revision unter BSG, SGb 1995, 253, 254.

73 BSG, SGb 1995, 253, 256.

74 BSG, SGb 1995, 253, 255.

75 BSG, Urteil vom 24. Juni 2003, Az.: B 2 RU 21/02, SGb 2004, 55; sowie zwei weitere Urteile vom 24. Februar 2004: Az.: B 2 U 31/03 R; Az.: B 2 U 17/03.

gestoßen ist.[76] Insbesondere gegen die Leerformel, der Gefahrtarif müsse *„nicht nachrechenbar, wohl aber nachvollziehbar sein"*,[77] sind allerdings Bedenken geäußert worden, da § 157 III SGB VII nunmehr ausdrücklich bestimmt, daß die Gefahrklassen *„berechnet"* werden.[78]

1.2.5 Die Tarifstellen der Sportvereine

Im Jahre 1995 beschloß die Vertreterversammlung der Verwaltungs-Berufsgenossenschaft (VBG), die Gefahrklassen für Sportvereine heraufzusetzen. Da dies ganz erhebliche Steigerungen der Beiträge zu Folge hatte, kam es in der sonst weitgehend geräuscharm funktionierenden Unfallversicherung[79] zu einem veritablen Skandal und zu einer für diesen Zweig der Sozialversicherung ausgesprochen lebhaften Diskussion, die bis heute andauert.[80]

Im **Gefahrtarif 1984** war für *„Sportvereine und Sporteinrichtungen"* in Tarifstelle 3.3 ursprünglich die Gefahrklasse 24,5 berechnet und festgesetzt worden.[81] Schon damit war eine beträchtliche Erhöhung der Beiträge für die Sportvereine verbunden. Weil die Sportverbände daraufhin bei dem Bundesministerium für Arbeit und Soziales sowie bei dem Bundesversicherungsamt vorstellig wurden, wurde die Gefahrklasse für diese Tarif-

---

76 *Albert Platz*, Anmerkung zu BSG, SGb 2004, 55, a. a. O., S. 62 ff., passim.

77 BSG, SGb 1995, 253, 255; SGb 2004, 55, 61.

78 *Jürgen Fenn*, Effektiver Rechtsschutz gegen Gefahrtarife, SGb 2004, 94, 95 f.

79 *Hans-Jürgen Papier und Johannes Möller*, Die Rolle des Solidarausgleichs in der gesetzlichen Unfallversicherung, NZS 1998, 353, 353 meinen: „Die gesetzliche Unfallversicherung gilt als ‚heile Welt' der Sozialversicherung."

80 *Wolfgang Gitter*, Die Festsetzung von Gefahrtarifen in der gesetzlichen Unfallversicherung im Hinblick auf den Fußballsport, NZS 1996, 247, sowie *Hans-Jürgen Papier und Johannes Möller*, Verfassungsrechtliche Fragen der Festsetzung der Beiträge in der Unfallversicherung, SGb 1998, 337 und *dies.*, Die Rolle des Solidarausgleichs in der gesetzlichen Unfallversicherung, NZS 1998, 353 – jeweils als Gutachter für den Deutschen Fußballbund (DFB) tätig (hierzu die Erwiderung von *Schulz*, SGb 1999, 172). In jüngerer Zeit: *Peter Janzen*, Beitragsfreiheit in der gesetzlichen Unfallversicherung?, NZS 2001, 351 sowie *Jürgen Fenn*, Effektiver Rechtsschutz gegen Gefahrtarife, SGb 2004, 94.

Einen Überblick über die Entwicklung bis zum Gefahrtarif 1995 aus der Sicht der VBG geben zwei Mitarbeiterinnen aus der Direktion der VBG in Hamburg: *Manuela Gnauck-Stuwe und Susanne Heyne*, Beitrags- und Finanzierungsentwicklung in der gesetzlichen Unfallversicherung am Beispiel der Festsetzung von Gefahrklassen für Sportvereine (unveröffentlichtes Manuskript). – Der Verfasser dankt den Autorinnen für ihre Zustimmung zur Verwendung des Papiers in dieser Arbeit und für die weitere freundliche Unterstützung.

81 *Gnauck-Stuwe/Heyne*, a. a. O. (Fn. 80), S. 5.

Jahr	*Gefahrklasse*
1990	*9,0*
1991	*10,0*
1992	*12,0*
1993	*12,5*
1994	*15,0*

Tabelle 1.1: „Stufenplan" *der Verwaltungs-Berufsgenossenschaft von 1990 für die Berechnung der Beiträge für Sportvereine, abweichend von den Festsetzungen des Gefahrtarifs 1990 und von den Veranlagungsbescheiden.*

stelle rückwirkend zum 1. Januar 1984 durch Beschluß der Vertreterversammlung der VBG vom 16. Januar 1987 auf 8,5 festgesetzt.[82] Der Gefahrtarif war bis Ende 1989 in Kraft. Deshalb erhielten die Vereine erst 1987 die Veranlagungsbescheide für die Jahre 1984 ff.; die diesbezüglichen Beitragsbescheide ergingen 1990.[83]

Für den Beobachtungszeitraum 1984 bis 1988 war in der Folge eine Belastungsziffer von 29,5 berechnet worden.[84] Daraufhin wurde in Übereinstimmung mit der Aufsichtsbehörde in dem **Gefahrtarif 1990** die Gefahrklasse 15,0 festgesetzt, ein *„politischer Wert"*,[85] zu dem auch die *Veranlagung* im Jahr 1990 erfolgte, während *für die eigentliche Beitragsberechnung*, abweichend von den Festsetzungen des Gefahrtarifs, ein *„Stufenplan"* zugrundegelegt wurde, mit dem die Gefahrklasse der Sportvereine letztlich an den Wert 25,0 angenähert werden sollte (vgl. Tabelle 1.1).[86]

In der ersten Hälfte der 1990er Jahre kam es nun zu einem starken Anstieg der Ausgaben für Profisportler: In der Zeit von 1989 bis 1993 gingen 83% der erstmals entschädigten Fälle (die sogenannte *Neulast*) auf Arbeitsunfälle und Berufskrankheiten von Profisportlern der ersten und zweiten

82 *Gnauck-Stuwe/Heyne*, a. a. O. (Fn. 80), S. 5 f.; *Gitter*, NZS 1996, 247, 247.

83 *Gnauck-Stuwe/Heyne*, a. a. O. (Fn. 80), S. 6.

84 *Gnauck-Stuwe/Heyne*, a. a. O. (Fn. 80), S. 6.

85 *Gnauck-Stuwe/Heyne*, a. a. O. (Fn. 80), S. 6; DER SPIEGEL, Nr. 38/1995, S. 192, 192.

86 *Gnauck-Stuwe/Heyne*, a. a. O. (Fn. 80), S. 6. – Dieses Vorgehen erinnert an das von Praktikern teilweise so genannte „Einschleifen der Gefahrklasse." Üblicherweise wird darunter aber verstanden, daß bei einem beträchtlichem Anstieg der Belastungsziffer in den folgenden Gefahrtarifen eine stetige, aber behutsame Anhebung der Gefahrklasse durch ordentliche Festsetzung seitens der Vertreterversammlung erfolgt. (Auskunft der Beitragsabteilung der Bau-BG Frankfurt am Main.)

Fußballbundesliga sowie der Regionalligen zurück.[87] Ursache war zum einen die Anerkennung neuer Berufskrankheiten (Meniskusschäden), aber auch allgemein gestiegene Rehabilitationskosten.[88]

In der Presse wurde ausführlich berichtet, daß Profifußballspieler eine außerordentlich aufwendige Rehabilitation erhielten,[89] die aber zumeist nicht fachgerecht erbracht werde, weil das Ziel der Behandlung nur die kurzfristige Wiederherstellung der Arbeitsfähigkeit der Fußballspieler sei, während gerade die dabei angewendeten Methoden langfristig zur Invalidität führten.[90]

Darüberhinaus war seit dem 1. Januar 1991 in § 11 IV SGB V die Subsidiarität der Krankenversicherung bei Leistungsfällen der Unfallversicherung bestimmt worden.[91]

Die daraufhin ursprünglich von der Vertreterversammlung für den **Gefahrtarif 1995** beschlossene Gefahrklasse 51,6 wurde von der Aufsicht nicht genehmigt, weil der Anstieg der Lasten nicht auf alle Sportvereine gleichmäßig zurückgehe, so daß eine Differenzierung innerhalb der Sportvereine erforderlich sei.[92]

Deshalb wurden in der Tarifstelle 06.1 nunmehr alle Vereine *„mit Zugehörigkeit zur ersten oder zweiten Fußballbundesliga oder zur Fußballregionalliga"* als *„besonderen Sportvereine"* zusammengefaßt zur Gefahrklasse 110,9. Für

---

87 *Gitter*, NZS 1996, 247, 247; *Gnauck-Stuwe/Heyne*, a. a. O. (Fn. 80), S. 7.

88 *Gitter*, NZS 1996, 247, 247, Fn. 3.

89 Als Beispiel wird die Rehabilitation des Torwarts des Fußballbundesligavereins *FC Bayern München*, der auch in der deutschen Fußballnationalmannschaft spielt, angeführt, der nach einem Kreuzbandriß täglich fünf Stunden mit einem Physiotherapeuten arbeitete, wodurch er nach 147 Tagen wieder an Bundesligaspielen teilnehmen konnte (DER SPIEGEL Nr. 38/1995, S. 192, 192). Verletzungen träten häufiger auf und fielen zunehmend schwerer aus, weil sich das Spiel immer weiter beschleunigt habe und rücksichtsloser geworden sei (DER SPIEGEL Nr. 38/1995, S. 192, 192 f.). Auch wurde berichtet, die Sportvereine würden die Rehakosten durch eigene Kliniken und übertriebene Abrechnungen der Mannschaftsärzte absichtlich in die Höhe treiben, um die Vereinskasse zu entlasten (DER SPIEGEL Nr. 38/1995, S. 192, 193 f.)

90 DER SPIEGEL Nr. 11/1999, S. 272 f., 272: *„Jedes Jahr meldet sich eine komplette Elf berufsunfähig."* – DER SPIEGEL Nr. 38/1995, S. 192, 193: *„Nationalspieler kommen im Jahr leicht auf 60 Einsätze. ‚In keiner anderen Berufsgruppe,' sagt die VBG-Direktorin* Manuela Gnauck-Stuwe, *‚gehören Unfallschäden so immanent zum Alltag wie im Profifußball.' Am liebsten würde die Leiterin des Bereichs Prävention die Kicker ‚in Rüstungen stecken und barfuß spielen lassen,' doch einstweilen sind die Verhältnisse ungefähr so, als könnten Formel-1-Teams ihre Rennwagen Vollkasko versichern lassen."*

91 *Gitter*, NZS 1996, 247, 247.

92 *Gnauck-Stuwe/Heyne*, a. a. O. (Fn. 80), S. 7; *Christian Leichsenring*, Gerechtigkeitsdefizite im Beitragsrecht der Unfallversicherung, BG 2001, 433, 435.

alle übrigen Sportvereine sollte lt. Tarifstelle 06.2 eine jährlich steigende Gefahrklasse von 15,0 im Jahre 1995 über 18,0 1996 bis zu 28,0 in den Jahren 1997 bis 1999 gelten. Dadurch kam es zu einer Erhöhung der Beiträge dieser *„besonderen Sportvereine" „auf mehr als das Siebenfache der Sätze von 1994"*.[93]

Diese Regelung hatte, wie erwähnt, auch in der allgemeinen Presse für großes Aufsehen gesorgt.[94]

Durch den **ersten Nachtrag zu dem Gefahrtarif 1995** vom 26. Juni 1997 wurde die Regelung in der Tarifstelle 06.2 dahingehend geändert, daß nur die *„Sportvereine mit sonstigen bezahlten Sportlern, soweit* [sie] *nicht bereits zur Gefahrtarifstelle 06.1,"* gehören[95] zur Gefahrklasse 28,0 zu veranlagen seien. Darüberhinaus wurde die Tarifstelle 06.03 *„sonstiger Sportverein"* geschaffen, ein Auffangtatbestand für Vereine, die keiner der beiden anderen Tarifstellen 06.1 oder 06.2 angehörten, vor allem die Breitensportvereine, mit der Gefahrklasse 15,0, die schon nach dem Gefahrtarif 1990 für alle Sportvereine gegolten hatte.[96]

Weil die Sportvereine, die ihre Beiträge nicht direkt, sondern kollektiv über ihre Verbände an die VBG entrichten, die Zahlung verweigerten, **verglich** sich die Berufsgenossenschaft schließlich mit den Fußballvereinen im Rahmen eines öffentlich-rechtlichen Vertrages.[97] Dabei kam es in den Jahren 1995 bis 1997 zu Beitragsnachlässen von 159 Mio. DM gegenüber den ursprünglich festgesetzten Beiträgen.[98]

---

93 So *Papier/Möller*, SGb 1998, 337, 337.

94 Zwei Schlagzeilen lauteten beispielsweise: *„Freitag, der 13.: VBG schockt DFB / Mayer-Vorfelder warnt und wimmert"* (*Frankfurter Rundschau*, 14. Februar 1998, S. 21) und: *„Ein Selbstbedienungsladen macht die Rechnung auf. / Weil sich die Beiträge des Profifußballs zur Berufsgenossenschaft durch beiderseitige Schuld versiebenfacht haben, ist vor allem die Regionalliga vom Ruin bedroht."* (*Süddeutsche Zeitung*, 28. Februar 1998, S. 60). – Aus dem Schrifttum vgl.: *Gitter*, NZS 1996, 247 sowie *Papier/Möller*, SGb 1998, 337; *dies.*, NZS 1998, 353, als Gutachter für den Deutschen Fußballbund (DFB); hierzu wiederum: *Schulz*, Erwiderung, SGb 1999, 172.

95 Ergänzungen in eckigen Klammern vom Verfasser.

96 Vor allem die Breitensportvereine wurden von der vorhergehenden hohen Gefahrklasse hart getroffen und wehrten sich gegen die gemeinsame Veranlagung mit den Profifußballvereinen. – Vgl. LSG Sachsen-Anhalt, Urteil vom 30. Juni 1999, Az.: L 6 U 73/97 (unveröffentlicht); SG Gießen Breith. 1999, 282. Vgl. hierzu S. 19 ff.

97 Auskunft der Abteilung Gefahrtarif der VBG, Hamburg.

98 Die Zeitarbeitsunternehmen führten unter anderem hiergegen im Rahmen der von ihnen angestrengten Streitigkeiten Klage (Vgl. Abschnitt 1.2.4 auf Seite 8 ff.), unterlagen aber, weil sie nach der Auffassung der Gerichte gegen Nachlässe für Unternehmer, die anderen Tarifstellen zugeordnet worden sind, als nicht am Verfahren Beteiligte

Die scharfen Proteste gegen die Gestaltung des Gefartarifs führten zu einer weiteren vorzeitigen Überarbeitung: Dem **Gefahrtarif 1998**, der bis Ende 2000 in Kraft war. Jetzt wurden die Sportunternehmen in den Tarifstellen 50 bis 52 erfaßt, die den drei Tarifstellen 06.1 bis 06.3 des Gefahrtarifs 1995 mit dem Nachtrag 1997 entsprachen. Für *„Sportunternehmen mit bezahlten Sportlern aus der 1. oder 2. Fußballbundesliga oder der Fußballregionalliga"* wurde nunmehr die Gefahrklasse 45,40 festgesetzt, für *„Sportunternehmen mit sonstigen bezahlten Sportlern, wenn dieses Unternehmen nicht bereits zur Gefahrtarifstelle 50 gehört,"* die Gefahrklasse 15,01 und, schließlich, für alle übrigen Sportunternehmen die Gefahrklasse 4,43.[99]

Gegenwärtig gilt der **Gefahrtarif 2001**, der die Veranlagung der Sportunternehmen in der Tarifstelle 54.1 bis 54.3 regelt. Für Fußballbundesliga oder -regionalligavereine ist die Gefahrklasse 47,75 festgesetzt worden (Tarifstelle 54.1). Vereinen mit sonstigen bezahlten Sportlern wird, beginnend mit dem Jahr 2001, die Gefahrklasse 18,01, ab 2002 20,26 und ab 2003 die Gefahrklasse 22,52 zugewiesen (Tarifstelle 54.2). Neu geschaffen wurde eine eigene Tarifstelle 54.3 für die *„übrigen Versicherten"* der Sportunternehmen mit der Gefahrklasse 1,98. Jedes Unternehmen wird zu allen drei Gefahrtarifstellen veranlagt – ein Modell, das die VBG früher schon im Zeitarbeitsgewerbe angewandt hatte.[100] Diese Rückkehr zum Tätigkeitstarif sei aber, wie die VBG an dieser Stelle betont, *„aufgrund der besonderen Verhältnisse nicht auf andere Unternehmensarten übertragbar."*[101]

---

nicht vorgehen könnten: Schleswig-Holsteinisches LSG, HVBG-INFO 2002, 2082, 2086, 2097 ff.; offengelassen in: BSG, SGb 2004, 55, 57 f. – Ein zweifelhaftes Ergebnis, weil der Beitrag zur Unfallversicherung stets von der Berufsgenossenschaft nach den Vorschriften des Gesetzes und der Satzung festgesetzt werden muß und nicht Gegenstand von Verhandlungen zwischen der Berufsgenossenschaft und dem Unternehmer sein kann. Weil es durch den Vergleich zu einer anderen Verteilung der Lasten gekommen war, als nach dem Gefahrtarif vorgesehen, könnte durchaus eine Beschwer der Unternehmen der gewerbsmäßigen Arbeitnehmerüberlassung vorgelegen haben, gegen die sie hätten klagen können. – Ebenso: *Fenn*, SGb 2004, 94, 97 f.

99 Die Abgrenzung trägt jeweils noch den Zusatz: *„Auch: Sportverein, Sportmarketinggesellschaft, Spielbetriebs-GmbH o. Ä., jedoch nicht Schule für Sport, Gymnastik, Ballett, Tanz / Sportartist, Stuntman / Sportverband."*

100 Vgl. Abschnitt 1.2.4 auf Seite 8 ff.

101 Internet: `http://www.vbg.de/aktuelles/gefahrtarif/index.html` am 10. Juni 2001: „Die Veranlagung der Sportunternehmen (Gefahrtarifstelle 54) ändert sich.
Bisher waren die Sportunternehmen alternativ zu drei Gefahrtarifstellen veranlagt, d. h. ein Sportunternehmen jeweils nur zu einer Gefahrtarifstelle. Nun wird jedem Sportunternehmen die Möglichkeit gegeben, die einzelnen Entgelt-Anteile seiner Versicherten zu drei unterschiedlichen Gefahrklassen nachzuweisen. Diese Verfahrensweise hat

Problematisch ist hier, wiederum, die Bildung der Tarifstellen und die Festsetzung der Gefahrklassen. Die bereits in den vorangegangenen Abschnitten angesprochenen Probleme zeigen sich hier aber in besonderer Schärfe, weil der von der Vertreterversammlung beschlossene Anstieg der Gefahrklassen und der Zuschnitt der Tarifstellen in den Gefahrtarifen der VBG von 1984 bis 2001 zu ganz erheblichen Beitragssteigerungen geführt hatten, was für die Unfallversicherung ganz ungewöhnlich ist. Bei einem Anstieg der Beitragslast für die Profifußballvereine um den Faktor sieben von einer Gefahrtarifperiode zur anderen stellt sich insbesondere die Frage, inwieweit hier den von der Vertreterversammlung in dem Gefahrtarif getroffenen Festsetzungen Grenzen gesetzt sind.

Fraglich ist auch, ob die Zusammenfassung von Sportvereinen in einer, zwei oder drei Tarifstellen und die von der Vertreterversammlung der VBG hierfür festgesetzten Gefahrklassen angesichts der großen Unterschiede zwischen einem Breitensportverein, in dem sich die Mitglieder zusammengefunden haben, um einem gemeinsamen sportlichen Hobby nachzugehen und die hierzu nur wenige Personen stundenweise beschäftigen, und einem *de facto* Sportkonzern wie dem *FC Bayern München*, der seinen Profispielern und seinen Managern Gehälter in Millionenhöhe zahlt, sachlich gerechtfertigt ist. Darin zeigt sich das Hauptproblem, das der VBG aufgrund der großen Heterogenität ihrer Mitgliederschaft überhaupt gestellt ist. Es ist insoweit von einer Art Auffangzuständigkeit der VBG für Dienstleistungsberufe im weitesten Sinne gesprochen worden.[102] Beginnend mit dem Gefahrtarif 1995 wurde offenbar versucht, dem Rechnung zu tragen, indem die Sportvereine zu zwei Tarifstellen veranlagt wurden. Auch hiernach aber war für die allgemeinen Sportvereine ein starker Anstieg der Gefahrklasse von 15 nach dem Gefahrtarif 1990 auf bis zu 28 und damit auch der Beitragsbelastung ab dem Jahr 1997 vorgesehen.

Untypisch ist, daß die vorstehend geschilderten Auseinandersetzungen, soweit es um die Fußballvereine geht, ausschließlich im Rahmen der Selbstverwaltung ausgetragen wurden, bis hin zum Abschluß eines öffentlich-rechtlichen Vertrags der Berufsgenossenschaft mit den Fußballver-

---

wesentliche Vorteile gegenüber der bisherigen Regelung, da die individuellen Verhältnisse jedes Sportunternehmens berücksichtigt werden. Bei dieser Regelung handelt es sich um eine Lösung ausschließlich für Sportunternehmen, die aufgrund der besonderen Verhältnisse nicht auf andere Unternehmensarten übertragbar ist."

102 SG Frankfurt, Gerichtsbescheid vom 20. Oktober 1999, Az.: S-8/U-3402/98, S. 5 (unveröffentlicht).

einen über deren Beitragsschuld. Vorteilhaft gesehen, könnte man darin einen Beweis für die Leistungsfähigkeit der Selbstverwaltung in der Sozialversicherung erblicken. Diese Vorgänge sind jedoch in der Geschichte der gesetzlichen Unfallversicherung hinsichtlich ihrer Tragweite ganz sicherlich einmalig gewesen. Das Ansinnen anderer Sportverbände, beispielsweise des *Deutschen Eishockey Bunds*, insoweit mit dem *Deutschen Fußballbund* gleichbehandelt zu werden, hatte die VBG abgelehnt. Hier kam es wegen Rückständen in Millionenhöhe zur Stundung von Beiträgen, um die Vereine und ihre Verbände vor der Insolvenz zu bewahren.

Gerichtliche Entscheidungen unmittelbar zu den Tarifstellen für Sportvereine betreffen daher nur die „sonstigen Sportvereine". Soweit diese nach den vorgenannten Gefahrtarifen der VBG noch nicht getrennt von den Fußballvereinen veranlagt worden waren, betreffen sie somit auch die Fußballvereine, obwohl diese nicht an den Verfahren beteiligt waren. Es gibt insbesondere keine einschlägigen Entscheidungen des BSG.

Das SG Gießen befand in seinem Urteil vom 17. September 1998[103] den Gefahrtarif 1995 der VBG hinsichtlich der Veranlagung der Breitensportvereinen zur Gefahrtarifstelle 06.2 für rechtswidrig, weil die Verhältnisse in einem Breitensportverein, der üblicherweise Bürokräfte, Trainer oder Platzwarte, nicht jedoch professionelle Sportler beschäftigt, nicht mit denjenigen eines Fußballbundesligavereins zu vergleichen seien.[104] Daraus ergeben sich ganz unterschiedliche Unfallrisiken, die, gemessen an der zwischenzeitlich eingeführten Differenzierung nach dem Gefahrtarif 1998, um den Faktor drei von denjenigen der Profifußballvereine abwichen.[105] Es liege auch kein ausnahmsweise hinzunehmender Härtefall vor, weil hiervon *„viele, ggf. tausende Sportvereine betroffen"* seien.[106]

Die Klage eines Reitvereins gegen die Veranlagung nach dem Gefahrtarif 1995 hat das LSG Sachsen-Anhalt hingegen mit Urteil vom 30. Juni 1999[107] in der Berufungsinstanz – wie vorgehend auch das SG – zurückgewiesen. Durch die Ausgliederung der *„besonderen Sportvereine"* in dem Gefahrtarif 1995 sei den Interessen der anderen Sportvereine in hinreichendem Maße Rechnung getragen worden.[108] Eine weitere Untergliederung der Tarifstel-

103 SG Gießen, Az.: S 1 U 436/97, Breith. 1999, 282.
104 SG Gießen, Breith. 1999, 285 f.
105 SG Gießen, Breith. 1999, 285 f.
106 SG Gießen, Breith. 1999, 288.
107 LSG Sachsen-Anhalt, Az.: L 6 U 73/97 (unveröffentlicht).
108 LSG Sachsen-Anhalt, Urteil vom 30. Juni 1999, S. 10.

len für Sportvereine als nach dem Gefahrtarif 1995 sei zu diesem Zeitpunkt nicht möglich gewesen, weil es hierfür – nicht zuletzt aufgrund der mangelnden Kooperation der Sportvereine – an Daten gefehlt habe.[109]

1.2.6 Die Tarifstelle der *„sonstigen Unternehmensarten"*

In den neueren Streitigkeiten, die gegen die VBG geführt werden, kam auch die Tarifstelle *„Sonstige Unternehmensarten"* ins Blickfeld. Diese Tarifstelle war zum 1. Januar 1998 erstmals in den Gefahrtarif der VBG aufgenommen worden, sie ist auch im Gefahrtarif 2001 als Tarifstelle 55 beibehalten worden, ergänzt um die Tarifstelle 56: *„Sonstige Dienstleistungsunternehmen, sofern sie nicht einer namentlich genannten Unternehmensart zugeordnet sind."*

In einem Prozeß bei dem SG Aachen[110] hatte die dort unterlegene VBG vorgetragen, die Tarifstelle 53 in dem Gefahrtarif 1998 sei ohne jede Berücksichtigung der Unfallgefahr gebildet worden. Die darin zusammengefaßten Gewerbezweige glichen sich nur insoweit, als ihre jeweilige Belastungsziffer eine solche Schwankungsbreite aufweise, daß *„die Unternehmensart versicherungsmathematisch damit allein nicht tragfähig war."*[111] In der Berufungsinstanz hieß es, *„die starken Schwankungen"* seien das *„einzig verbindende Merkmal der Gewerbezweige"* in der Tarifstelle gewesen.[112] In der Berufungsinstanz kam es dann zu einem Vergleich, aufgrund dessen die Beklagte die Beiträge *„für das Unternehmen des Klägers für die Dauer des Gefahrtarifs 1998 neu und legt dabei die Gefahrklasse der Tarifstelle 04 [für Ingenieurbüros; anstelle von 1,05 für die Tarifstelle 53; d. Verf.] zugrunde"*.[113]

In einer gleichgelagerten Sache beim SG Frankfurt unterlag die VBG dagegen.[114] Auch hier kam es in der Berufung zu einem Vergleich, in dem sich die Verwaltungs-Berufsgenossenschaft – wiederum gegenüber zwei Diplom-Ingenieuren – verpflichtete, *die Beiträge für die freiwilligen Versicherungen der Kläger für die Jahre 1998 bis 2000 sowie für die Laufzeit des Gefahrta-*

109 LSG Sachsen-Anhalt, Urteil vom 30. Juni 1999, S. 10.

110 Urteil vom 17. März 2000, Az. S 8 U 10/99, Breith. 2000, 660.

111 SG Aachen, Breit. 2000, 660, 662.

112 Niederschrift der Sitzung bei dem LSG Essen vom 3. Februar 2004, Az. L 15 U 119/00, Blatt 243 der Akte.

113 Niederschrift der Sitzung bei dem LSG Essen vom 3. Februar 2004, Az. L 15 U 119/00, Blatt 242 f., 243 der Akte. – Die Beklagte übernahm drei Fünftel der außergerichtlichen Kosten des Klägers aus beiden Rechtszügen.

114 SG Frankfurt, Gerichtsbescheid vom 20. Oktober 1999, Az. S-8/U-3402/98.

rifs 2001 um ein Drittel" pauschal herabzusetzen und deren außergerichtliche Kosten zu erstatten, während die Sache hinsichtlich der Mindestbeiträge für eine pflichtversicherte Mitarbeiterin der Kläger für erledigt erklärt wurde.[115]

1.2.7 Die Umlage der Altlasten aus der DDR-Unfallversicherung innerhalb des gegliederten Systems der Unfallversicherungsträger

Der Zusammenschluß der beiden deutschen Staaten hat weitreichende gesellschaftlichen Veränderungen zur Folge gehabt.[116] Der Beitritt der neugegründeten ostdeutschen Bundesländer mußte auch in der Sozialversicherung bewältigt werden. Da die DDR – im Gegensatz zur Bundesrepublik – nicht über ein gegliedertes System der Sozialversicherung verfügte, sondern ein Modell zentraler Träger verfolgt hatte, die für alle Zweige der Sozialversicherung zuständig waren, stellte sich die Frage, wie die diesbezüglichen Aufgaben (und Lasten) auf die westdeutschen Sozialversicherungsträger zu übertragen seien. Dies galt auch für den Bereich der gesetzlichen Unfallversicherung, die mit der Einrichtung der gewerblichen und landwirtschaftlichen Berufsgenossenschaften sowie der Unfallversicherungsträger der öffentlichen Hand von allen Zweigen der Sozialversicherung der Bundesrepublik aus organisatorischer Sicht am weitgehendsten untergliedert ist.[117] Dabei kam nur eine Verteilung der Aufgaben in Frage. Es liegt auf der Hand, daß hierdurch wiederum Gleichheitsproble-

115 Protokoll der öffentlichen Sitzung des dritten Senats bei dem LSG Darmstadt vom 23. Juli 2003, Az. L 3 U 192/00, S. 2, Bl. 221 d. Akte.

116 *Franz-Xaver Kaufmann*, Herausforderungen des Sozialstaats, 1997, S. 16, betont, daß noch *„in den aktuellen Forderungen nach einem ‚Umbau des Sozialstaats' ... zunächst der Kampf um die vereinigunsgbedingten Lasten zur Geltung"* komme. – Der derzeitige Bundesminister für Wirtschaft und Arbeit, *Wolfgang Clement* (SPD), hat es jüngst im Deutschen Bundestag, von der Opposition unwidersprochen, als *„falsch"* bezeichnet, daß den Sozialversicherungsträgern insgesamt für die Übertragung der DDR-Altlasten kein staatlicher Ausgleich gewährt worden war: *„Wir haben so hohe Lohnnebenkosten, weil wir Anfang der 90er-Jahre – ich glaube, darüber besteht heute Konsens – eine falsche Richtungsentscheidung gefällt haben. Es war falsch, einen Großteil des Aufbaus Ost über die Lohnnebenkosten zu finanzieren. Wir hätten diese Aufgabe allen Steuerbürgern auferlegen müssen. Das ist heute aber nicht mehr zu ändern. Trotzdem ist es Zeit, die Belastungen anders zu verteilen."*: Protokoll der 32. Sitzung der 15. Wahlperiode des Deutschen Bundestags (Plenarprotokoll 15/32) vom 14. März 2003, S. 2532 f.

117 *Wolfgang Ricke*, Zuständigkeitsrecht der gewerblichen Berufsgenossenschaften. Praxisaspekte, Rechtsgrundlagen, Zuständigkeitsentscheidungen. 1996, S. 19 f.

me hinsichtlich des Umfangs der von den Trägern – und das heißt für die gewerblichen Berufsgenossenschaften: von den Unternehmern – zu übernehmenden Lasten entstehen mußten. Im folgenden werden zunächst die historischen Bedingungen dieser Lastenverteilung und im weiteren ihre bis heute fortdauernde Durchführung beschrieben. Im Anschluß daran sind die Probleme aus der Sicht von Art. 3 I GG im Lichte der bisher zur Verteilung der DDR-Altlasten ergangenen Rechtsprechung zu entwickeln.

1.2.7.1 Die Unfallversicherung der DDR

Rechtsgrundlage der Unfallversicherung in der DDR waren das Kapitel 15 des *„Arbeitsgesetzbuchs der DDR"* (AGB)[118] sowie drei Rechtsverordnungen.[119] Die Sozialversicherung der DDR[120] hatte drei zentrale Träger:

- die *„Sozialversicherung der Arbeiter und Angestellten"* (SVAA), deren Verwaltungsträger gem. Art. 45 II Verfassung der DDR der *„Freie Deutsche Gewerkschaftsbund"* (FDGB) gewesen ist, der der SED *„untergeordnet"* war.[121] Eine Selbstverwaltung durch Unternehmer und Versicherte wie im westdeutschen System war beim FDGB nicht vorhanden;[122]

---

118 *„Arbeitsgesetzbuch der DDR"* vom 16. 6. 1977, GBl. I S. 185 Nr. 18.

119 *„Verordnung zur Sozialpflichtversicherung der Arbeiter und Angestellten"* (SVO) vom 17. 11. 1977, GBl. I Nr. 35 S. 373; *„Verordnung über die Sozialpflichtversicherung bei der Staatlichen Versicherung der DDR"* (VOSVStV) vom 9. 12. 1977, GBl. I 1978 S. 11; *1. Rentenverordnung* vom 23. 11. 1979, GBl. I S. 401, i. d. F. d. 2. Rentenverordnung vom 26. 7. 1984, GBl. I S. 281 und der 3. Rentenverordnung vom 9. 10. 1985, GBl. I S. 313 (RentenVO). – Vgl. die Nachweise bei: *Heinz Aulmann*, Gemeinsamkeiten und Unterschiede in der Verhütung und Entschädigung von Arbeitsunfällen und Berufskrankheiten in der Bundesrepublik Deutschland und in der DDR, BG 1990, 194, 187. Dort auch eine ausführliche Synopse, die das Unfallversicherungsrecht der BRD und der DDR zur Zeit des Beitritts gegenüberstellt.

120 Es hat sich als ausgesprochen schwierig erwiesen, Informationen über die Sozialversicherung der DDR zu erlangen. Der Verf. konnte nur noch mit *einem* Praktiker sprechen, der in den Jahren 1989 ff. beim HVBG mit der Materie betraut war. Selbst umfassende Darstellungen des Unfallversicherungsrechts, insbesondere das HS-UV (auch *Breuer*, in: HS-UV, § 1 zur Geschichte der deutschen Unfallversicherung), blenden die Entwicklung in der DDR vollständig aus. Das ohnehin nur spärlich vorhandene Schrifttum zum Thema ist zudem in den Bibliotheken oft nicht (mehr) vorhanden.

121 *Werner Ruß*, Die Sozialversicherung der DDR. Eine Untersuchung unter besonderer Berücksichtigung der Zielsetzungen der marxistisch-leninistischen Sozialpolitik. 2. Aufl. 1982, S. 121.

122 *Aulmann*, BG 1990, 184, 185. – A. A. *Ruß*, a. a. O. (Fn. 121).

- die *„Sozialversicherung bei der staatlichen Versicherung der DDR"* (SV/StV)[123] war ein allgemeiner Versicherungsträger, der auch Sach-, Haftpflicht- und Personenversicherung betrieb.[124] Die SV/StV war vor allem zuständig für die Mitglieder von Genossenschaften (auch landwirtschaftlichen Produktionsgenossenschaften), Inhaber von Handwerksbetrieben und freiberuflich Tätige.[125]. Auch bei der SV/StV gab es keine Selbstverwaltung.[126]
- die *Wismut AG,*[127] die selbst als Sozialversicherungsträger für ihre Beschäftigten zuständig war.[128]

Es gab keinen gesonderten Träger für die Unfallversicherung. Die gesamte Sozialversicherung war vielmehr in diesen Trägern organisatorisch zentral zusammengefaßt, und die Unfallversicherung war ein Teil davon. Die Finanzierung erfolgte durch einen *„einheitlichen Beitrag zur Sozialversicherung."* Die Versicherten zahlten 10% des versicherungspflichtigen Einkommens, der Betrieb führte zusätzlich 12,5% der Beitragsbemessungsgrundlage ab.[129] Außerdem wurde ein Staatszuschuß aus den allgemeinen Steuermitteln gewährt.[130] Die Unfallrenten waren nicht dynamisiert, sie wurden

---

123 Die SV/StV wird auch als „Deutsche Versicherungsanstalt (DVA)" bezeichnet: *Bruno Schönfelder*, Ökonomisches Risiko und Versicherung in sozialistischen Volkswirtschaften. Am Beispiel der UdSSR und der DDR unter Einbeziehung der Sozialversicherung und unter Berücksichtigung der Versicherungstheorie, 1986, S. 122. Seit dem 1. 5. 1990 hieß sie: *„Deutsche Versicherungs-AG"*: *Aulmann*, BG 1990, 184, 187.

124 *Schönfelder*, a. a. O. (Fn. 123), S. 122; *Ruß*, a. a. O. (Fn. 121), S. 118; dort auch zur Abgrenzung der Mitgliedschaft zur SVAA.

125 *Ruß*, a. a. O. (Fn. 121), S. 118; *Aulmann*, BG 1990, 184, 187

126 *Schönfelder*, a. a. O. (Fn. 123), S. 123.

127 Internet: `http://www.wismut.de/`

128 In den Darstellungen zur DDR-Sozialversicherung wird meist nicht erwähnt, daß die *Wismut AG* auch Träger der Sozialversicherung war. – Zum Übergang des diesbezüglichen Vermögens vgl. das *„Gesetz zur Regelung von Vermögensfragen der Sozialversicherung im Beitrittsgebiet und zur Änderung von Gesetzen"* vom 20. Dezember 1991, BGBl. 1991 Teil I Seite 2313. Dort heißt es in Art. 1, § 1: *„(1) Das Vermögen nach Anlage I Kapitel VIII Sachgebiet F Abschnitt II Nr. 1 § 3 Abs. 1 des Einigungsvertrages (Gesamthandsvermögen) wird nach den folgenden Vorschriften aufgeteilt. (2) Zum Gesamthandsvermögen im Sinne des Absatzes 1 gehört auch das Vermögen der Sozialversicherung Wismut und des Gesundheitswesens Wismut, insbesondere die Grundstücke und Gebäude, die am 30. Juni 1990 in deren Eigentum standen und die nicht aufgrund besatzungsrechtlicher Maßnahmen in das Eigentum der Sowjetischen Aktiengesellschaft Wismut gelangt sind. Diese Grundstücke und Gebäude sind nicht als der Sowjetisch-Deutschen Aktiengesellschaft Wismut sachlich zugeordnet anzusehen."*

129 *Ruß*, a. a. O. (Fn. 121), S. 435; *Aulmann*, BG 1990, 184, 187.

130 *Schönfelder*, a. a. O. (Fn. 123), S. 124.

nur *„von Fall zu Fall“* angepaßt.[131]

1.2.7.2 Sozialunion und Einigungsvertrag

Nach der Öffnung der Staatsgrenzen am 9. November 1989 und dem Ende der alten Regierung wurden am 18. März 1990 Neuwahlen zur Volkskammer der DDR durchgeführt.[132] Mit der neuen Regierung war es dann beiden Seiten möglich geworden, den *„Vertrag über die Schaffung einer Währungs-, Wirtschafts- und Sozialunion zwischen der Bundesrepublik Deutschland und der Deutschen Demokratischen Republik“* zu schließen.[133] Darin wurde der erste Schritt zur Überführung und zur Integration der Sozialversicherung der DDR in das System der Bundesrepublik getan (sog. *„Sozialunion“*, Kapitel IV, Artt. 18 ff.), indem in der DDR *„ein gegliedertes System der Sozialversicherung“* mit eigenen Trägern mit Selbstverwaltung unter staatlicher Aufsicht für die Renten-, Kranken-, Unfall- und Arbeitslosenversicherung eingeführt wurden (Art. 18 I Nr. 1 des Vertrags).[134] Die Renten der Unfallversicherung wurden auf Deutsche Mark umgestellt (Art. 23 II, III des Vertrags) und dynamisiert (Art. 23 IV i. V. m. Art. 20 IV des Vertrags). Innerdeutsche Rentenzahlungen ermöglichte Art. 23 IV i. V. m. Art. 20 VII des Vertrags. Der nächste hier bedeutsame Schritt war dann der Abschluß des *„Einigungsvertrags“* vom 31. August 1990,[135] durch den die neugegründeten Länder der DDR gem. Art. 23 GG a. F. der Bundesrepublik Deutschland beitraten (Art. 1 EVertr).

131 *Ruß*, a. a. O. (Fn. 121), S. 456.

132 *Blätter für deutsche und internationale Politik*, 1990, 516 f., dort auch zum Ergebnis der Wahlen.

133 BGBl. 1990 II S. 518, 537. – Einen knappen Überblick über die folgende *„Entwicklung des Sozialrechts in der ehemaligen DDR im zweiten Halbjahr 1990“* gibt *Ingolf Noack*, Zur Entwicklung des Sozialrechts in der ehemaligen DDR im zweiten Halbjahr 1990, JbSozR 13 (1991), S. 45 ff.; darin zur Unfallversicherung: S. 56.

134 BGBl. 1990 II S. 540.

135 BGBl. 1990 II S. 885, 889. – Der sehr umfangreiche Einigungsvertrag mußte in kurzer Zeit erstellt werden. Er ist deshalb teilweise schwer verständlich. Im Folgenden wird deshalb in Überblick über die in dem Einigungsvertrag getroffenen Regelungen gegeben.

1.2.7.3 Erstreckung und Rechtsnachfolge der Unfallversicherungsträger sowie DDR-Lastenausgleich

In den besonderen *„Bestimmungen zur Überleitung von Bundesrecht"* finden sich in Anlage I Kapitel VIII, Sachgebiet I[136] Regelungen, durch die vor allem auch Organisation und Finanzierung der gesetzlichen Unfallversicherung in weitem Umfang umgestaltet wurden. Durch Abschnitt III Ziff. 1 c EVertr[137] wurde die Erstreckung der westdeutschen Unfallversicherungsträger auf das Beitrittsgebiet[138] geregelt. Für die gewerblichen Berufsgenossenschaften galt im einzelnen folgendes: Die nach bisherigem Recht für die ganze Bundesrepublik örtlich zuständigen Träger erstreckten ihre Zuständigkeit nunmehr auf das gesamte frühere Staatsgebiet der DDR (Abschnitt III, Ziff. 1 c Ziff. 1 EVertr). Einige Unfallversicherungsträger, deren örtliche Zuständigkeit schon bis dahin regional begrenzt war, wurden nur auf einen Teil des Beitrittsgebiets erstreckt.[139] Für einige regional begrenzte Bau-Berufsgenossenschaften traten indes keine Änderungen der örtlichen Zuständigkeit ein.[140] Der Aufbau einer flächendeckenden Verwaltung, die eine *„versichertennahe Betreuung"* ermöglichte, begann Mitte 1990.[141] Gleichzeitig wurde in Abschnitt III Ziff. 1 c (8) EVertr[142] die Rechtsnachfolge der deutschen Unfallversicherungsträger in die Ansprüche der etwa 300 000 Rentenbezieher der DDR-Sozialversicherung[143] geregelt: Bis zum Ablauf des Jahres 1991 war die „Überleitungsanstalt Sozialversicherung" als vorübergehend zuständiger Träger vorgesehen, auch für die Leistungserbringung (Abschnitt III Ziff. 1 c (8) Nr. 1 EVertr). Danach erfolgte eine Verteilung der Rentenbezieher auf die Träger der gesetzlichen Unfallversicherung. Die hierfür getroffene Regelung geht auf eine gemein-

---

136 BGBl. 1990 II S. 1062 ff. – Alle folgenden Fundstellen beziehen sich auf dieses Sachgebiet des EVertr. Die Fundstellen werden zur Vereinfachung verkürzt zitiert.

137 BGBl. 1990 II S. 1062.

138 Gemeint ist das Gebiet nach Art. 3 EVertr, das war das Staatsgebiet der DDR.

139 Das betraf die Bau-Berufsgenossenschaften Hamburg, Hannover, Frankfurt am Main sowie die Bayerische Bau-Berufsgenossenschaft (nunmehr: Bau-Berufsgenossenschaft Bayern und Sachsen) und die Nordwestliche Eisen- und Stahl-Berufsgenossenschaft, die Maschinenbau- und Kleineisenindustrie-Berufsgenossenschaft sowie die Süddeutsche Eisen- und Stahl-Berufsgenossenschaft.

140 Das waren die Bau-Berufsgenossenschaft Wuppertal, die Südwestliche Bau-Berufsgenossenschaft sowie die Württembergische Bau-Berufsgenossenschaft.

141 *Günther Sokoll*, Sozialunion in Deutschland. Aktueller Stand und Perspektiven. Die Unfallversicherung im vereinten Deutschland, BG 1991, 722, 723.

142 BGBl. 1990 II S. 1064.

143 *Sokoll*, BG 1991, 722, 724.

same Empfehlung der Spitzenverbände der Unfallversicherungsträger an den Gesetzgeber zurück.[144] Dabei haben pragmatische Gesichtspunkte die wichtigste Rolle gespielt.[145] Wegen der schnellen Abwanderung von Mitarbeitern der „Überleitungsanstalt Sozialversicherung" zu den Kranken- und den Rentenversicherungsträgern stand dort bereits Anfang 1991 nicht mehr genügend Personal für die Unfallversicherung zur Verfügung, so daß die Unfallversicherungsträger die Altrentenfälle statt, wie vorgesehen, erst zum Jahresende 1991 sehr kurzfristig schon zum 1. April 1991 übernehmen mußten.[146] Es wurde zunächst eine Liste aller Bezieher von DDR-Renten erstellt, die nach dem Geburtsdatum und für jeden Geburtstag nach dem Familiennamen geordnet war. Außerdem standen die Ausgaben der Unfallversicherungsträger für das westliche Bundesgebiet im Jahre 1991 zur Verfügung.[147] Gem. Abschnitt III Ziff. 1 c (8) Nr. 2 aa) EVertr wurde aufgrund dieser Daten ein Schlüssel zur Verteilung der Rentenbezieher[148] auf die Spitzenverbände der Unfallversicherungsträger ermittelt. Jeder Spitzenverband übernahm einen Anteil an den zu verteilenden Rentenbeziehern, der dem Anteil entsprach, den die ihm angehörenden Unfallversicherungsträger, gemessen an allen von der Unfallversicherung im Jahre 1989 insgesamt gezahlten Renten gleichkommt.

$$\text{Anteil eines Verbands} = \frac{\text{Rentenzahlungen des Verbands}}{\text{Rentenzahlungen aller Verbände}} \tag{1.2}$$

Der Anteil der einzelnen Verbände ist Tabelle 1.2 auf der nächsten Seite zu entnehmen.[149]

Die Rentenbezieher wurden in der Reihenfolge verteilt, die der Sortierung in der Liste aller Rentenbezieher entsprach. Es wurde durchge-

144 *Sokoll*, BG 1991, 722, 724. – Auskunft des HVBG, Sankt Augustin.

145 *Sokoll*, BG 1991, 722, 724. – Auskunft des HVBG, Sankt Augustin.

146 *Sokoll*, BG 1991, 722, 723. – Bereits in der Übergangszeit hatten die Berufsgenossenschaften ohne Beachtung der fachlichen Zuständigkeit einzelne Versicherungsfälle vorläufig verwaltet: *Sokoll*, BG 1991, 722, 723.

147 Der Verteilungsschlüssel wurde nach Maßgabe des Einigungsvertrags aufgrund der Zahlen von 1989 berechnet; die Liste der Rentenbezieher wurde jedoch gem. § 1159 RVO aufgrund des Rentenbestandes für den Monat Januar 1991 zusammengestellt. Vgl. hierzu S. 32 m. w. N.

148 Der EVertr spricht von den Rentenbeziehern stets etwas technokratisch und distanziert als *„die Arbeitsunfälle"*. An dieser Stelle sind aber zunächst die Leistungsberechtigten selbst gemeint. Bei dem später eingeführten DDR-Lastenausgleich handelt es sich nur noch um eine Verteilung der Lasten zwischen den Berufsgenossenschaften; vgl. 28 ff.

149 Die Zahlen wurden freundlicherweise vom HVBG, Sankt Augustin, zur Verfügung gestellt.

Spitzenverband	*Anteil*
Gewerbliche UV-Träger (HVBG)	*82,59%*
UV-Träger der öffentlichen Hand	*8,89%*
Landwirtschaftliche UV-Träger	*8,52%*

Tabelle 1.2: *Anteile der Spitzenverbände bei der Verteilung der DDR-Altlasten.*

zählt.[150] Innerhalb jedes Spitzenverbandes erfolgte dann wiederum eine Verteilung auf die einzelnen Unfallversicherungsträger, die ihm angehören. Diese weitere Verteilung ist für den Bereich der gewerblichen Berufsgenossenschaften und die See-Berufsgenossenschaft in Abschnitt III Ziff. 1 c (8) Nr. 2 bb) EVertr geregelt. Hierfür war der HVBG zuständig.[151] Der wiederum hierfür zugrundegelegte (zweite) Verteilungsschlüssel wurde aufgrund zweier Größen ermittelt:[152]

- Zum einen wurden hierfür die Rentenzahlbeträgen aller Berufsgenossenschaften im Jahr 1989 für die in den Jahren 1985 bis 1989 erstmals entschädigten Arbeitsunfälle ermittelt;[153]
- zum anderen wurde auf das der Beitragsberechnung zugrundegelegte Arbeitsentgelt desselben Zeitraums abgestellt.

Aus den beiden Anteilen einer Berufsgenossenschaft an den neuen Ren-

---

150 Auskunft des HVBG, Sankt Augustin. – Der Verteilungsschlüssel nach Familiennamen und Geburtstagen für alle deutschen Unfallversicherungsträger ist wiedergegeben in: BG 1992, 325–327.

151 Es bedarf hier keiner Entscheidung darüber, ob der HVBG insoweit als öffentlich-rechtlich „Beliehener" gehandelt hat oder ob darin vielmehr der Gedanke der Selbstverwaltung in der Sozialversicherung zum Ausdruck kommt. Jedenfalls werden auch die mit der Wahrnehmung hoheitlicher Aufgaben beliehenen natürlichen oder juristischen Personen des Privatrechts der mittelbaren Staatsverwaltung zugerechnet (*Franz-Joseph Peine*, Allgemeines Verwaltungsrecht, 5. Aufl. 2000, Rn. 38 mit Bild 1 auf S. 23). In beiden Fällen wäre die Übertragung der Durchführung dieses Vorhabens grundsätzlich zulässig gewesen. Beide Ansichten wären vertretbar.

152 Das entspricht dem Ergebnis einer Diskussion, in deren Verlauf ursprünglich sowohl die Umlage nur nach Arbeitsentgelten bzw. nur nach der Rentenneulast erwogen worden waren. Gegen beide Extrempositionen bildete sich Widerstand der jeweils benachteiligten Berufsgenossenschaften. Man einigte sich schließlich auf die je hälftige Verteilung nach den beiden Faktoren, wie im folgenden beschrieben. – Auskunft des HVBG, Sankt Augustin.

153 Üblicherweise gelten als Rentenneulast die in den letzten *fünf* Jahren neu festgestellten Renten; vgl. Kontengruppe 50 des Kontenrahmens in den Rechnungsergebnissen des HVBG. Hier liegt also insoweit eine Ausnahme vor.

tenlasten[154] und an den Lohnsummen aller Berufsgenossenschaften wurde das arithmetische Mittel gebildet. Die Verteilung der Rentenbezieher auf die Berufsgenossenschaften erfolgte dann durch den HVBG aufgrund dieser Werte:[155]

$$\text{Anteil einer BG} = \frac{\text{Anteil Arbeitsentgelte} + \text{Anteil Rentenneulasten}}{2} \tag{1.3}$$

Eine Ausnahme ergab sich allerdings für diejenigen Berufsgenossenschaften, die sich nicht auf das Beitrittsgebiet erstreckten.[156] Diese Berufsgenossenschaften übernahmen keine DDR-Altlasten, weil ihnen auch keine neuen Einnahmen aus dem Beitrittsgebiet zufließen würden.[157] Ihre rechnerischen Anteile wurden auf die sich erstreckenden Berufsgenossenschaften, getrennt nach den Wirtschaftszweigen Metall und Bau, aufgeteilt. Dabei wurde wiederum nach der bereits erwähnten Sortierung verfahren: Die Ermittlung der Rentenbezieher, die einer Berufsgenossenschaft zuzuweisen waren, erfolgte unter denjenigen Personen, die auf den HVBG entfielen, erneut nach Geburtstag und Familiennamen.[158] Dieser Schlüssel, der ursprünglich nur aufgrund der für Westdeutschland verfügbaren Daten aus dem Jahr 1989 ermittelt worden war, wurde dann im Jahre 1995 unter Zugrundelegung der für das Jahr 1994 verfügbaren Daten vom HVBG erneut berechnet. Er ist wiedergegeben in Tabelle 1.3 auf Seite 30, veranschaulicht in Abbildung 1.1 auf der nächsten Seite, und er bildet seitdem die Grundlage für den besonderen *DDR-Lastenausgleich*, der jährlich zwischen den Berufsgenossenschaften durchgeführt wird.[159] Zweck dieses Lastenausgleichs ist es, Abweichungen in der finanziellen Belastung zwischen

---

154 Der Begriff der *„Rentenlasten"* im Einigungsvertrag ist weit auszulegen. Er umfaßt auch die für diese „Altfälle" zu erbringenden Leistungen zur Rehabilitation. Vgl. hierzu: Rundschreiben des HVBG zum RÜG vom 2. Oktober 1991, wiedergegeben bei: *Lauterbach/Watermann*, § 1157 RVO Rn. 2; ebenso: *Ricke*, in: Kasseler Kommentar, § 1157 RVO Rn. 2 (Stand: Oktober 1991).

155 In der Praxis wurde durchgehend mit Prozentwerten gearbeitet.

156 Vgl. S. 25 ff.

157 Auskunft des HVBG, Sankt Augustin.

158 Auf diese Weise wurde beispielsweise die Bau-Berufsgenossenschaft Frankfurt am Main zuständig für diejenigen Bezieher von Unfallrenten der DDR-Sozialversicherung, die zwischen dem 25. Juni geboren worden waren ab dem Familiennamen *„Senkel"* bis zum 2. Juli; ab dem 2. Juli, beginnend mit dem Familiennamen *„Hafermann"* war die Bau-Berufsgenossenschaft Bayern und Sachsen zuständig; vgl. BG 1992, 325, 326.

159 Er ist nicht zu verwechseln mit dem allgemeinen Ausgleichsverfahren nach §§ 176 ff. SGB VII (hierzu vgl. S. 62 ff.).

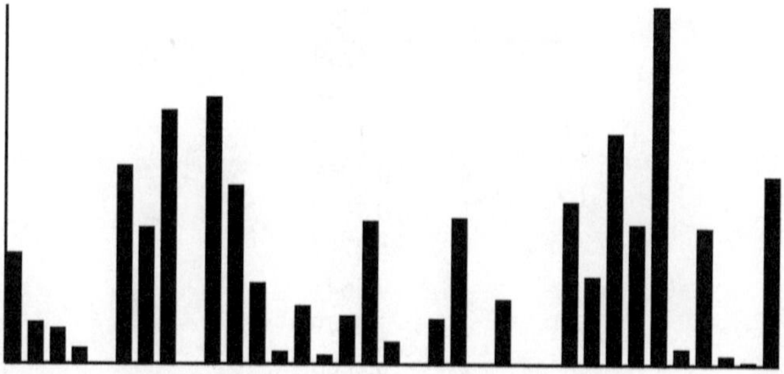

Abbildung 1.1: *Schlüssel für die Durchführung des DDR-Lastenausgleichs nach Tabelle 1.3 auf der nächsten Seite (x-Achse: die BGen Nr. 1 bis 36, y-Achse von 0,00 bis 11,02 Prozent; Quelle: HVBG).*

den Berufsgenossenschaften auszugleichen, die *aufgrund der Erstreckung der Unfallversicherungsträger* auf das Beitrittsgebiet im Vergleich zu der ursprünglichen Verteilung der Leistungsberechtigten entstanden waren.[160] Der 1995 ermittelte Schlüssel wird seitdem nach Maßgabe des Einigungsvertrags beibehalten. Die Belastung der einzelnen Berufsgenossenschaften mit den DDR-Altlasten zueinander entspricht daher auf Dauer den Vorgaben des Verteilungsschlüssels von 1994. Erst dieser Schlüssel gibt somit unmittelbar die endgültige Verteilung der DDR-Rentenaltlasten aus der Unfallversicherung auf die bundesdeutschen Träger wieder.

Gegenstand des vorstehend beschriebenen Verteilungsverfahrens waren diejenigen Arbeitsunfälle und Berufskrankheiten, die sich im Beitrittsgebiet vor dem 1. Januar 1991 ereignet hatten (Eintritt des Versicherungsfalles), und die zwischen diesem Stichtag und dem 31. Dezember 1994 angezeigt worden waren (Abschnitt III Ziff. 1 c (8) Nr. 2 ff) EVertr). Fälle, die den Berufsgenossenschaften erst nach 1994 bekannt geworden sind, wurden daher an die jeweilige Fachberufsgenossenschaft verwiesen.[161] Für die Versicherungsfälle, die sich bis einschließlich 31. 12. 1991 ereignet hatten, galt das Recht des Beitrittsgebiets, also das alte Recht der DDR. Arbeits-

160 Alternative wäre eine *„Nachverteilung"* der Leistungsberechtigten aus der DDR-Sozialversicherung aufgrund des Schlüssels von 1994 gewesen. Davon hatte man aber abgesehen, weil es lediglich darum ging, die Lasten gerecht auf die Träger zu verteilen und um die lückenlose Leistungserbringung zu gewährleisten (Auskunft des HVBG, Sankt Augustin).

161 Auskunft des HVBG, Sankt Augustin.

BG	*1994*
1	*3,4739*
2	*1,3268*
3	*1,1380*
4	*0,5956*
5	*0,0000*
6	*6,1794*
7	*4,2641*
8	*7,8449*
9	*0,0000*
10	*8,2457*
11	*5,5315*
12	*2,5210*
14	*0,4125*
15	*1,8627*
16	*0,3672*
17	*1,5783*
18	*4,4574*
19	*0,7583*
20	*0,0630*
21	*1,4501*
22	*4,5228*
23	*0,0000*
24	*2,0193*
25	*0,0000*
26	*0,0000*
27	*5,0586*
28	*2,7809*
29	*7,1099*
30	*4,3087*
31	*11,0220*
32	*0,5159*
33	*4,2715*
34	*0,3155*
35	*0,1534*
36	*5,8503*
Summe	*100,0000*

Tabelle 1.3: *Schlüssel für die Durchführung des DDR-Lastenausgleichs (Angaben in Prozent; Zählung der BGen nach der Übung des HVBG, daher Nr. 13 unbesetzt; vgl. Abbildung 1.1 auf der vorherigen Seite; Quelle: HVBG).*

unfälle und Berufskrankheiten, die nach dem 1. 1. 1992 eingetreten waren, sind nach bundesdeutschem Recht zu beurteilen.[162]

1.2.7.4 Das „*Rentenüberleitungsgesetz*"

Ergänzend wurde durch das „*Rentenüberleitungsgesetz*" (RÜG) vom 25. Juli 1991,[163] die Bestimmungen §§ 1148–1159 in die RVO eingefügt, die weitere für die Praxis bedeutsame Regelungen trafen.

Hervorzuheben ist insbesondere § 1157 I RVO, demzufolge es den Vertreterversammlungen übergangsweise anheimgestellt wurde, bei der Umlage der DDR-Altlasten auf ihre Mitglieder von der Berücksichtigung der Unfallgefahr abzusehen. Die Vertreterversammlung konnte mit Genehmigung der Aufsichtsbehörde beschließen, diese Last lediglich nach der Lohnsumme umzulegen. § 1157 I RVO hatte folgenden Wortlaut:

> *„(1) Zur Finanzierung der Rentenaltlasten aus dem Beitrittsgebiet, die sich aus der Verteilung nach Anlage I Kapitel VIII Sachgebiet I Abschnitt III Nr. 1 Buchstabe c Abs. 8 Nr. 2 des Einigungsvertrages von 31. August 1990 in Verbindung mit Artikel 1 des Gesetzes vom 23. September 1990 (BGBl. 1990 II S. 885, 1064) ergeben, kann bis zum 31. Dezember 1994 bei der Beitragsberechnung von der Berücksichtigung des Grades der Unfallgefahr in den Unternehmen gemäß § 725 Abs. 1 abgesehen werden; die Vertreterversammlung bestimmt das Nähere mit Genehmigung der Aufsichtsbehörde."*

Erfolgte die Umlage aufgrund dieser Vorschrift lediglich oder teilweise nach den Lohnsummen, so erschien sie als gesonderter Posten im Beitragsbescheid, ähnlich der Umlage nach den §§ 176 ff. SGB VII.[164] Das war nur bei zwei Berufsgenossenschaften der Fall, nämlich der Verwaltungs-Berufsgenossenschaft,[165] und der Berufsgenossenschaft für den Einzelhan-

---

162 *Sokoll*, BG 1991, 722, 723. – Demnach galten ab dem 1. 1. 1992 auch in den neuen Bundesländern das SGB bzw. die RVO. Die Anwendung des Rechts beim Übergang zum SGB VII ab dem 1. 1. 1997 richtet sich im übrigen nach Maßgabe der §§ 212 ff. SGB VII. Für das Beitrittsgebiet sind insbesondere §§ 215 f. SGB VII zu beachten.

163 BGBl. I S. 1606. – Hierzu: *Günter Graeff*, Die Rechtseinheit in der gesetzlichen Unfallversicherung zum 1. Januar 1992, BG 1991, 498.

164 Sogenannte „*Sonderumlage*".

165 SG Gießen, Urteil vom 2. November 1998, Az. S 3 U 1539/96; vgl. auch die Sprungrevision zum BSG, Urteil vom 18. April 2000, HVBG-INFO 2000, 1827; nach der Zurückverweisung ist die Rechtssache nunmehr bei dem SG Gießen unter dem Az. S 3 U 994/00 anhängig.

del.[166] Die übrigen Berufsgenossenschaften wandten die Übergangsregelung des § 1157 I RVO nicht an. In diesen Fällen war die DDR-Altlast in dem Umlagesoll enthalten, so daß ihr Umfang dem Beitragsbescheid nicht unmittelbar entnommen werden konnte.[167]

Die Übergangsregelung nach § 1157 I RVO war bis zum 31. Dezember 1994 befristet, d. h. seit dem 1. Januar 1995 mußte die Erhebung der Beiträge in jedem Fall nach dem Gefahrtarif erfolgen. Auch das Inkrafttreten des SGB VII zum 1. Januar 1997 hatte hieran nichts mehr geändert.

Da zu dem in Anlage I Kapitel VIII, Sachgebiet I Abschnitt III Nr. 1 c (8) Ziff. 2 bb) des Einigungsvertrags bestimmten Zeitpunkt 1989 noch nicht alle erforderlichen Daten vorhanden waren, wurde es erforderlich, für die Verteilung der Rentner[168] auf den Bestand an Rentenbeziehern im Zahlmonat Januar 1991 abzustellen.[169] Dies wurde nachträglich in § 1159 RVO geregelt, der folgenden Wortlaut hatte:

> *„Die Verteilung der Arbeitsunfälle aus dem Beitrittsgebiet nach Anlage I Kapitel VIII Sachgebiet I Abschnitt III Nr. 1 Buchstabe c Abs. 8 Nr. 2 des Einigungsvertrages vom 31. August 1990 in Verbindung mit Artikel 1 des Gesetzes vom 23. September 1990 (BGBl. 1990 II S. 885, 1064) erfolgt anhand des Rentenbestandes für den Zahlmonat Januar 1991; die Neuberechnung des Verteilungsschlüssels innerhalb der gewerblichen Berufsgenossenschaften im Jahre 1995 bleibt unberührt. Die im Rentenbestand für den Zahlmonat Januar 1991 nicht erfaßten Arbeitsunfälle werden nach dem Verteilungsschlüssel ohne Anrechnung auf ihn verteilt. Waisenrenten werden nach dem Verteilungsschlüssel ohne Anrechnung auf ihn dem Träger der Unfallversicherung zugeteilt, der für die Witwenrente oder, wenn eine Witwenrente nicht gezahlt wird, für die jüngste Waise zuständig ist."*

Im übrigen war noch über Rentenanträge von DDR-Versicherten aufgrund von Versicherungsfällen zu entscheiden, die vor dem 31. Dezember 1990 eingetreten waren und die von den DDR-Sozialversicherungsträgern noch nicht beschieden worden waren.[170]

---

166 Auskunft der Direktion der Bau-Berufsgenossenschaft Frankfurt am Main.

167 Der Umfang der DDR-Altlasten wird auch heute noch nur sehr selten in den Rechnungsergebnissen der Berufsgenossenschaften ausgewiesen. Ausführliche Angaben macht vor allem die VBG, vgl. Jahresbericht 2001, S. 21, Internet: `http://www.vbg.de/download/jahresbericht_2001.pdf` am 25. 11. 2002.

168 Nicht: der Lasten! Gemeint sind hier die Leistungsberechtigten selbst.

169 *Ricke*, in: Kasseler Kommentar, § 1159 RVO Rn. 2, Stand: Oktober 1991.

170 BSG, SGb 1997, 182, 183.

1.2.7.5 Das *„Gesetz zur Änderung des Sozialgesetzbuches und anderer Gesetze"*

Das *„Gesetz zur Änderung des Sozialgesetzbuches und anderer Gesetze"* vom 24. Juli 2003[171] brachte in seinem Artikel 5[172] umfangreiche Änderungen für das Beitragsrecht der gesetzlichen Unfallversicherung.[173] Für die Umlage der DDR-Altlasten ist bedeutsam, daß der Gesetzgeber durch Art. 5 Nr. 14[174] in § 215 SGB VII einen Absatz IX eingefügt hat, durch den die frühere Bestimmung des § 1157 I RVO wörtlich wieder in das geltende Recht aufgenommen worden ist.[175] Die Vertreterversammlung kann demnach, nunmehr gestützt auf § 215 IX SGB VII, mit Zustimmung der Aufsichtsbehörde beschließen, bei der Umlage der DDR-Altlasten von der Unfallgefahr abzusehen, so daß diese Lasten nur nach den Lohnsummen auf die Unternehmer umzulegen sind.

1.2.7.6 Der Umfang der Belastung

Der Umfang der Belastung der Berufsgenossenschaften durch die Übertragung der DDR-Altlasten war und ist beträchtlich.[176] Das ist daraus ersichtlich, daß bereits der *durchschnittliche* Beitragssatz zur gesetzlichen Unfallversicherung pro 1 000 DM Arbeitsentgelt im Bereich der gewerblichen Berufsgenossenschaften ab 1991 steil anstieg und die durch die Prävention bis dahin erfolgten stetigen Kostensenkungen dergestalt zunichte machte, daß der Durchschnitt der Beiträge auf das Niveau von 1980 kletterte, wie aus Tabelle 1.4 auf der nächsten Seite ersichtlich wird.

Der Beitragssatz schwankt sehr stark von einer Berufsgenossenschaft zur anderen.[177] Insbesondere bei den Bau-Berufsgenossenschaften liegt er langfristig wesentlich über dem Durchschnitt aller gewerblichen Berufsgenossenschaften,[178] im Jahr 2002 betrug er hier bis zu 8 Prozent der Lohn-

171 BGBl. I 2003, 1526.

172 BGBl. I 2003, 1527.

173 Hierzu: *Frank Wollschläger und Michael Kossens*, Das Gesetz zur Änderung des Sozialgesetzbuches vom 27. 6. [sic!] 2003 – Finanzausgleich Unfallversicherung, Geringverdienergrenze und Beitragsrecht –, NZS 2003, 514.

174 BGBl. I 2003, 1528.

175 Dies freilich mit der Ausnahme, daß § 215 IX SGB VII im Gegensatz zu § 1157 I RVO auf § 153 I SGB VII anstelle von § 725 I RVO Bezug nimmt.

176 BSG, SGb 1997, 182, 182.

177 *Schulz*, BG 2001, 196, 196.

178 Auskunft der Direktion der Bau-Berufsgenossenschaft Frankfurt am Main.

Jahr	*Beitragssatz*
1950	*1,69%*
1960	*1,51%*
1970	*1,38%*
1980	*1,46%*
1990	*1,36%*
1991	*1,39%*
1992	*1,43%*
1993	*1,44%*
1994	*1,45%*
1999	*1,33%*

Tabelle 1.4: *Entwicklung des durchschnittlichen Beitragssatzes in der gesetzlichen Unfallversicherung.* – *Quelle:* Udo Schulz, *Risikogerechte Finanzierung als Gestaltungsfaktor in der Prävention der gewerblichen Berufsgenossenschaften, in: FS Watermann, S. 149, 158.*

summe.[179] Der Anteil der DDR-Altlasten an den Gesamtlasten lag bei der Bau-BG Frankfurt am Main Anfang der 1990er Jahre bei etwa 40%, heute beträgt er etwa 30%.[180] Im Jahr 2000 waren etwa ein Drittel der Rentenempfänger der VBG Empfänger von DDR-Altrenten.[181] 1996 kamen auf 47 030 Rentenbezieher insgesamt 16 842 DDR-Altrentner, das waren 35,8%.[182] Er verbleibt also auf einem insgesamt hohen Niveau.

Der Umfang der Belastung der Unfallversicherungsträger durch die Lasten aus der Sozialversicherung der DDR wird in den meisten Jahresberichten und Rechnungsergebnissen der gewerblichen Berufsgenossenschaften nicht ausgewiesen. Auch die Gerichte kennen das tatsächliche Ausmaß der Belastung durch die Ostumlage in der Regel nicht.[183] Es

179 *Frankfurter Allgemeine Zeitung*, 12. Juli 2003, S. 12.

180 Auskunft der Direktion der Bau-Berufsgenossenschaft Frankfurt am Main. – Es handelt sich um eine Schätzung. Genaue Zahlen liegen nicht vor. Die DDR-Lasten werden auch nicht in den Rechnungsergebnissen besonders ausgewiesen.

181 Der VBG-Jahresbericht 2000 nennt auf S. 19 die Zahl von 14 489 angewiesene DDR-Altrenten gegenüber 49391 Renten insgesamt, das sind 29,3%.

182 VBG-Jahresbericht 2000, S. 19

183 Vgl. nur BSG, SGb 2001, 254, 258: „... *Eine verfassungsrechtliche Prüfung unter diesem Aspekt ist dem Senat jedoch nicht möglich, da ihm weder Feststellungen über die Entwicklung*

ist deshalb schwer, hierzu genaue Angaben zu erhalten. Eine Ausnahme macht zur Zeit nur die Verwaltungs-Berufsgenossenschaft.[184] Die BG Chemie erwähnt die DDR-Lasten in ihrem Jahresbericht 2000 am Rande.[185] Der Jahresbericht 2001 der Bau-Berufsgenossenschaft Frankfurt am Main erwähnt die DDR-Lasten überhaupt nicht.[186]

Der HVBG beziffert in seinem Jahresbericht nur den Umfang der DDR-Altlasten aller gewerblichen Berufsgenossenschaften insgesamt: Im Jahre 2001 wurden von den gewerblichen Berufsgenossenschaften 754,6 Mio. Euro für die Leistungsberechtigten aus der ehemaligen Sozialversicherung der DDR aufgewandt, bei 7,45 Mrd. Euro an Entschädigungsleistungen insgesamt entspricht das einem Anteil von ca. 10%.[187]

1.2.7.7 Die Umlage der DDR-Altlasten als Gleichheitsproblem

Das Bundesverfassungsgericht hat ausgeführt, daß so weitgehende Umstellungen wie sie durch die Vereinigung der beiden deutschen Staaten herbeigeführt worden sind, regelmäßig nicht mit einer einzigen Maßnahme zu bewirken seien. Es leitet hieraus die Ansicht her, mehrer schrittweise ergriffene Maßnahmen seien nur als *„Maßnahmenbündel"* insgesamt zu würdigen.[188] Hiergegen spricht aber zum einen, daß ein „Maßnahmenbündel", dessen einzelne Maßnahmen jede für sich rechtswidrig wären, nicht als ganzes rechtmäßig sein könnte. Das Gebot hinreichender Kontrolldichte als ein Element des Grundrechts auf effektiven Rechtsschutz nach Art. 19 IV GG wirkt sich dahingehend aus, daß jede Maßnahme der

---

der Altlasten-Ost in den Jahren 1991 bis 1999, noch Schätzungen über deren künftige Entwicklung vorliegen.... ". – Auch BSG, SGb 1997, 182, 182 spricht nur pauschal von einer *„außerordentlichen Gesamtlast"*, ohne aber deren Höhe anzugeben.

184 Jahresbericht 2001, S. 21, Internet: `http://www.vbg.de/download/jahresbericht_2001.pdf` am 25. 11. 2002.

185 Jahresbericht 2000, S. 53.

186 Diese Praxis der Berufsgenossenschaften erscheint bedenklich, angesichts der großen Bedeutung, die diesen Zahlen in der politischen Diskussion beikommt. Es liegt nahe, daß auch der Verzicht darauf, diese Zahlen auszuweisen, politische Gründe haben dürfte.

187 Auskunft des HVBG, Sankt Augustin. – Geschäfts- und Rechnungsergebnisse des HVBG, 2001, S. 50. – Bei der Summe der Entschädigungsleistungen sind aber die Leistungen derjenigen Berufsgenossenschaften, die sich nicht erstreckt hatten, miteingerechnet worden. Da sie gar keine Leistungen für DDR-Rentner erbringen, dürften diese Summen nicht in die Rechnung einbezogen werden. Der Anteil der DDR-Lasten ist demnach etwas höher anzusetzen.

188 BVerfGE 91, 294, 309. – Dem folgend: BSG, SGb 1997, 182, 183.

öffentlichen Gewalt von dem Gericht vollständig auf deren Rechtmäßigkeit zu überprüfen ist.[189] Die Verteilung der DDR-Altlasten ist in vier leicht voneinander trennbaren Stufen erfolgt, die daher unabhängig voneinander untersucht werden können:

1. „Überleitungsanstalt Sozialversicherung" → Spitzenverbände der Unfallversicherungsträger;
2. Spitzenverbände (hier: der HVBG) → einzelne Unfallversicherungsträger (hier: die gewerblichen Berufsgenossenschaften);
3. Seit 1995: Umverteilung zwischen den gewerblichen Berufsgenossenschaften durch den DDR-Lastenausgleich;
4. Gewerbliche Berufsgenossenschaften → einzelne Unternehmer (als deren Mitglieder).

Auf jeder dieser Stufen kommt es durch die Verteilung der Lasten zu Transfers, die durch einen sachlichen Grund zu rechtfertigen sind. Letztlich geht es um die Rechtfertigung des Anteils an der Beitragslast, den ein bestimmter Unternehmer zu den DDR-Altlasten auferlegt bekommt. Da die Berufsgenossenschaften als Körperschaften des öffentlichen Rechts grundsätzlich nicht Träger von Grundrechten sein können,[190] ist bei der Untersuchung von Gleichheitsproblemen bei der Verteilung von Lasten der Unfallversicherung auf die Betroffenheit der einzelnen Unternehmer abzustellen. Die verfassungsrechtliche Untersuchung kann sich nur auf die Wahrung *ihrer* Grundrechte beziehen.

In zeitlicher Folge können zudem seit der Übertragung der Lasten auf die einzelnen Berufsgenossenschaften mittlerweile drei Zeiträume unterschieden werden:

- Von 1991 bis 1994 war die Übergangsregelung in § 1157 I RVO in Kraft, derzufolge es den Vertreterversammlungen anheimgestellt war, bei der Umlage der DDR-Altlasten von der Gefahrklasse abzusehen;
- von 1995 bis einschließlich 2002[191] wurden die DDR-Altlasten auf-

189 *Jarass*, in: Jarass/Pieroth, GG, Art. 19 GG Rn. 47 m. w. N.

190 *Jarass*, in: Jarass/Pieroth, GG, Art. 19 IV GG Rn. 18 f. m. w. N.

191 Art. 5 des *„Gesetz zur Änderung des Sozialgesetzbuches und anderer Gesetze"* vom 24. Juli 2003 trat gem. Art. 10 I des Gesetzes am Tag nach der Verkündung in Kraft (BGBl. I S. 1530) und gilt somit bereits für die Umlage der Lasten aus dem Jahr 2003: *Wollschläger/Kossens*, NZS 2003, 514, 514; zum Ausgleich unter den gewerblichen Berufsgenossenschaften gem. §§ 176 ff. SGB VII vgl. die Übergangsregelung in § 220 SGB VII.

grund des DDR-Lastenausgleichs zwischen den Berufsgenossenschaften umverteilt. Eine weitere Härtefallregelung, die insbesondere die Altlasten aus der DDR-Sozialversicherung zum Gegenstand hätte, gab es nicht;
- seit 2003 ist es gem. § 215 IX SGB VII den Vertreterversammlungen wieder an die Hand gegeben zu entscheiden, ob die Umlage der DDR-Altlasten nach der Gefahrklasse erfolgen soll oder nicht. Daneben findet weiterhin der DDR-Lastenausgleich statt. Beide Maßnahmen sind zeitlich unbegrenzt.

Auf die Unternehmer sowohl innerhalb einer Berufsgenossenschaft als auch in verschiedenen Berufsgenossenschaften entfallen ganz unterschiedliche Anteile an den jeweiligen DDR-Altlasten, abhängig von den Verteilungsmaßstäben, die auf den jeweiligen Verteilungsstufen und in zeitlicher Folge vom Gesetzgeber vorgesehen werden. Der Anteil, den ein Unternehmer im Vergleich zu anderen Unternehmern an den DDR-Altlasten zu tragen hat, schwankt je nachdem, wie hoch der Anteil der Lasten ist, der auf die für ihn zuständige Berufsgenossenschaft übertragen worden ist, einschließlich des Ergebnisses des DDR-Lastenausgleichs.

Der Anteil, der bei der vorstehend beschriebenen Verteilung auf einen Unternehmer als Teil von dessen Beitrag entfällt, muß in einer Weise ermittelt worden sein, die mit Blick auf sein subjektives Recht aus Art. 3 I GG auf Gleichbehandlung mit anderen Unternehmern nicht zu beanstanden ist. Dem entspricht umgekehrt die Verpflichtung des Gesetzgebers und der Vertreterversammlung, das höherrangige Recht zu beachten. Ob die hier getroffenen Regelungen diesen Vorgaben entsprechen, ist auf jeder Stufe und in jedem unterscheidbaren Abschnitt in zeitlicher Folge zu ermitteln.

Soweit der Gesetzgeber der Vertreterversammlung einen eigenen Entscheidungsspielraum einräumt, wie in §§ 1157 RVO und 215 IX SGB VII, ist darüberhinaus die Wesentlichkeitstheorie zu beachten, wonach der Gesetzgeber Fragen, die für die Verwirklichung der Grundrechte „wesentlich" sind, selbst zu entscheiden und in der Satzungsermächtigung mit hinreichender Bestimmtheit zu regeln hat.[192] Es ist deshalb problematisch, ob §§ 1157 I RVO, 215 IX SGB VII der Wesentlichkeitstheorie genügt haben bzw. genügen.

192 *Jarass*, in: Jarass/Pieroth, GG, Art. 20 GG Rn. 46 m. w. N.

1.2.7.8 Die Rechtsprechung zur Umlage der DDR-Altlasten

Das Bundessozialgericht hat sich bisher in drei Urteilen ausführlich mit der Verfassungsmäßigkeit der DDR-Altlastenumlage befaßt: Das Urteil vom 2. Juli 1996[193] betrifft die Beiträge eines Einzelhandelsunternehmers für die Jahre 1991 und 1992 in einem Fall, bei dem die Vertreterversammlung das Absehen von der Gefahrklasse gem. § 1157 I RVO beschlossen hatte, so daß die Umlage nur nach der Lohnsumme erfolgte. Das Urteil vom 18. April 2000[194] betraf hingegen die Beiträge eines Wachdienstunternehmens für das Jahr 1995, als § 1157 I RVO erstmals nicht mehr anwendbar war. In dem Urteil vom 24. Februar 2004[195] ging es um die Klage eines Zeitarbeitnehmers gegen die dessen Veranlagung nach dem Gefahrtarif 1998 der Verwaltungs-Berufsgenossenschaft.

In dem ersten Urteil befand das BSG sowohl die Umlage der DDR-Altlasten auf die Unternehmer als auch die Übergangsregelung des § 1157 I RVO für verfassungsmäßig. Das Gericht war der Ansicht, der Gesetzgeber habe sich bei der *„Wiedervereinigung Deutschlands"*[196] in einer *„Ausnahmesituation"*[197] befunden, ein *„außergewöhnlicher Anlaß"*,[198] der die *„interne Solidarität"* der Unternehmer im *„wiedervereinigten Deutschland"* verlangt habe.[199] Der Gesetzgeber sei nicht gehindert gewesen, den Berufsgenossenschaften die Rentenaltlasten aus dem Beitrittsgebiet aufzuerlegen. Diese Frage sei mit der Übertragung der Kriegsfolgelasten auf die Sozialversicherungsträger nach dem zweiten Weltkrieg vergleichbar, die damals ebenfalls für zulässig befunden worden war.[200]

Insbesondere einen Verstoß gegen den allgemeinen Gleichheitssatz konnte das BSG nicht feststellen. In der Literatur ist allerdings der Maßstab, den das Gericht hier zur Prüfung der Vereinbarkeit der Bestimmun-

193 BSG, Az.: 2 RU 17/95, SGb 1997, 182 = BSGE 79, 23.

194 BSG, Az. B 2 U 13/99, SGb 2001, 254. – Weitere Rechtsprechung und Literatur: SG Gießen HVBG-INFO 1999, 1361; SG Duisburg, Urteil vom 8. November 2000, Az. S 6 U 57/99 (unveröffentlicht); LSG Brandenburg, Az. L 7 U 88/00, Urteil vom 24. September 2001, HVBG-INFO 2002, 562; hierzu: *Günther Sokoll*, Verfassungsmäßigkeit der Unfallversicherung als Pflichtversicherung, BG 2002, 325.

195 BSG, Az. B 2 U 31/03 R, Internet: `http://juris.bundessozialgericht.de/cgi-bin/rechtsprechung/document.py?Gericht=bsg&Art=en&Datum=2004&Sort=3&nr=8408&anz=56&pos=26&Frame=2` am 6. Juni 2004.

196 BSG, SGb 1997, 182, 184.

197 BSG, SGb 1997, 182, 183.

198 BSG, SGb 1997, 182, 184.

199 BSG, SGb 1997, 182, 184.

200 BSG, SGb 1997, 182, 183.

gen mit Art. 3 I GG angewandt hat, auf Kritik gestoßen,[201] denn obwohl es von der Anwendbarkeit der sogenannten „Neuen Formel" des ersten Senats ausgeht,[202] stellt es – unter Bezugnahme auf einen Beschluß des Bundesverfassungsgerichts aus demselben Jahr – doch letztlich darauf ab, ob *„die Staatsorgane der Bundesrepublik Deutschland das Ziel, die Altlasten aus den Versicherungsfällen in der gesetzlichen Unfallversicherung vor dem 1. 1. 1991 zu verteilen ‚klar verfehlt haben' "*.[203] Der Gesetzgeber habe zur Verteilung der DDR-Altlasten zulässigerweise eine möglichst praktikable Lösung gewählt, die keiner eingehenderen Prüfung zu unterwerfen sei, weil es bei einem solchen Maßnahmenbündel nur auf das Vorgehen des Gesetzgebers im ganzen ankomme.[204]

Ohne auf die Wesentlichkeitstheorie einzugehen, stellt das Urteil fest, auch die Regelung des § 1157 I RVO sei rechtmäßig gewesen, insbesondere sei sie ausreichend bestimmt.[205] Die Bestimmtheitsanforderungen, die gem. Art. 80 I 2 GG für den Erlaß von Rechtsverordnungen gelten, seien auf Satzungsermächtigungen nicht anwendbar.[206] Die Verteilung der DDR-Altlasten nur nach den Lohnsummen und ohne Ansehung der Gefahrklasse, für die sich die Vertreterversammlung hier entschieden habe, sei nicht zu beanstanden, denn das System der gesetzlichen Unfallversicherung sei grundsätzlich veränderbar und die vorliegend gewählte Lösung habe sich im Rahmen des Gestaltungsspielraums von Gesetzgeber und Vertreterversammlung bewegt.[207] Die Verteilung der Lasten (auch) nach der Unfallgefahr wäre *„keine so stark sachgerechtere Lösung"* gewesen, *„daß auch innerhalb des Gestaltungsspielraums des Gesetzgebers nur sie in Betracht käme"*.[208] Die Umlage der DDR-Altlasten nur nach der Lohnsumme entspreche dagegen dem ehemaligen § 725 I RVO, wonach sich der Beitrag der Unternehmer, für die die gleiche Gefahrklasse gelte, entsprechend ihrer Lohnsummen unterscheide.[209] Die damit verbundene Typisierung sei hinzunehmen gewesen.[210] Die Revision sei daher nicht begründet.

201 *Peter Ulrich*, Anm. zu BSG, SGb 2001, 254, a. a. O., 260.
202 BSG, SGb 1997, 182, 183.
203 BSG, SGb 1997, 182, 183 m. w. N.
204 BSG, SGb 1997, 182, 183 unter Bezugnahme auf BVerfGE 91, 294, 309. – Vgl. hierzu bereits Abschnitt 1.2.7.7 auf Seite 35.
205 BSG, SGb 1997, 182, 184.
206 BSG, SGb 1997, 182, 184.
207 BSG, SGb 1997, 182, 184.
208 BSG, SGb 1997, 182, 184.
209 BSG, SGb 1997, 182, 184.
210 BSG, SGb 1997, 182, 184.

Diese Ansicht hat das BSG in seinem späteren Urteil vom 18. April 2000,[211] das den Zeitraum nach Außerkrafttreten von § 1157 I RVO betrifft, fortgeführt.

Hinsichtlich des allgemeinen Gleichheitssatzes führt das Gericht nunmehr eine strenge Verhältnismäßigkeitsprüfung durch, indem es darauf abstellt, ob es einen sachlichen Grund dafür gegeben habe, einen Privaten (Unternehmer) im Gegensatz zu anderen Privaten zur Finanzierung der DDR-Altlasten heranzuziehen.[212]

Die Übertragung der DDR-Altlasten auf die Unternehmer sei kein Sonderopfer, das von der Allgemeinheit getragen werden müßte.[213] Die Tragung dieser Lasten durch eine – letztlich fremdnützige – öffentlich-rechtliche Zahlungspflicht sei den Unternehmern als Sozialversicherungsbeitrag aufgrund ihrer spezifischen *„Solidaritäts- und Verantwortlichkeitsbeziehung"* im Rahmen der gesetzlichen Unfallversicherung aufzuerlegen.[214] Es sei *„systemimmanent"*, daß die Unternehmer Lasten tragen, die aus Versicherungsfällen im Sinne des Unfallversicherungsrechts stammen, deren Ursachen bereits vor langem gesetzt worden waren und mit denen sie folglich überhaupt nichts zu tun haben können.[215] Diese Versicherungsfälle auf die Berufsgenossenschaften zu übertragen sei jedenfalls sachgerecht gewesen, weil sie der fachlich kompetente Träger gewesen seien.[216] Deshalb sei es auch sachlich gerechtfertigt gewesen, die Mitglieder der Berufsgenossenschaften hinsichtlich der Tragung dieser Lasten anders zu stellen als die Allgemeinheit und sie ohne staatliche Zuschüsse nur aus Sozialversicherungsbeiträgen zu finanzieren.[217]

Letztlich hat es das BSG aber *„aufgrund der wenigen vom SG festgestellten Tatsachen"*[218] offengelassen, ob die Umlage der DDR-Altlasten nach Lohnsumme *und* Gefahrklasse die Klägerin in ihrem Grundrecht aus Art. 3 I GG verletzten. Die Sache wurde an das Sozialgericht zur erneuten Verhandlung zurückverwiesen.[219] Weder der Umfang der gesamten DDR-Lasten,

---

211 BSG, SGb 2001, 254.
212 SGb 2001, 254, 256; *Ulrich*, SGb 2001, 259, 260.
213 SGb 2001, 254, 256.
214 SGb 2001, 254, 256 f.
215 SGb 2001, 254, 257.
216 SGb 2001, 254, 257.
217 SGb 2001, 254, 257.
218 BSG, SGb 2001, 254, 258.
219 Ausgangsverfahren: SG Gießen, Urteil vom 2. November 1998, Az. S 3 U 1539/96; nach der Zurückverweisung ist die Rechtssache nunmehr bei dem SG Gießen unter dem Az.

die auf die Berufsgenossenschaft entfielen, noch deren Entwicklung sind dem Gericht bekannt.[220] Es konnte daher nicht entscheiden, ob die Klägerin durch die Berechnung der Beiträge unter Zugrundelegung der Gefahrklasse in einer mit Art. 3 I GG unvereinbaren Weise belastet worden ist. Ob das der Fall ist, ergebe sich unter Zugrundelegung der „neuen Formel" des ersten Senats des Bundesverfassungsgerichts.[221]

Insbesondere folgt das Gericht dem SG nicht, soweit dieses die Umlage der DDR-Altlasten nach Lohnsummen und Gefahrklasse als systemgerecht angesehen hatte.[222] Es ist vielmehr der Ansicht, die Umlage dieser Lasten müsse nicht – wie in der Unfallversicherung üblich (§ 153 I SGB VII) – nach Lohnsummen und Gefahrklassen erfolgen. In der Gefahrklasse komme die empirisch gemessene Unfallgefahr zum Ausdruck, und sie diene der Verwirklichung des *„Kausalitätsprinzips"* bei der Umlage. Gerade die Kausalität der Lasten spiele aber bei der Umlage der DDR-Altlasten keine Rolle.[223]

In seinem jüngsten Urteil vom 24. Februar 2004[224] hat sich der Senat nunmehr jedoch von seinem früheren Standpunkt abgewandt. Das Gericht hält seine früheren Bedenken gegen die Umlage der DDR-Altlasten nach Gefahrklassen und Lohnsummen nunmehr ausdrücklich nicht mehr aufrecht.[225] Es führt nunmehr aus: *„Wenn die heutigen Unternehmer über ihr in der Gefahrklasse zum Ausdruck kommendes zeitnahes Unfallrisiko die Altlasten-West finanzieren, ohne Rücksicht darauf, inwieweit sie ihnen zurechenbar sind, so ist nicht zu erkennen, wieso bei den Altlasten-Ost etwas Anderes geboten sein sollte. Die einzige insofern bestehende Besonderheit ist, dass die den Altlasten-Ost zugrunde liegenden Unfälle und Berufskrankheiten im Zuge der Wiedervereinigung nicht exakt dem jeweils eigentlich zuständigen Unfallversicherungsträger zugeordnet wurden, sondern nach dem oben dargestellten Schlüssel auf alle Unfallversicherungsträger unter Zugrundelegung der Geburtstage der Verletzten verteilt wurden. Hieraus ableitbare Verstöße gegen den Gleichheitssatz sind nicht ersichtlich und von der Klägerin nicht vorgetragen worden."*[226] Das Gericht hat dabei auch berücksichtigt, daß der Gesetzgeber aufgrund des Urteils vom

S 3 U 994/00 anhängig. Eine Entscheidung steht noch aus.

220 BSG, SGb 2001, 254, 258.
221 BSG, SGb 2001, 254, 258.
222 BSG, SGb 2001, 254, 258.
223 BSG, SGb 2001, 254, 258.
224 Vgl. Fußnote 195 m. w. N.
225 BSG, Urteil vom 24. Februar 2004, a. a. O. (Fn. 195), Rn. 23 ff.
226 BSG, Urteil vom 24. Februar 2004, a. a. O. (Fn. 195), Rn. 27.

18. April 2000[227] das geltende Recht durch die Wiedereinführung der Satzungermächtigung in § 215 IX SGB VII als Nachfolger von § 1157 I RVO geändert hatte. Auch dies führe zu keiner anderen Beurteilung.[228]

1.3 Problemstellung: Die Verteilung der Lasten aus der gewerblichen Unfallversicherung als Gleichheitsproblem

1.3.1 Die Grundzüge der Finanzierung der gesetzlichen Unfallversicherung

1.3.1.1 Die historische Entwicklung des Beitragsrechts

Die ersten Ansätze[229] zu einer staatlicherseits geschaffenen Unfallversicherung der Beschäftigten wurden mit dem Reichshaftpflichtgesetz vom 7. Juni 1871[230] beschritten, in dem aber die Haftung des Betreibers eines Bergwerks, eines Steinbruchs, einer Gräberei oder einer Fabrik für Arbeitsunfälle noch von dessen Verschulden bei Ausführung der Dienstverrichtung abhängig war.[231] Immerhin konnte er sich nicht dadurch „exkulpieren", daß er nachwies, seine leitenden Angestellten sorgfältig ausgewählt zu haben, für deren Verschulden er ebenfalls einzutreten hatte.[232] Diese Haftung nähert sich einer Gefährdungshaftung des Unternehmers an,[233] sie steht in einer Reihe mit der später eingeführten Haftung für *vermutetes Verschulden*[234] in § 831 BGB.

Dieser Weg erwies sich aber aus mehreren Gründen als ungenügend: Für den Arbeiter wirkte es sich schon nachteilig aus, daß er im Zivilprozeß

---

227 Vgl. vorstehend Seite 40 ff. m. w. N.

228 BSG, Urteil vom 24. Februar 2004, a. a. O. (Fn. 195), Rn. 28.

229 Zur früheren Rechtslage und insbesondere zum preußischen Eisenbahngesetz vom 3. November 1838 vgl. *Michael Stolleis*, Geschichte des Sozialrechts in Deutschland, 2003, S. 80 f.; speziell zu den *„Baugewerksvereinen"* der Baugewerksmeister (*„bis 1876 bestehen schon 9 Einrichtungen dieser Art"*) vgl. *Bau-Berufsgenossenschaft Frankfurt am Main (Hg.)*, 100 Jahre Bau-Berufsgenossenschaft Frankfurt am Main, Festschrift zum 100jährigen Bestehen der Bau-Berufsgenossenschaft Frankfurt am Main, 1985, S. 8.

230 RGBl. S. 297. – *Stolleis*, a. a. O. (Fn. 229).

231 *Breuer*, in: HS-UV, § 1 Rn. 31.

232 *Breuer*, in: HS-UV, § 1 Rn. 31.

233 *Stolleis*, a. a. O. (Fn. 229), S. 80.

234 *Karl Larenz und Claus-Wilhelm Canaris*, Lehrbuch des Schuldrechts, Band II, Halbband 2: Besonderer Teil, 13. Aufl. 1994, § 79 III 1. a) = S. 475 m. w. N.

nach dem Beibringungsgrundsatz die Beweispflicht trug. Er konnte sich einen Prozeß gegen den ehemaligen Arbeitgeber aber in den allermeisten Fällen schon aus finanziellen Gründen überhaupt nicht leisten.[235] Weil sich die Unternehmer aus einer Position der wirtschaftlichen Stärke gegenüber der Arbeiterschaft eher auf einen langen Rechtsstreit einließen als einen Anspruch anzuerkennen, wurde der Betriebsfrieden oft belastet und die Notlage des geschädigten Arbeiters zusätzlich verschärft.[236]

Die *soziale Frage* konnte mit den Mitteln des Marktes nicht gelöst werden.[237] Die Arbeiterbewegung erhielt starken Zulauf[238] und drohte, die Loyalität der Bevölkerung zum Staat zu gefährden.[239] Dem setzte man neben Regelungen zum Arbeitsschutz[240] schließlich seitens der Regierung Bismarck – neben den *„Sozialistengesetzen"*[241] – seit 1881 die Einführung der Sozialversicherung entgegen.[242]

Die gesetzliche Unfallversicherung wurde durch das *„Unfallversicherungsgesetz"* (UVG) vom 6. Juli 1884[243] in Deutschland eingeführt. Weil die damals geschaffenen Strukturen die Unfallversicherung bis heute bestimmen, werden sie im folgenden skizziert.

---

235 *Breuer*, in: HS-UV, § 1 Rn. 37 f.

236 *Breuer*, in: HS-UV, § 1 Rn. 39 f.

237 *Breuer*, in: HS-UV, § 1 Rn. 42.

238 Die lohnabhängigen Arbeiter machten 1882 23,7% der Erwerbstätigen aus, 1907 waren es 33,5%, einschließlich der *„Berufslosen"* und Rentenbezieher sogar 25,4% bzw. 37,6% (*Thomas Nipperdey*, Deutsche Geschichte 1866-1918, Band I, Arbeitswelt und Bürgergeist, 1990, Sonderausgabe 1998, S. 291). Der Anteil der Erwerbstätigen in den Fabriken und den Bergwerken stieg in derselben Zeit stetig von 1,9% auf 4,9% (*Nipperdey*, a. a. O., S. 298). Die Anzahl der Mitglieder der Gewerkschaften, vor allem unter den Fabrikarbeitern, stieg zwischen 1903 und 1913 um 193% (sic!) auf 2,6 Millionen (*Nipperdey*, a. a. O., S. 324).

239 *Michael Stolleis*, Die Geschichtlichkeit des Sozialrechts, SGb 1984, 378, 378.

240 *„... staatliche Auflagen, die gewisse Normen für Arbeitsbedingungen und Arbeitszeiten und bestimmte Arbeitergruppen (Frauen z. B.) festlegten. Für die Bismarckzeit gilt, ... daß hier fast nichts geschah. Allein die gewerbliche Kinderarbeit wurde reichseinheitlich – wie in Ansätzen sein 1839 in Preußen und danach in anderen Staaten – verboten. ... Gefahrenschutz war Pflicht der Unternehmer, so hieß es 1869 in der Gewerbeordnung ... Vom Ersatz-Arbeiterschutz durch die Unfallverhütung seit 1884 haben wir gesprochen. Aber das Entscheidende ist: Weitere Arbeitsschutzmaßnahmen blieben in den 70er / 80er Jahren blockiert."* (*Nipperdey*, a. a. O., S. 385).

241 *„Gesetz gegen die gemeingefährlichen Bestrebungen der Sozialdemokratie"* vom 21. Oktober 1878, RGBl. S. 351.

242 *„Gesetz, betreffend die Krankenversicherung der Arbeiter (KVG)"* vom 15. Juni 1843, RGBl. S. 73; *„Gesetz, betreffend die Invaliditäts- und Altersversicherung"* vom 22. Juni 1889, RGBl. S. 97; zur Unfallversicherung sogleich im folgenden.

243 RGBl. S. 69.

Gem. § 1 I UVG wurden *„alle in Bergwerken, Salinen, Aufbereitungsanstalten, Steinbrüchen, Gräbereien (Gruben), auf Werften und Bauhöfen, sowie in Fabriken und Hüttenwerken beschäftigen Arbeiter und Betriebsbeamten [...] gegen die Folgen der bei dem Betriebe sich ereignenden Unfälle [...] versichert."* Diese Gewerbe bildeten den Ausgangspunkt für die Sicherung der Arbeitnehmer vor dem Schaden, *„der durch die Körperverletzung oder Tödtung entsteht"* (§ 5 I UVG).

Träger der Unfallversicherung waren schon damals Berufsgenossenschaften (§§ 11 ff. UVG), deren Mitglieder die Unternehmer waren, für die die Berufsgenossenschaft örtlich und sachlich zuständig ist (§ 34 I UVG). Die Berufsgenossenschaften waren *„befugt, für den Umfang des Genossenschaftsbezirks oder für bestimmte Industriezweige oder Betriebsarten oder bestimmte abgegrenzte Bezirke"* Unfallverhütungsvorschriften zu erlassen (§ 78 I UVG) sowie deren Einhaltung in den Betrieben zu überwachen (§§ 82 ff. UVG). Die Rechtsaufsicht über die Berufsgenossenschaften wurde gem. §§ 87 ff. UVG vom Reichs-Versicherungsamt wahrgenommen.

Die Versicherung wurde durch Beiträge der Mitglieder der Berufsgenossenschaften in der Form einer Umlage finanziert (§ 10 I UVG). Berechnungsgrundlage waren die Arbeitsentgelte sowie die in den Gefahrtarifen aufgeführten Gefahrklassen (§§ 10 I; 28 UVG).

Die weitere Entwicklung des Beitragsrechts, insbesondere der Bestimmungen zur Festsetzung des Gefahrtarifs, erfolgte in vier Gesetzen:[244] Zunächst durch das *„Gesetz betreffend die Änderung der Unfallversicherungsgesetze"* vom 30. Juni 1890;[245] dann durch die *„Reichsversicherungsordnung"* (RVO) vom 19. Juli 1911.[246] Die Bestimmungen der RVO wurden dann erst wieder geändert durch das *„Unfallversicherungs-Neuregelungsgesetz"* (UV-NG) vom 30. April 1963.[247] § 730 RVO hatte den Wortlaut:

> *„Zur Abstufung der Beiträge nach dem Grad der Unfallgefahr hat die Vertreterversammlung durch einen Gefahrtarif Gefahrklassen zu bilden."*

Die Eingliederung der Unfallversicherung in das Siebte Buch des Sozialgesetzbuchs erfolgte dann aufgrund des *„Unfallversicherungs-Einordnungsgesetzes"* vom 7. August 1996,[248] und erst diese Neufassung brachte die er-

244 Einen Überblick mit Zitaten aus den jeweiligen Bestimmungen gibt: *Schulz*, Gefahrtarif, S. 19 ff.

245 RGBl. S. 573, darin §§ 29 (Umlage), 49 (Bildung der Gefahrklassen).

246 RGBl. S. 509, darin §§ 706, 711 RVO.

247 BGBl. I S. 241, darin nunmehr §§ 730, 734 I RVO.

248 BGBl. I S. 1254 ff., darin §§ 150 ff. SGB VII.

sten umfangreicherern Änderungen im Normtext. Diese Fassung liegt der Arbeit zugrunde.

1.3.1.2 Die Unfallversicherungsträger

Die Unfallversicherung ist aus organisatorischer Sicht dreigeteilt: § 114 I Nr. 1–9 SGB VII nennt als Unfallversicherungsträger die gewerblichen und die landwirtschaftlichen[249] Berufsgenossenschaften sowie die Unfallversicherungsträger der öffentlichen Hand.[250] Die Träger sind in drei Spitzenverbänden in der Rechtsform privatrechtlicher eingetragener Vereine organisiert.[251]

Die zur Zeit 35 gewerblichen Berufsgenossenschaften nach Anlage 1 zu § 114 SGB VII sind rechtsfähige Körperschaften des öffentlichen Rechts mit Selbstverwaltung (§ 29 I SGB IV). Sie zählen als solche zur „mittelbaren Staatsverwaltung".[252] Erstreckt sich die Zuständigkeit eines Sozialversicherungsträgers über das Gebiet eines Landes hinaus, so wird er gem. Art. 87 II 1 GG als bundesunmittelbare Körperschaft des öffentlichen Rechts geführt.

Die gewerblichen Berufsgenossenschaften sind für alle Unternehmen zuständig, soweit das Gesetz nicht eine landwirtschaftliche Berufsgenossenschaft oder einen Unfallversicherungsträger der öffentlichen Hand für zuständig erklärt (§ 121 I SGB VII). Bereits den Namen der Berufsgenossenschaften ist ihre fachliche *Gliederung nach Berufs- und Gewerbezweigen*[253] zu entnehmen. Diese Gliederung ist, wie bereits in Abschnitt 1.3.1.1 auf Sei-

249 Nach Maßgabe der Anlage 2 zu § 114 SGB VII gibt es zur Zeit 20 landwirtschaftliche Berufsgenossenschaften.

250 Hier ist aufgrund von Artikel 9 des *„Gesetzes zur Einführung einer kapitalgedeckten Hüttenknappschaftlichen Zusatzversicherung und zur Änderung anderer Gesetze (Hüttenknappschaftliches Zusatzversicherungs-Neuregelungs-Gesetz – HZvNG)"* vom 21. Juni 2002, BGBl. I S. 2167 unter anderem eine *„Unfallkasse des Bundes"* neu gegründet worden (§ 218 b SGB VII). Bis dahin war der Bund selbst Träger der Unfallversicherung innerhalb seiner Zuständigkeit (§ 114 I Nr. 3 SGB VII a. F.). Er bediente sich bisher einer Ausführungsbehörde.

251 Das sind der *„Hauptverband der gewerblichen Berufsgenossenschaften e. V."* (HVBG, Internet: `http://www.hvbg.de/`), der *„Bundesverband der landwirtschaftlichen Berufsgenossenschaften e. V."* (Internet: `http://www.lsv.de/`) und der *„Bundesverband der Unfallkassen e. V."* (Internet: `http://www.unfallkassen.de/`). Vgl. *Bieback*, in: HS-UV, § 54 Rn. 158 ff., 158; *Michael Hein*, Die Verbände der Sozialversicherungsträger in der Bundesrepublik Deutschland, 1990, S. 208.

252 *Gitter/Nunius*, in: HS-UV, § 5 Rn. 18.

253 *Bieback*, in: HS-UV, § 54 Rn. 18.

te 42 ff. ausgeführt, historisch bedingt. Die Aufzählung in Anlage 1 zu § 114 SGB VII beginnt noch heute bei der Bergbau- und der Steinbruchs-Berufsgenossenschaft, reicht über die Metallbranche und die Holzverarbeitung, das Baugewerbe, die Fleischerei und das Zuckerhandwerk, den Handel, die Haltung von Kraftfahrzeugen sowie den Gesundheitsdienst bis zu verwaltenden Tätigkeiten und zur Seefahrt.

Grundlegend ist zunächst die Entscheidung darüber, welche Berufsgenossenschaft für einen Unternehmer zuständig ist, welcher Berufsgenossenschaft er also angehören soll. Hiermit ist eine Ungleichbehandlung der Unternehmer verbunden, soweit Unternehmer verschiedenen Berufsgenossenschaften zugeordnet werden. Umgekehrt werden diejenigen Unternehmer, die derselben Berufsgenossenschaft zugewiesen werden, gleich behandelt.

Für die Festsetzung des Gefahrtarifs sind zudem die Zusammensetzung der Berufsgenossenschaft und die damit verbundene Streuung der Unfallgefahren bedeutsam: In der nunmehr stark spezialisierten und arbeitsteiligen Volkswirtschaft, in der ein langfristiger Trend weg von Landwirtschaft und Güterproduktion, hin zu den Dienstleistungen besteht,[254] hat die vergleichsweise grobe Gliederung in große Gewerbe- oder Berufszweige zur Folge, daß die Gruppe von Unternehmen, für die eine Berufsgenossenschaft heute zuständig ist, eine ausgesprochen *heterogene Zusammensetzung* aufweist.[255] Es fällt mitunter schwer, noch von *einem* einheitlichen „Berufszweig", von *einer* Branche zu sprechen, die eine Berufsgenossenschaft bilde.

Das wirkt sich unmittelbar auf die in der Berufsgenossenschaft vorhandenen Unfallgefahren aus. Je heterogener die Unternehmerschaft zusammengesetzt ist, für die eine Berufsgenossenschaft zuständig ist, desto stärker kann die statistische Streuung der Unfallgefahr sein, was sich dann

254 In der Soziologie spricht man von der sog. *„postindustriellen Gesellschaft"*. – Vgl. *Eugen Buß*, Lehrbuch der Wirtschaftssoziologie, 2. Aufl. 1995, S. 164 ff., 166: *„Der Wandel der Beschäftigungsstruktur ist erheblich. Waren noch um die Jahrhundertwende ca. 70% der Beschäftigten in der Warenproduktion gegenüber nur 30% im Dienstleistungssektor tätig, so war das Verhältnis 1950 bereits in etwa ausgeglichen. Mittlerweile hat es sich fast umgekehrt."* – Der gesellschaftliche Wandel fand in Deutschland vor allem in der Zeit seit dem zweiten Weltkrieg statt (*Bernhard Schäfers*, Gesellschaftlicher Wandel in Deutschland, 6. Aufl. 1995, S. 183, Tabelle 13).

255 *Leichsenring*, BG 2001, 433, 433: *„... wirklich reinrassige Berufsgenossenschaften sind zumindest nicht die Regel. Bei fast allen Berufsgenossenschaften kommen auch beinahe alle Gefahren vor – mit nur sehr unterschiedlichen Schwerpunkten in den Betrieben."*

auch in einer entsprechenden Divergenz der Gefahrklassen im Gefahrtarif zeigen kann.[256]

Das ist auch bei auf den ersten Blick einheitlich erscheinenden Gewerbezweigen wie beispielsweise dem Baugewerbe der Fall. Die Gefahrtarife geben ein stets aktuelles Bild der Tätigkeiten, die von den Berufsgenossenschaften versichert werden. So zählen etwa zum (Hoch-) Baugewerbe so unterschiedliche Branchen wie *„Hochbau aller Art"*, *„Brunnenbau"*, *„Malerarbeiten"*, *„Boots- und Schiffsbau"*, *„Reinigungen aller Art an oder in Gebäuden"* und *„Pflasterarbeiten, Asphaltierungen"*.[257] Immerhin ist aber bei diesen Gewerbezweigen der Zusammenhang „Bauwirtschaft" noch ersichtlich. Noch weiter gespannt dagegen ist das Spektrum der Tätigkeiten im Gefahrtarif der Verwaltungs-Berufsgenossenschaft, der vom *„Kreditinstitut"* über die *„Evangelische Kirche"* und das *„Reisebüro"* bis zum *„Sportartist/Stuntman"* und dem *„Sportunternehmen"* einen Kreis von Unternehmen erfaßt, der bisweilen überhaupt keinen Bezug mehr zu der eigentlichen Zuständigkeit für die „Verwaltung" aufweist, die die Berufsgenossenschaft im Namen führt. Mitarbeiter von Zeitarbeitsfirmen fallen zudem unter die Tarifstellen 52 und 53 des Gefahrtarifs 2001 der VBG.[258] Ein Unternehmen der gewerbsmäßigen Arbeitnehmerüberlassung, das (unter anderem) auch Mitarbeiter auf einer Baustelle einsetzt, unterfällt demnach der Zuständigkeit der VBG (Tarifstelle 53 des Gefahrtarifs 2001 der VBG), nicht der Bau-Berufsgenossenschaft. Dies entspricht einer Art faktischer Auffangzuständigkeit der VBG für Dienstleistungsberufe im weitesten Sinne.[259]

Die *sachliche Zuständigkeit* einer Berufsgenossenschaft für ein bestimmtes Unternehmen richtet sich im einzelnen noch immer nach dem Bundesrats-

---

256 Die Gefahrklassen im Gefahrtarif 2001 der VBG bewegen sich zwischen 0,25 für *„Leasingunternehmen"* und 47,75 für *„Sportunternehmen – bezahlte Sportler aus der 1. oder 2. Fußballbundesliga oder Fußballregionalliga"*, während im Gefahrtarif der sehr viel kleineren und homogener zusammengesetzeren Zucker-BG, der auf S. 54 wiedergegeben ist, nur drei Tarifstellen mit zwei Gefahrklassen (zweimal 5,0 und einmal 0,8; vgl. a. a. O.) gibt. – Allerdings ist dieser Zusammenhang nur ein möglicher; zwingend ist er nicht. Letztlich ist die Unfallgefahr statistisch zu messen, nicht nach dem äußeren Anschein zu erschließen; vgl. *Fenn*, SGb 2004, 94, 96 f.

257 Die Beispiele sind dem Gefahrtarif 1999 der Bau-Berufsgenossenschaft Frankfurt am Main sowie im folgenden dem Gefahrtarif 2001 der VBG entnommen. Es handelt sich um Bezeichnungen für Tarifstellen.

258 Vgl. Abschnitt 1.2.4 auf Seite 8 ff.

259 SG Frankfurt, Gerichtsbescheid vom 20. 10. 1999, Az.: S-8/U-3402/98, S. 5 (unveröffentlicht).

beschluß vom 21. Mai 1885.[260] Im Zweifel wird ein Gewerbezweig derjenigen Berufsgenossenschaft zuzuweisen sein, bei der die Prävention besser gewährleistet ist.[261]

Die *örtliche Zuständigkeit* einer Berufsgenossenschaft ist unproblematisch, insbesondere soweit es bundesweit zuständige Berufsgenossenschaften betrifft. Bei regional begrenzt zuständigen Berufsgenossenschaften richtet sie sich nach dem Sitz des Unternehmens (§ 130 I SGB VII).

In zeitlicher Hinsicht beginnt die Zuständigkeit *„mit den vorbereitenden Arbeiten für das Unternehmen“* (§ 136 I 2 SGB VII). Sie endet mit dessen Abwicklung.[262]

Die *Selbstverwaltung* der Berufsgenossenschaft wird durch ihre Organe, die Vertreterversammlung und den Vorstand, ausgeübt (§ 31 I SGB IV). Die Vertreterversammlung beschließt *„die Satzung und sonstiges autonomes Recht“* (§ 33 I SGB IV), also auch den Gefahrtarif.[263] Sie ist paritätisch mit Vertretern der Versicherten und der Arbeitgeber besetzt, die ehrenamtlich tätig sind (§§ 44 I Nr. 1; 40 I 1 SGB IV).

Wie alle Körperschaften des öffentlichen Rechts,[264] so sind auch die

---

260 AN 1885, 143; BSGE 39, 112, 113 f.; 71, 85, 86; SG Duisburg, Az.: S 6 U 57/99, Urteil vom 8. 11. 2000, S. 6. – Rechtlich unverbindlich ist das *„Alphabetische Verzeichnis der Gewerbezweige“* des Reichsversicherungsamts vom 1. Oktober 1885, das vom HVBG 1959 neu herausgegeben wurde (vgl. *Bieback*, in: HS-UV, § 54 Rn. 95). Gleiches gilt für sogenannte *„Zuständigkeitsabkommen“*. Dabei handelt es sich nach allgemeiner Auffassung um öffentlich-rechtliche Verträge zwischen Berufsgenossenschaften, in denen Absprachen über die von ihnen gem. § 136 I SGB VII zu treffenden Zuständigkeitsentscheidungen getroffen werden, wenn sachliche Abgrenzungsprobleme entstehen sollten (hierzu näher: *Ricke*, a. a. O. (Fn. 117 auf Seite 21), S. 85 ff., 97 ff. m. w. N.).

Die Verbindlichkeit des Bundesratsbeschlusses ergibt sich aus der Fortgeltung der Verordnung der Reichsregierung über die Versicherungsträger in der Unfallversicherung vom 30. Oktober 1923 (RGBl. I S. 1063), auf der Grundlage von Artt. 80, 129 GG (*Bieback*, in: HS-UV, § 54 Rn. 95; BSGE 39, 112, 113 f.; 71, 85, 86.) Von der Verordnungsermächtigung in § 122 I SGB VII zur verbindlichen Regelung der Zuständigkeit hat das Bundesarbeitsministerium bisher keinen Gebrauch gemacht. – Die neuere Rechtsprechung verneint einen Anspruch des Unternehmers auf Erlaß der Verordnung: LSG Brandenburg, NZS 2002, 489 (nur Leitsätze).

261 *Ricke*, a. a. O. (Fn. 117 auf Seite 21), S. 30 f. – Beispielsweise wurde die Zuständigkeit für Sicherungspersonal bei Gleisbauarbeiten von der VBG an die Tiefbau-Berufsgenossenschaft unter dem Gesichtspunkt der Prävention abgegeben und durch ein Zuständigkeitsabkommen in dem vorgenannten Sinne (vgl. Fußnote 260) geregelt (Auskunft der Bezirksverwaltung der VBG, Mainz), was sachgerecht erscheint.

262 *Bieback*, in: HS-UV, § 54 Rn. 124.

263 Zum Gefahrtarif vgl. Abschnitt 1.3.1.5 auf Seite 52 ff.

264 *Hans Peter Bull*, Allgemeines Verwaltungsrecht 6. Aufl. 2000, Rn. 169.

Berufsgenossenschaften mitgliedschaftlich verfaßt[265] – wenn auch das SGB VII den Begriff der Mitgliedschaft nicht mehr verwendet.[266] § 29 I SGB IV, wonach *„die Träger der Sozialversicherung ... rechtsfähige Körperschaften des öffentlichen Rechts mit Selbstverwaltung"* sind, läßt kein anders Verständnis der Stellung des Unternehmers zu.[267]

1.3.1.3 Die Beitragspflichtigen

Die Unfallversicherung wird somit ausschließlich durch Beiträge der Unternehmer finanziert. Es gibt keine staatlichen Zuschüsse.[268] Das wird gemeinhin mit der Ablösung der Arbeitgeberhaftpflicht gem. §§ 104 ff. SGB VII begründet (sogenanntes *Haftungsersetzungsprinzip*).[269] In den Versicherungsfällen der Unfallversicherung verwirklicht sich eine Gefahr aus der Risikosphäre des Arbeitgebers, es handelt sich dabei um nichts anderes als um Produktionskosten.[270]

Beitragspflichtig sind gem. § 150 I 1 SGB VII grundsätzlich *„die Unternehmer, für deren Unternehmen Versicherte tätig sind oder zu denen Versicherte in einer besonderen, die Versicherung begründenden Beziehung stehen"*. Hierzu zählen auch Auftraggeber und Reeder nach § 150 II 2 Nr. 1 und 2 SGB VII. Die freiwillig versicherten Unternehmer und deren Ehegatten sind daneben nach § 150 I 2 SGB VII beitragspflichtig.[271]

---

265 *Bieback*, in: HS-UV, § 54 Rn. 3 f.; *Ricke*, a. a. O. (Fn. 117 auf Seite 21), S. 46 f.

266 *Ricke*, a. a. O. (Fn. 117 auf Seite 21), S. 48.

267 Nach herkömmlichem Verständnis ist nur der Unternehmer Mitglied der Berufsgenossenschaft, nicht der Versicherte (*Ricke*, a. a. O. (Fn. 117 auf Seite 21), S. 47 m. w. N.) – auch insoweit weicht die Organisation der Unfallversicherung von dem üblichen Modell der Sozialversicherung ab, wonach nur der Versicherte Mitglied des Sozialversicherungsträgers ist (vgl. §§ 186 ff. SGB V; 49 SGB XI). Ob durch die Neufassung des SGB VII auch die Versicherten als Mitglieder der Berufsgenossenschaften gelten müssen (vgl. hierzu die Diskussion bei *Ricke*, a. a. O. (Fn. 117 auf Seite 21), S. 48 ff.) bedarf hier keiner Entscheidung.

268 *Schulz*, FS Watermann, S. 149, 150. – Einzige Ausnahme bisher: Der Bund zahlte in den Jahren 1994–1996 an die gewerblichen Berufsgenossenschaften eine einmalige Pauschale in Höhe von 400 Millionen DM zur Abgeltung der Lasten für die Zwangsarbeiter der ehemaligen DDR gem. Art. 8 des „Erstes Gesetz zur Umsetzung des Spar-, Konsolidierungs- und Wachstumsprogramms (1. SKWPG)", BGBl. 1993 I S. 2353. 2367; *Bieback*, in: HS-UV, § 54 Rn. 53; *Lauterbach/Watermann*, § 1157 RVO Rn. 5, Stand: August 1994.

269 *Gitter/Nunius*, in: HS-UV, § 5 Rn. 119; 51 ff., 51.

270 *Gitter/Nunius*, in: HS-UV, § 5 Rn. 118.

271 Der Beitrag des Unternehmers ist unter Zugrundelegung einer wirtschaftlichen Betrachtungsweise der Regelfall, denn auch die formal paritätische Finanzierung der üb-

Nur die Unfallversicherung kennt den Begriff des *„Unternehmers"*, während im übrigen Sozialgesetzbuch vom *„Arbeitgeber"* die Rede ist.[272] Der Begriff ist unabhängig von dem des Unternehmers im betriebswirtschaftlichen Sinne.[273] Das SGB IV greift den Begriff des Unternehmers aus dem Unfallversicherungsrecht nicht auf, es spricht vielmehr vom Arbeitgeber.[274] Im Normalfall – der Versicherte ist ein „Beschäftigter" im Sinne von § 2 I Nr. 1 SGB VII[275] – decken sich der Begriff des Unternehmers und des Arbeitgebers.[276]

1.3.1.4 Die Berechnung des Beitrags

Die Festsetzung der Beiträge erfolgt *„nach Ablauf des Kalenderjahres, in dem die Beitragsansprüche dem Grunde nach entstanden sind"* (§ 152 I 1 SGB VII). Das ist das sogenannte *Prinzip der nachträglichen Bedarfsdeckung*.[277] Die heute aktiven Unternehmer tragen die Lasten, die im Vorjahreszeitraum von der Berufsgenossenschaft zu erbringen waren. Daraus ist ersichtlich, daß die Unternehmer nicht nur Lasten tragen, zu deren Entstehung sie – gleich, in welchem Umfang – beigetragen haben. Vielmehr tragen beispielsweise die im laufenden Jahr erst hinzugetretenen Unternehmer bereits Lasten mit, die im Vorjahr, also in einem Zeitraum entstanden waren, zu dem sie noch gar nicht unternehmerisch tätig gewesen sind. Darüberhinaus tragen die Unternehmer schließlich auch diejenigen Lasten, die aus der Tätigkeit von (anderen) Unternehmern stammen, die bereits aus der Berufs-

---

rigen Zweige der Sozialversicherung ist aus betriebswirtschaftlicher Sicht jedenfalls aus der „Kostenstelle" zu erwirtschaften, die ein Arbeitsplatz darstellt.

272 *Gitter/Nunius*, in: HS-UV, § 5 Rn. 84; *Bertram Schulin und Gerhard Igl*, Sozialrecht, 7. Aufl. 2002, Rn. 407.

273 *Ricke*, a. a. O. (Fn. 117 auf Seite 21), S. 43.

274 *Schulin/Igl*, a. a. O. (Fn. 272), Rn. 407.

275 Es ist übrigens umstritten, ob die Bestimmung in § 7 IV 1 SGB IV zur (widerlegbaren) Vermutung des Vorliegens einer Beschäftigung auf die gesetzliche Unfallversicherung anwendbar sei. Vgl. *Mehrtens*, in: Bereiter-Hahn/Mehrtens, § 2 SGB VII Rn. 6.12; *Seewald*, in: Kasseler Kommentar, § 7 SGB IV Rn. 202 m. w. N.

276 Der Grund für diese Besonderheiten liegt in der Anknüpfung an die unternehmerische Tätigkeit: Die Unternehmereigenschaft setzt am Unternehmen an (*Ricke*, a. a. O. (Fn. 117 auf Seite 21), S. 45). Durch die Unfallversicherung gewinnt der Unternehmer die Ablösung der Arbeitgeberhaftpflicht. Die Versicherung soll deshalb nicht vom Bestand eines Beschäftigungsverhältnisses im Sinne von § 7 I SGB IV abhängig gemacht werden. Die Eigenschaft des Unternehmers folgt vielmehr dem Versicherungsschutz seiner (möglichen) Beschäftigten (*Ricke*, a. a. O. (Fn. 117 auf Seite 21), S. 44.)

277 *Platz*, in: HS-UV, § 58 Rn. 6.

genossenschaft ausgeschieden sind – sei es, weil sie ihre unternehmerische Tätigkeit – gleich, aus welchem Grunde – eingestellt haben, oder weil sie aufgrund der Verschiebung ihres Tätigkeitsschwerpunktes nunmehr in die Zuständigkeit einer anderen Berufsgenossenschaft fallen und daher keine Mitglieder der vorher für sie zuständigen Berufsgenossenschaft mehr sind.

Ebenso wie in den anderen Zweigen der Sozialversicherung gibt es auch in der Unfallversicherung keinen Einheitsbeitrag. Die Beiträge werden für jeden Unternehmer einzeln festgesetzt. Hiermit ist, abhängig von der festgesetzten Gefahrklasse bzw. dem aufgrund der Gefahrklasse erhobenen Beitrag,[278] wiederum eine Ungleich- bzw. Gleichbehandlung der Unternehmer verbunden, die sich nach folgenden Beziehungen richtet:

Die Beiträge werden gem. § 153 I SGB VII aus dem Finanzbedarf der Berufsgenossenschaft, den Arbeitsentgelten der Versicherten und den Gefahrklassen berechnet.

Der Finanzbedarf der Berufsgenossenschaft, das *„Umlagesoll"*, wird auf die Unternehmer, für die sie zuständig ist, umgelegt (§§ 152 I 1, 153 I SGB VII). Der Bedarf umfaßt die von der Berufsgenossenschaft zu erbringenden Leistungen einschließlich der Verfahrens- und Verwaltungskosten und der Beitragsausfälle des Vorjahres.[279] Hinzu kommt die Rücklage (§ 152 I 2 SGB VII). Daneben muß die Berufsgenossenschaft hinreichend mit Betriebsmitteln versehen sein (§ 152 I 3 SGB VII).[280]

Der Beitrag eines Unternehmers berechnet sich gem. §§ 153 I, 167 I SGB VII i. V. m. der Satzung der Berufsgenossenschaft wie folgt:[281]

$$\text{Beitrag} = \frac{\text{Arbeitsentgelt} \times \text{Gefahrklasse} \times \text{Beitragsfuß}}{1000} \qquad (1.4)$$

Dabei wird das Arbeitsentgelt bis zur Höhe des Höchstjahresarbeitsverdienstes zugrundegelegt (§§ 153 II SGB VII i. V. m. § 14 SGB IV).[282] Der Beitragsfuß – auch Umlageziffer genannt – wird jährlich gem. § 167 II 1

278 Es ist zwischen der Veranlagung zu den Gefahrklassen und der Erhebung der Beiträge, zwei voneinander getrennten Verwaltungsverfahren, zu unterscheiden. Vgl. hierzu Abschnitt 1.3.1.7 auf Seite 64 ff.

279 *Platz*, in: HS-UV, § 58 Rn. 10.

280 *Mehrtens*, in: Bereiter-Hahn/Mehrtens, § 152 SGB VII Anm. 3.2.

281 *Platz*, in: HS-UV, § 58 Rn. 15. – Alle Formeln sind jeweils bezogen auf 1 000 Euro Arbeitsentgelt.

282 *Mehrtens*, in: Bereiter-Hahn/Mehrtens, § 157 SGB VII Anm. 9.

SGB VII nach folgender Beziehung neu berechnet:

$$\text{Beitragsfuß} = \frac{\text{Umlagesoll} \times 1000}{\text{Gesamtbeitrageseinheiten}} \tag{1.5}$$

Der Beitragsfuß gibt also an, welcher Anteil des Umlagesolls unter Zugrundelegung des Gefahrtarifs von einem Unternehmer zu tragen ist, wenn seine Gefahrklasse gleich 1,0 betrüge.

Die Gesamtbeitragseinheiten errechnen sich für *n* Tarifstellen des Gefahrtarifs[283] als Summe der *n* Produkte aus den für die jeweilige Tarifstelle nachgewiesenen Arbeitsentgelte und der Gefahrklasse (§ 167 II 2 SGB VII):[284]

$$\text{Gesamtbeitragseinheiten} = \sum_{i=1}^{n} \text{Arbeitsentgelt}_i \times \text{Gefahrklasse}_i \tag{1.6}$$

Der Beitragsfuß nach Formel 1.5 wird somit, bei konstanten Arbeitsentgelten, umso kleiner sein, je größer die Gefahrklassen im Nenner von Formel 1.6 dem Betrage nach sind.[285]

Daraus ist ersichtlich, daß sich eine fehlerhaft festgesetzte Gefahrklasse nicht nur auf die Beiträge der Unternehmer auswirkt, die der jeweiligen Tarifstelle zugeordnet sind. Vielmehr geht diese fehlerhafte Gefahrklasse in die Berechnung des Beitragsfußes ein, so daß alle Beiträge, die auf ihm beruhen, in der Folge falsch bestimmt worden sind.[286]

Die absolute Höhe der Gefahrklasse vermag über die Höhe der Beitragsbelastung grundsätzlich nur im Vergleich zu den anderen Tarifstellen Auskunft zu geben.[287] Erst das Produkt aus Gefahrklasse und Beitragsfuß kann einen Vergleich der Beitragsbelastung im Verhältnis zu den Unternehmern anderer Berufsgenossenschaften aufzeigen.

1.3.1.5 Der Gefahrtarif

Der Gefahrtarif wird von der Vertreterversammlung der Berufsgenossenschaft als autonomes Recht, also als Rechtsnorm im Range des Satzungs-

283 Zur Gliederung des Gefahrtarifs in Tarifstellen vgl. Abschnitt 1.3.1.5.

284 *Platz*, in: HS-UV, § 58 Rn. 60.

285 *Schulz*, Gefahrtarif, S. 18.

286 *Schulz*, Gefahrtarif, S. 18 f.

287 Etwas anderes würde nur gelten, wenn in dem Gefahrtarif eine sogenannte „Eckgefahrklasse" geführt würde. – Vgl. Abschnitt 1.3.1.5 auf Seite 59 ff.

rechts beschlossen und hat eine Geltungsdauer von höchstens sechs Kalenderjahren (§ 157 V SGB VII). Dadurch soll bewirkt werden, daß der Gefahrtarif immer wieder von der Berufsgenossenschaft an die geänderten Verhältnisse angepaßt werden muß.[288]

Der Gefahrtarif dient zur praktischen Umsetzung der Prävention von Arbeitsunfällen und Berufskrankheiten über das Beitragsrecht.[289] Die Gefahrklassen geben gleichsam einen Verteilungsschlüssel für die Tragung der Lasten durch die Unternehmer einer Berufsgenossenschaft vor, der sich an den Gefährdungsrisiken der Gewerbszweige orientiert.[290]

Festsetzung und Änderung des Gefahrtarifs bedürfen der Genehmigung durch die Aufsichtsbehörde, das Bundesversicherungsamt (§§ 158 I SGB VII; 90 I 1; 94 SGB IV).[291]

Die Daten, die zur Aufstellung des Gefahrtarifs benötigt werden, sind aufgrund von § 199 I 1; 2 Ziff. 3 SGB VII zu erheben.

Eine vollständige Abbildung der Lasten auf die Gewerbezweige ist aber wegen des Verwaltungsaufwandes, der dazu notwendig wäre, nicht zu leisten. Praktische Gründe setzen der Genauigkeit der Berechnungen Grenzen. Aus den Unfallmeldungen[292] ist z. B. nur zu entnehmen, daß ein Unfall auf einer bestimmten Baustelle stattgefunden hat, nicht aber, welchem Gewerbezweig und, folglich, welcher Tarifstelle die dadurch verursachten Aufwendungen zuzurechnen sind. Das wird nur für die umfangmäßig besonders hoch und langfristig zu Buche schlagenden Rentenleistungen im Einzelfall nachträglich ermittelt.[293]

Der Gefahrtarif besteht aus zwei Teilen: Teil I enthält in tabellarischer Darstellung die Tarifstellen, denen eine Gefahrklasse zugewiesen wird. Tabelle 1.5 auf der nächsten Seite zeigt beispielhaft die Zuteilung der Betriebe zu den Gefahrklassen aus dem Gefahrtarif 1999 der Zucker-Berufsgenos-

---

288 BSGE 43, 289, 290 = SozR 2200 § 731 RVO Nr. 1 S. 2; *Ricke*, in: Kasseler Kommentar, § 157 SGB VII Rn. 21.

289 Zur Prävention vgl. ausführlich Abschnitt 2.3 auf Seite 106 ff.

290 *Schulz*, BG 2001, 196, 196.

291 Wird der Gefahrtarif nicht rechtzeitig aufgestellt, so kann die Aufsichtsbehörde eine Nachfrist bestimmen. Falls diese Frist nicht eingehalten würde oder der Gefahrtarif nicht genehmigt werden sollte, stellt die Aufsichtsbehörde den Gefahrtarif selbst auf (§ 158 II SGB VII i. V. m. § 89 SGB IV).

292 Vgl. die amtlichen Muster zur Meldung von Unfällen und Berufskrankheiten in den Anlagen 1–4 der *„Unfallversicherungsanzeigeverordnung (UVAV)"* vom 23. Januar 2002, BGBl. I S. 554, 555 ff., die zur Meldung von Versicherungsfällen zu verwenden sind (Aichberger Nr. 7/20).

293 Auskunft der Beitragsabteilung der Bau-Berufsgenossenschaft Frankfurt am Main.

I. Zuteilung der Betriebe zu den Gefahrklassen

Gefahrtarifstellen	*Gewerbezweige*	*Gefahrklassen*
1	*Zuckerfabriken, Zuckerraffinerien*	5,0
2	*Herstellung von Kandis, Sirup, Kunsthonig und ähnlichem ohne Vorderbetrieb sowie Herstellung von Instantzucker*	5,0
3	*Kaufmännischer und verwaltender Teil der Unternehmen*	0,8

Tabelle 1.5: *Gefahrtarif der Zucker-Berufsgenossenschaft, gültig zur Berechnung der Beiträge ab 1. Januar 1999. Teil I.*

senschaft.[294]

In Teil II des Gefahrtarifs werden besondere Bestimmungen für das Veranlagungsverfahren getroffen.[295] Dieser Teil kann beispielsweise Bestimmungen darüber enthalten, wie die Unternehmen mit Betriebsteilen, die unter mehrere Tarifstellen fallen, zu veranlagen sind.[296] Auch hierzu als Beispiel der Teil II des Gefahrtarifs 1999 der Zucker-Berufsgenossenschaft:

II. Sonstige Bestimmungen

1. *Teil I ist nach Gewerbszweigen gegliedert. Die Veranlagung eines Unternehmens zur Gefahrenklasse wird daher durch seine Zugehörigkeit zu einem Gewerbszweig bestimmt. Die Zugehörigkeit zu einem Gewerbszweig richtet sich nach der Art der in dem Unternehmen hergestellten Erzeugnisse oder der Art der verrichteten Tätigkeiten.*
   Die im Teil I festgesetzten Gefahrenklassen gelten für Unternehmen mit regelrechten Betriebsverhältnissen, guten Einrichtungen und allen üblichen und durch die Unfallverhütungsvorschriften angeordneten Schutzvorkehrungen.
2. *Ergibt sich in Einzelfällen, dass infolge einer von der üblichen erheblich abweichenden Betriebsweise geringere Gefahren vorliegen als die, für welche die Gefahrenklasse eines Gewerbszweiges im Teil I berechnet ist, so kann die Berufsgenossenschaft die Gefahrenklasse um 10 bis 30 v.H. herabsetzen. Die Herabsetzung der Gefahrenklasse wird vor Ablauf der Tarifzeit aufgehoben, wenn die Voraussetzungen nicht mehr zutreffen.*

294 Internet: `http://www.zuckerbg.de/formtexte/GefahrtarifZ.pdf` am 3. Januar 2003.

295 *Schulz*, in: Wannagat, § 157 SGB VII Rn. 7; *Mehrtens*, in: Bereiter-Hahn/Mehrtens, § 157 SGB VII Rn. 3.2.

296 *Ricke*, in: Kasseler Kommentar, § 157 SGB VII Rn. 8.

3. *Für Unternehmen, deren Gewerbszweig im Teil I nicht aufgeführt ist, setzt die Berufsgenossenschaft die Gefahrenklasse fest, für fremdartige Nebenunternehmen nach Maßgabe der Beitragshöhe der Berufsgenossenschaften, denen sie als Hauptunternehmen angehören würden.*
4. *Umfasst ein Unternehmen (Gesamtunternehmen) mehrere Unternehmensteile (Haupt- und Nebenunternehmen), die verschiedenen im Teil I genannten Gewerbszweigen angehören oder deren Gefahrenklasse die Berufsgenossenschaft nach Nr. 3 festsetzt, so wird jeder Unternehmensteil gesondert veranlagt, wenn für die einzelnen Unternehmensteile getrennte Lohnlisten geführt und die Beschäftigten nicht wechselseitig beschäftigt werden.*
   Fehlt eine dieser Voraussetzungen, so setzt die Berufsgenossenschaft für die einzelnen Unternehmensteile oder für das Gesamtunternehmen die Gefahrenklasse fest.
5. *Vorbereitungs- und Fertigstellungsarbeiten sowie Hilfsunternehmen werden dem Unternehmensteil zugerechnet, dem sie dienen. Dienen sie mehreren Unternehmensteilen, werden sie dem Unternehmensteil zugerechnet, dem sie überwiegend dienen. Teile eines Gesamtunternehmens, die dem Hauptunternehmen oder einem andere selbständigen Unternehmensteil dienen (als Hilfsunternehmen) und auch eigenwirtschaftliche Zwecke verfolgen, werden als Nebenunternehmen gesondert veranlagt, wenn die eigenwirtschaftlichen Verrichtungen überwiegen. Dabei finden die Bestimmungen der Nummern 3 und 4 Anwendung.*

Beschlossen von der Vertreterversammlung am 20. Februar 1998 in Heidelberg.

Der Vorsitzende der Vertreterversammlung

...

Es folgt der Genehmigungsvermerk der Aufsichtsbehörde.

In den Tarifstellen werden die Unternehmer, für die eine Berufsgenossenschaft zuständig ist, zu Gruppen, sogenannten *„Gefahrengemeinschaften"* zusammengefaßt (§ 157 II 1 SGB VII): eine Gleichbehandlung dieser Unternehmer und gleichzeitig eine Ungleichbehandlung der Unternehmer, die zu verschiedenen Tarifstellen zusammengefaßt werden. Der Begriff der Gefahrtarifstelle bezeichnet also die einzelne Gefahrengemeinschaft.[297] Die Bildung der Tarifstellen richtet sich gem. § 157 II 1 SGB VII *„nach Gefährdungsrisiken unter Berücksichtigung eines versicherungsmäßigen Risikoausgleichs"*.

Probleme bei der Bildung von Tarifstellen sind beispielhaft anhand der neueren Rechtsprechung zu den Tarifstellen der Energieversorgungsunternehmen, der Personenverkehrsunternehmer, der Parkhausbetreiber, der Zeitarbeitsunternehmer sowie der Sportvereine und der *„sonstigen Unternehmensarten"* in den Abschnitten 1.2.1 bis 1.2.6 auf den Seiten 2 bis 21 dargestellt worden.

Weder Tarifstellen noch Gewerbezweige werden vorgefunden, beide werden vielmehr erst von der Vertreterversammlung gebildet, konstruiert. Diese Entscheidung wird von der Beitragsabteilung der Berufsgenossenschaft vorbereitet.

Ausgangspunkt ist mittlerweile bei allen BGen die Bildung von Gewerbezweigen innerhalb der Unternehmen, für die sie zuständig sind (daher: *Gewerbezweigtarif*).[298] Aus historischer Sicht war das sogenannte *Technologieprinzip* hierfür der Leitgedanke.[299] So wird auch heute grundsätzlich noch verfahren, denn es ist prinzipiell anzunehmen, daß technologisch verwandte Branchen aufgrund von *„gewerbetypischen Gefahren"*[300] ein vergleichbares durchschnittliches Unfallrisiko aufweisen werden.[301] Darüberhinaus vereinfacht die Orientierung an technologischen Gesichtspunkten die Zuständigkeitsentscheidung und die Zuordnung eines bestimmten Unternehmens zu einer Tarifstelle. Dem Technologieprinzip kommt aber keine „absolute" Geltung zu, ihm gehen die tatsächlich ermittelten Gefährdungsrisiken vor.[302] Man spricht insoweit vom *„Belastungsprinzip"*.[303]

Wie gezeigt, ergeben sich bei diesem Ansatz Probleme, wenn die Unfallgefahr innerhalb eines Gewerbezweigs sehr ungleich verteilt ist, wie beispielsweise bei den Zeitarbeitsunternehmen, für die im Gefahrtarif 1984 der VBG, abhängig vom Tätigkeitsschwerpunkt der Beschäftigten, Gefahrklassen von 3,5 und von 16,0 festgesetzt worden waren.[304] Aus demsel-

297 *Ricke*, in: Kasseler Kommentar, § 157 SGB VII Rn. 9.

298 *Mehrtens*, in: Bereiter-Hahn/Mehrtens, § 157 SGB VII Rn. 6; *Höller*, SGb 1999, 661, 662.

299 *Ricke*, in: Kasseler Kommentar, § 157 SGB VII Rn. 11.

300 BSG, SozR 2200 § 734 RVO Nr. 1 S. 3; NZA 1992, 335, 335.

301 BSG SozR 2200 § 734 RVO Nr. 1 S. 3; *Schulz*, Gefahrtarif, S. 33 f.

302 Bundesversicherungsamt, Geschäfts- und Rechnungsergebnisse 1983/1984, S. 43 f., zitiert bei: *Schulz*, Gefahrtarif, S. 125.

303 *Ricke*, in: Kasseler Kommentar, § 157 SGB VII Rn. 11.

304 Vgl. Abschnitt 1.2.4 auf Seite 8 ff.

ben Grund kann der Zusammenschluß mehrerer Gewerbezweige zu einer gemeinsamen Tarifstelle problematisch sein. Beispiele hierfür sind die Bildung der Tarifstelle *„Personenverkehr"* mit den Gewerbezweigen der Kraftbusunternehmer, der Taxiunternehmer und der Mietwagenunternehmer[305] oder die Tarifstelle *„Garage, Autohof, Bootshaus"*,[306] jeweils im Gefahrtarif 1979 der Berufsgenossenschaft für Fahrzeughaltungen.

Eine andere Möglichkeit der Abgrenzung stellten die sogenannten *Tätigkeitstarife* dar, die an die in den Unternehmen ausgeübten Tätigkeiten anknüpften. Die VBG beispielsweise hatte bis 1983 einen reinen Tätigkeitstarif,[307] von dem sie aber abkam, weil sich dabei einige Branchen nicht selbst trugen, während andere mehr Beiträge zahlen mußten, als sie an Lasten verursachten.[308] Außerdem kam es zur Selbstveranlagung der Unternehmen, weil sie im Veranlagungsverfahren ihre Mitarbeiter selbst einer bestimmten Tätigkeit zuordnen mußten (und: konnten). Dadurch ergab sich ein aus Gründen der Beitragsgerechtigkeit unerwünschter Manipulationsspielraum.[309]

Obwohl der Gewerbezweigtarif die Unfallgefahr innerhalb der Berufsgenossenschaft prinzipiell etwas ungenauer abbildet als der Tätigkeitstarif, bietet er doch gegenüber diesem eine Reihe von Vorteilen: Es ist auch für Außenstehende leicht nachvollziehbar; erfordert nur einen geringen Verwaltungsaufwand, sowohl bei den Unternehmen als auch bei den Berufsgenossenschaften, weil nur die Lohnsummen zu erfassen sind; eine Manipulation im Sinne einer „Selbstveranlagung" der Unternehmen ist nicht möglich, weil das Unternehmen in Gänze einer Tarifstelle zugeordnet wird; und auch die Unfälle lassen sich leicht einer bestimmten Tarifstelle zuordnen.[310]

In der Praxis sind daher *gemischte Tarife* die Regel geworden, in denen, ausgehend vom Gewerbezweigprinzip, teilweise auch Tätigkeitsmerkmale für die Bildung der Tarifstellen ausschlaggebend sind.[311] Man spricht

---

305 Vgl. Abschnitt 1.2.2 auf Seite 4 ff.

306 Vgl. Abschnitt 1.2.3 auf Seite 7 ff.

307 *Höller*, SGb 1999, 661, 662.

308 *Gnauck-Stuwe/Heyne*, a. a. O. (Fn. 80), S. 5.

309 *Gnauck-Stuwe/Heyne*, a. a. O. (Fn. 80), S. 5. – Auskunft der Bezirksverwaltung der VBG, Mainz.

310 *Udo Schulz*, Gefahrtarif und Risikoausgleich bei den gewerblichen Berufsgenossenschaften, 1981, S. 89; *ders.*, Gefahrtarif, S. 42 f.; *Mehrtens*, in: Bereiter-Hahn, § 157 SGB VII Rn. 6.

311 *Gitter*, NZS 1996, 247, 248; *Schulz*, Gefahrtarif, S. 34 f.; *Ricke*, in: Kasseler Kommentar,

dann von der *„Durchbrechung des Gewerbezweigprinzips."*[312] Das wichtigste Beispiel ist die Einführung einer eigenen Gefahrtarifstelle *„Büroteil"* für verwaltende Tätigkeiten.[313] Andere Beispiele sind die Bildung zweier Tarifstellen für Zeitarbeitsunternehmen[314] oder die Bildung von drei Tarifstellen für Sportvereine,[315] wobei jedes Unternehmen zu allen für den Gewerbezweig gebildeten Tarifstellen zu veranlagen ist.

Die Gefahrklassen sind der gewichtende Faktor in der Beitragsformel 1.4 auf Seite 51. Sie sind gem. § 157 III SGB VII nach folgender Beziehung für jede Tarifstelle zu berechnen:[316]

$$\text{Gefahrklasse} = \frac{\text{Entschädigungsleistungen} \times 1000}{\text{Arbeitsentgelte}} \tag{1.7}$$

Der so berechnete Wert wird zunächst allgemein als *„Belastungsziffer"* bezeichnet,[317] obwohl diese Bezeichnung dem Gesetz fremd ist, das in § 157 SGB VII nur von der Gefahrklasse spricht. Die Gefahrklasse ist grundsätzlich gleich der Belastungsziffer, kann aber auch davon abweichend festgesetzt werden.[318]

Das BSG hatte im Falle der Personenbeförderungsunternehmen einige Probleme zur Eignung dieses Ansatzes als Maßstab für die Unfallgefahr diskutiert:[319] Zwar bringt die Belastungsziffer die tatsächlich bestehende Unfallgefahr nur annäherungsweise zum Ausdruck, sie bietet aber doch einen brauchbaren Maßstab zur Beurteilung der bestehenden Gefahren, insbesondere weil die Arbeitsentgelte für die Berechnung der Renten in

---

§ 157 SGB VII Rn. 10.

312 *Schulz*, in: Wannagat, § 157 SGB VII Rn. 14 ff.

313 *Schulz*, in: Wannagat, § 157 SGB VII Rn. 15; *ders.*, BG 1984, 510, passim.; *ders.*, Gefahrtarif, S. 60 ff. mit einer Übersicht zur Tarifstelle *Büroteil* in den Gefahrtarifen der gewerblichen Berufsgenossenschaften auf S. 61-65. – Auch die Behandlung sogenannter *„wechselseitig Beschäftigter"*, die gleichermaßen im gewerblichen und im Büroteil tätig sind, kann einer besonderen Regelung unterfallen: *Ricke*, in: Kasseler Kommentar, § 157 SGB VII Rn. 10.

314 Vgl. Abschnitt 1.2.4 auf Seite 8 ff.

315 Vgl. Abschnitt 1.2.5 auf Seite 13 ff.

316 Vgl. *Platz*, in: HS-UV, § 58 Rn. 15 und 12 sowie *Schulz*, BG 2001, 196, 196: Der Wert ist bezogen auf 1 000 Euro Arbeitsentgelt, um die Gefahrklassen besser handhabbar zu machen.

317 *Schulz*, BG 2001, 196, 196; *Mehrtens*, in: Bereiter-Hahn/Mehrtens, § 157 SGB VII Rn. 9. – BSGE 43, 289, 291 spricht dagegen falsch von *„Gefahrziffern"*. Ebenso falsch ist die Bezeichnung *„Gefahrstufe"* für „Gefahrklasse" bei BSG SGb 2001, 254, 258 (trotz des Wortlauts von § 157 I 2, III SGB VII).

318 BSG SozR 2200 § 731 RVO Nr. 2 S. 8 f. = SGb 1986, 340, 342 f.

319 Vgl. Abschnitt 1.2.2 auf Seite 4 ff.

der Unfallversicherung maßgeblich sind, die besonders schwer zu Buche schlagen, weil sie von der Berufsgenossenschaft sehr langfristig zu tragen sind. Deshalb geben die Belastungsziffern doch einen recht guten Anhalt für die von den Unfällen herrührenden finanziellen Lasten.[320]

Die Belastungsziffer wird regelmäßig nicht unmittelbar als Gefahrklasse festgesetzt, sondern zuvor einer oder mehreren Umrechnungen unterzogen, um sie besser handhabbar zu machen.[321] Eine erste Umrechnung ist bereits in Formel 1.7 auf der vorherigen Seite enthalten, nämlich die Multiplikation mit dem Faktor 1 000. Sie ist sinnvoll, weil der bloße Quotient aus Entschädigungsleistungen und Arbeitsentgelten üblicherweise einen Wert mit vielen Nachkommastellen ergibt, die den praktischen Umgang mit den Gefahrklassen erschweren würde.[322] Eine andere Umrechnung ist die sogenannte *Niveauausgleichung*, ein Verfahren, das einige Berufsgenossenschaften nutzen, um die Gefahrklassen über mehrere Tarifperioden hinweg miteinander vergleichbar zu halten. Kommt sie zur Anwendung, kann die Entwicklung der Beiträge aus der Entwicklung der Gefahrklassen im Zeitablauf mehrerer aufeinander folgender Gefahrtarife unmittelbar entnommen werden kann.[323]

Eine weitere Möglichkeit der Umrechnung stellt die Einführung einer sogenannten *Eckgefahrklasse*[324] oder eines *Eckgewerbezweigs*[325] dar, der als Index dient, auf den alle anderen Gefahrklassen bezogen sind.[326] Das ist dann üblicherweise der bedeutsamste Gewerbezweig, für den die Berufsgenossenschaft sachlich zuständig ist.[327] Bei der VBG war das traditionell die Tarifstelle 1 für die Versicherten bei Banken und Börsen,[328] der die Gefahrklasse 1,0 zugewiesen wurde.[329] Diese Vorgehensweise bietet den

---

320 BSG SozR 2200 § 731 RVO Nr. 2 S. 9 = SGb 1986, 340, 342 f.

321 *Schulz*, BG 2001, 196, 196.

322 *Schulz*, BG 2001, 196, 196.

323 Hierzu ausführlich: *Schulz*, BG 2001, 196, 197 ff., 200. – Ohne Niveauausgleichung ist die Belastung der Unternehmen nur aus dem Produkt von Gefahrklasse und Beitragsfuß zu ersehen.

324 *Mehrtens*, in: Bereiter-Hahn / Mehrtens, § 157 SGB VII Rn. 9.1

325 *Schulz*, Gefahrtarif, S. 228 f.

326 *Mehrtens*, in: Bereiter-Hahn / Mehrtens, § 157 SGB VII Rn. 9.1

327 *Mehrtens*, in: Bereiter-Hahn / Mehrtens, § 157 SGB VII Rn. 9.1.

328 Die genaue Bezeichnung im Gefahrtarif 2001 lautet: *„Kreditinstitut / Börse, Börsenbüro, Börsenmakler / Bausparkassenvertreter."*

329 Die VBG sprach insoweit von *„Normierung"*. Gemeint war eine Indizierung der Gefahrklassen, die sich betragsmäßig alle auf die Gefährdungsrisiken in der Kreditwirtschaft bezogen. – Auskunft der Bezirksverwaltung der VBG in Mainz sowie Internet:

Jahr	*Beitragsfuß*
1992	*2,95*
1993	*3,25*
1994	*3,50*
1995	*3,55*
1996	*3,45*
1997	*3,35*
1998	*5,90*
1999	*5,15*

Tabelle 1.6: *Entwicklung des Beitragsfußes der VBG 1992–1999.*

Vorteil, daß die Gefährdungsrisiken aller Gewerbezweige im Verhältnis zu der Eckgefahrklasse grundsätzlich unmittelbar aus den in dem Gefahrtarif festsetzten Gefahrklassen abgelesen werden können. Ein intertemporaler Vergleich der Gefahrklassen – d. h. zwischen zwei Gefahrtarifen – ist aber nicht mehr möglich.[330]

Verzichtet die Vertreterversammlung in der Folge darauf, weiterhin eine Eckgefahrklasse festzusetzen, so wird das allgemeine Niveau der Gefahrklassen durch die Höhe der Belastungsziffern unmittelbar bestimmt, weil die Umrechnung entfällt. Im Gefahrtarif der VBG von 1998 ist das zu beobachten: Durch den Wegfall der „Normierung" trat allgemein eine Senkung der Gefahrklassen ein.[331] Die Folge war ein starker Anstieg des Beitragsfußes (vgl. Tabelle 1.6).[332]

Alle diese Umrechnungsverfahren wirken sich auf die Beitragshöhe

---

`http://www.vbg.de/aktuelles/gefahrtarif/index.html` am 10. Juni 2001: *„Die Festsetzung der Belastungsziffern erfolgt ohne Normierung.*

Die Gefahrklassen errechnen wir aus dem Verhältnis von Arbeitsentgelten zu den gezahlten Leistungen im Beobachtungszeitraum. Wie bereits im Gefahrtarif 1998 haben wir darauf verzichtet, die Belastungsziffer der lohnsummenstärksten Gefahrtarifstelle gleich 1 zu setzen und alle anderen Belastungsziffern hierzu in Beziehung zu setzen (= Normierung). Die Belastungsziffern werden auf zwei Stellen hinter dem Komma gerundet. Dieses Verfahren hat sich im abgelaufenen Gefahrtarifzeitraum bewährt."

330 *Schulz*, Gefahrtarif, S. 229. – Intertemporale Vergleiche der Gefahrklassen sind aber möglich, wenn die Gefahrklassen mit der zuvor erwähnten Niveauausgleichung festgesetzt worden sind.

331 Seitdem hatte 1998 die Tarifstelle 40 *„Presseagentur, Nachrichtenagentur"* die niedrigste Gefahrklasse mit dem Wert von 0,35; 2001 war es die Tarifstelle 15 *„Wirtschaftsprüfung, Buchprüfung, Buchführung"* mit 0,32, während für Tarifstelle 40 ein Anstieg von 0,31 im Jahre 2001 auf 0,39 ab 2003 festgesetzt wurde.

332 Auskunft der Bezirksverwaltung der VBG in Mainz.

nicht aus, weil sie auf alle Tarifstellen gleichermaßen angewandt werden.[333] Sie dienen lediglich der besseren Handhabbarkeit der Gefahrklassen.[334] Das Verhältnis der Gefahrklassen zueinander bleibt von der Umrechnung unberührt. Deshalb wird auch die Verteilung der Lasten aufgrund der Gefahrklassen dadurch nicht verändert. Aus der Höhe einer Gefahrklasse allein kann daher nicht auf die Höhe des Beitrags geschlossen werden.[335] Insoweit ist vielmehr, bei konstanter Lohnsumme, auf das Produkt aus Gefahrklasse und Beitragsfuß abzustellen.

Nach dem *Neulastprinzip* werden grundsätzlich nur die neu entstandenen Lasten des vergangenen Beobachtungszeitraums zugrundegelegt.[336] Die Gewichtung von Alt- und Neulasten liegt im Ermessen der Vertreterversammlung, weil das Gesetz insoweit keine Vorgaben enthält.[337] Es werden auch kombinierte Neulast-/ Altlastverfahren praktiziert.[338]

Zweifelhaft ist, wie die Lasten für Wegeunfälle in die Berechnung der Belastungsziffern eingehen sollten,[339] da sie zum einen aufgrund der bei den Berufsgenossenschaften geführten Statistik regelmäßig nicht ohne weiteres einzelnen Gewerbezweigen zugewiesen werden können. Zum anderen ist es zweifelhaft, ob in Wegeunfällen überhaupt Gefahren zum Ausdruck kommen können, die einem bestimmten Gewerbezweig eigen sind. In jüngerer Zeit ist zudem die Frage von praktischer Bedeutung gewesen, ob die Ausgaben für die freiwillige Unternehmerversicherung in die Berechnung der Belastungsziffern eingehen sollten.[340] Die VBG hatte erst auf Drängen der Aufsichtsbehörde hin ihren Gefahrtarif 2001 erstmals unter Berücksichtigung auch dieser Lasten berechnet.[341]

Weil das Gesetz weder die Lasten der Wegeunfälle noch diejenigen der freiwilligen Versicherten hinsichtlich der von der Berufsgenossenschaft an-

---

333 *Schulz*, BG 2001, 196, 197.

334 *Schulz*, BG 2001, 196, 202.

335 *Schulz*, BG 2001, 196, 197.

336 *Schulz*, in: Wannagat, § 157 SGB VII Rn. 50; *Ricke*, in: Kasseler Kommentar, § 157 SGB VII Rn. 16.

337 BSGE 43, 289, 291 = SozR 2200 § 731 RVO Nr. 1 S. 3; *Schulz*, Gefahrtarif, S. 201.

338 *Leichsenring*, BG 2001, 433, 434.

339 Hierzu: *Schulz*, Gefahrtarif, S. 200 f.; ausführlich: *ders.*, Der Wegeunfall im Gefahrtarif, BG 1985, 704.

340 Hierzu ausführlich: *Udo Schulz und Jörg Stemmler*, Die beitragsrechtliche Stellung der freiwilligen Unternehmerversicherung, SGb 1998, 390.

341 Internet: `http://www.vbg.de/aktuelles/gefahrtarif/index.html` am 10. Juni 2001: *„Die Lasten und die Versicherungssummen der freiwillig Versicherten werden erstmalig für die Gefahrklassenberechnung herangezogen."*

zustellenden Berechnungen gesondert behandelt, ist nicht ersichtlich, weshalb sie nicht ebenso wie die übrigen Lasten in die Berechnung der Belastungsziffern einfließen sollten (§§ 153 II, 167 I SGB VII). Das ist im ersten Fall gerade dann von Bedeutung, wenn sich die Wegeunfälle offensichtlich auf die Unfallgefahr eines Gewerbezweigs auswirken, wie es bei den Unternehmen der gewerbsmäßigen Arbeitnehmerüberlassung anzunehmen ist.[342]

Gem. § 157 IV 1 SGB VII muß der Gefahrtarif *„eine Bestimmung über die die Festsetzung der Gefahrklassen oder die Berechnung der Beiträge für fremdartige Nebenunternehmen"* enthalten. Das sind Teile eines Unternehmens, die ihrer Art nach eigentlich einer anderen Fachberufsgenossenschaft zuzuordnen wären.[343] Für sie wird der gleiche Beitrag erhoben, der auch an die andere Fachberufsgenossenschaft zu zahlen wäre (§ 157 IV 2 SGB VII.[344]

Darüberhinaus sind die Berufsgenossenschaften nach Maßgabe der Satzung verpflichtet, den Unternehmen, abhängig von der Anzahl der gemeldeten Versicherungsfälle, Zuschläge aufzuerlegen oder Nachlässe zu gewähren (§ 162 I 1 SGB VII; sog. *Beitragsausgleichsverfahren*).[345] Die Wegeunfälle bleiben dabei unberücksichtigt (§ 162 I 2 SGB VII). Die Gewährung von Prämien für erfolgreiche Bemühungen im Bereich der Prävention ist in das Ermessen der Berufsgenossenschaft gestellt. Dies gilt nicht für gewerbsmäßige Bauarbeiten (§ 162 III SGB VII).

1.3.1.6 Das berufsgenossenschaftliche Ausgleichsverfahren

§§ 176 ff. SGB VII regeln das allgemeine Ausgleichsverfahren unter den gewerblichen Berufsgenossenschaften. Es diente ursprünglich nur der Stützung der Bergbau-Berufsgenossenschaft, die aufgrund von strukturellen volkswirtschaftlichen Veränderungen erforderlich geworden waren.[346]

---

342 BSG NZA 1993, 335, 336: *„Allein der häufige Wechsel des Arbeitsplatzes mit der Folge, sich in eine neue Arbeitsumwelt eingewöhnen zu müssen, und die damit verbundenen Wegeunfallgefahren rechtfertigen es, bei den Unternehmen zur gewerblichen Arbeitnehmerüberlassung von einer gewerbetypischen Unfallgefährdung auszugegen."*

343 *Mehrtens*, in: Bereiter-Hahn/Mehrtens, § 157 SGB VII Rn. 10.

344 *Mehrtens*, in: Bereiter-Hahn/Mehrtens, § 157 SGB VII Rn. 10., auch zu den Einzelheiten der Berechnung.

345 *Mehrtens*, in: Bereiter-Hahn/Mehrtens, § 157 SGB VII Rn. 3.

346 *Mehrtens*, in: Bereiter-Hahn/Mehrtens, § 157 SGB VII Rn. 2; ausführlich zum Ganzen: *Siegfried Schimanski*, Risiko- und Solidaritätsausgleich in der gesetzlichen Unfallversicherung, 1986, S. 52 ff.

Aber auch sonst kam es immer wieder zum Wegfall ganzer Gewerbezweige, so daß die Arbeitsentgelte nunmehr in anderen Branchen anfielen. Diese Entwicklung war nicht mehr umkehrbar. Ein Verzicht auf das Ausgleichsverfahren hätte zur Folge gehabt, daß die mitgliederverlierenden Berufsgenossenschaften bei immer geringeren Lohnsummen die verbleibenden nunmehr unverhältnismäßig hohen Altlasten schließlich nicht mehr hätten tragen können.[347]

Die Bergbau-BG war die erste Berufsgenossenschaft, die nicht mehr in der Lage war, ihre eigenen Lasten aus dem Beitragsaufkommen zu decken, und sie war bisher die einzige Berufsgenossenschaft, der der Ausgleich in nennenswerter Weise zugute kam.[348] Später profitierte auch die Binnenschiffahrts-Berufsgenossenschaft von dem Verfahren.[349] Da ein Staatszuschuß nicht in Frage kam,[350] wurde die *„Solidargemeinschaft der Unternehmer"* aktiviert, indem von den anderen Berufsgenossenschaften eine Umlage zur Deckung der überschießenden Lasten der Bergbau-BG erhoben wurde. Der Lastenausgleich ist jüngst durch das *„Gesetz zur Änderung des Sozialgesetzbuches und anderer Gesetze"* vom 24. Juli 2003[351] neu geordnet worden, um die in der letzten Zeit stark gestiegene Belastung der Bau-Berufsgenossenschaften aufzufangen.[352]

Rechtsgrundlage war ursprünglich Art. 3 UVNG.[353] Seit dem 1. Januar 1968 galt ein allgemeines Ausgleichsverfahren zwischen den gewerblichen Berufsgenossenschaften und der See-Berufsgenossenschaft.[354] So ist es auch nach den §§ 176 ff. SGB VII noch ausgestaltet. So hat sich das ursprünglich als *„einmalige Maßnahme"*[355] bezeichnete Verfahren bis heute gehalten, und es wurde neuerdings zugunsten der Bau-Berufsgenossen-

---

347 *Schimanski*, a. a. O., S. 52 f., spricht insoweit vom *„Versagen des Umlageverfahrens bei Strukturveränderungen"*; *Dörner*, BArbBl 1963, 366, 368; *Mehrtens*, in: Bereiter-Hahn/Mehrtens, § 157 SGB VII Rn. 2.

348 Pressemeldung des HVBG vom 2. Dezember 2002. Internet: `http://www.hvbg.de/d/pages/presse/preme/lasten.htm` am 5. Januar 2003.

349 *Breuer*, in: HS-UV, § 1 Rn. 190.

350 Ausnahmsweise trug der Bund nachträglich noch zwei Fünftel der Neulast der Bergbau-Berufsgenossenschaft.

351 BGBl. I 2003, 1526. – Vgl. bereits Abschnitt 1.2.7.5 auf Seite 33 ff.

352 Vor allem die Bau-Berufsgenossenschaft Bayern und Sachsen war von stark sinkenden Lohnsummen betroffen (*„von 1995 bis 2001 um 69,5%"*), so daß die Beiträge, bezogen auf die Lohnsumme, stark anstiegen: *Wollschläger/Kossens*, NZS 2003, 514, 514.

353 BGBl. 1963 I S. 241.

354 *Breuer*, in: HS-UV, § 1 Rn. 190.

355 *Dörner*, BArbBl 1963, 366, 369.

schaften noch ausgeweitet.

Die Umlage auf die Unternehmer erfolgt gem. § 179 SGB VII *„ausschließlich nach den Arbeitsentgelten der Versicherten"*, nicht nach dem Gefahrtarif. Deshalb wird die Umlage im Beitragsbescheid als gesonderter Posten ausgewiesen.

Durch das Ausgleichsverfahren werden sowohl ein dauerhaft hoher *„Rentenlastsatz"* bzw. *„Entschädigungslastsatz"* aufgefangen[356] als auch der starke Anstieg des Rentenlastsatzes in kurzer Zeit.[357] Ausgleichspflichtig sind gem. § 178 I SGB VII grundsätzlich alle Berufsgenossenschaften, die nicht ausgleichsberechtigt sind, es sei denn, ihr Rentenlastsatz läge über mehr als dem 2,5fachen oder ihr Entschädigungslastsatz überstiege das Dreifache des jeweiligen Durchschnittslastsatzes. § 220 SGB VII enthält allerdings eine Reihe von Übergangsregelungen, wonach für die Berechnung der jeweiligen Lastsätze für die Jahre 2003 bis 2011 – stufenweise sinkend – höhere Faktoren anzusetzen sind.

1.3.1.7 Das Veranlagungsverfahren und die Erhebung der Beiträge

Die Veranlagung der Unternehmen zu den Gefahrklassen und die Erhebung der Beiträge sind voneinander zu trennen. Die Berufsgenossenschaften führen ein eigenes Veranlagungsverfahren durch (§ 159 I 1 SGB VII). Der Bescheid enthält die Feststellung, welchem Gewerbezweig das betreffende Unternehmen zugeordnet worden ist und zu welcher Gefahrklasse es veranlagt wird. Das Beispiel für einen Veranlagungsbescheid mag lauten:

---

356 Der *„Rentenlastsatz"* ist gem. § 177 I SGB VII *„das Verhältnis der Aufwendungen für Renten-, Sterbegeld und Abfindungen zu den beitragspflichtigen Arbeitsentgelten und Versicherungssummen"*. Liegt er bei einer gewerblichen Berufsgenossenschaft bei mehr als dem 4,5fachen des durchschnittlichen Rentenlastsatzes der Berufsgenossenschaften oder liegt der *„Entschädigungslastsatz"* (das ist *„das Verhältnis der Aufwendungen für Heilbehandlung, Leistungen zur Teilhabe am Arbeitsleben und am Leben in der Gemeinschaft, Renten, Sterbegeld, Beihilfen und Abfindungen zu den beitragspflichtigen Arbeitsengelten und Versicherungssummen"*, § 177 II SGB VII) bei mehr als dem Fünffachen des durchschnittlichen Entschädigungslastsatzes der Berufsgenossenschaften, so werden die übersteigenden Lastanteile untereinander ausgeglichen (§§ 176 I SGB VII).

357 Gem. § 176 II SGB VII begründet die Erhöhung des Rentenlastsatzes einer Berufsgenossenschaft um mehr als das 1,25fache des durchschnittlichen Satzes aller gewerblichen Berufsgenossenschaften innerhalb von fünf Jahren eine Ausgleichspflicht entsprechend § 176 I SGB VII, es sei denn, der Rentenlastsatz oder der Entschädigungslastsatz überstiege den durchschnittlichen Lastsatz aller Berufsgenossenschaften nicht.

„... das unter obiger Betriebsnummer bei der Berufsgenossenschaft erfaßte Unternehmen ... wird mit Wirkung vom ... unter der Gefahrtarifstelle ... zur Gefahrklasse ... veranlagt (§ 159 Abs. 1 Sozialgesetzbuch VII).“[358]

Im Gegensatz zu den anderen Zweigen der Sozialversicherung wird der Beitrag zur Unfallversicherung nicht über die Krankenkassen als Einzugsstelle mit dem Gesamtsozialversicherungsbeitrag abgeführt, sondern von den Berufsgenossenschaften mit Beitragsbescheid gegenüber den Unternehmern geltend gemacht (§ 168 I SGB VII). Das ist sinnvoll, weil der Beitrag nicht für jeden einzelnen Versicherten laufend abzuführen ist. Er ist vielmehr von dem Unternehmer einmal im Jahr abhängig von dessen Lohnsumme zu zahlen.

Bei der Veranlagung zu den Gefahrklassen und der Erhebung der Beiträge handelt es sich um voneinander getrennte Verwaltungsverfahren. Die Bescheide sind daher gesondert anfechtbar. Die Festsetzung der Beiträge erfolgt aufgrund der in dem Veranlagungsbescheid festgesetzten Gefahrklasse. Geht der Unternehmer gegen einen der beiden Bescheide oder gegen beide vor, so wird der Gefahrtarif implizit geprüft.[359]

Die Unternehmer sind verpflichtet, Lohnnachweise zu erbringen, die der Berechnung des Beitrags zugrundegelegt werden (§ 165 I SGB VII). Rechtsgrundlage für die Erhebung der diesbezüglichen Daten ist § 199 I 1; 2 Ziff. 3 SGB VII. Aus den Lohnnachweisen ergibt sich lediglich die Summe der Arbeitsentgelte, die in einem Jahr an die für das Unternehmen insgesamt tätigen Versicherten gezahlt wurden, nicht aber, in welchen Bereichen sie tätig waren.[360]

Zusammen mit dem Beitrag zur Unfallversicherung wird die Umlage zum Insolvenzgeld nach §§ 358 ff. SGB III erhoben.

---

358 Das Beispiel ist entnommen: *Gerd Bigge und Peter Fabian*, Beitragsrecht, Teil I, Reihe Lehrmaterial für die Fortbildung zum gehobenen berufsgenossenschaftlichen Dienst, Stand: April 1997, S. 40.

359 *Leube*, in: Kater/Leube, SGB VII, § 157 SGB VII Rn. 5.

360 Auskunft der Beitragsabteilung der Bau-Berufsgenossenschaft Frankfurt am Main.

1.3.2 Die Bedeutung des Gleichheitssatzes für die Finanzierung der gewerblichen Unfallversicherung

1.3.2.1 Die Erhebung von Beiträgen zur Unfallversicherung als Grundrechtsproblem

Die Erhebung von Beiträgen zur gesetzlichen Unfallversicherung ist ein Eingriff in die Grundrechte der Unternehmer, der der verfassungsrechtlichen Rechtfertigung bedarf. Angesichts der dabei zu zahlenden Summen handelt es sich grundsätzlich auch nicht um einen „Bagatelleingriff".[361]

Mit Blick auf die Freiheitsrechte liegt zunächst ein Eingriff in Art. 12 I GG vor. Die Erhebung der Beiträge – einschließlich der Festsetzung des Gefahrtarifs – ist eine faktische Beeinträchtigung der Berufsausübungsfreiheit des Unternehmers, weil die Zahlungspflicht an die Eigenschaft als Unternehmer unmittelbar anknüpft und weil damit nicht nur die Leistungen der Berufsgenossenschaften finanziert werden sollen. Die Bemessung der Beiträge soll zugleich der Prävention dienen.[362] Damit ist die Einwirkung auf die unternehmerische Tätigkeit gerade eine beabsichtigte Folge der Bemessung von Beiträgen nach dem Gefahrtarif. Aufgrund dieser Doppelnatur wohnt dem Beitrag zur Unfallversicherung eine „objektiv berufsregelnde Tendenz" inne,[363] die ihn von den Beiträgen zu den anderen Zweigen der Sozialversicherung unterscheidet.[364]. Im übrigen schützt Art. 2 I GG die Freiheit im wirtschaftlichen Bereich allgemein.[365] Art. 14 I GG ist hingegen nicht berührt, weil die Erhebung von Sozialversicherungsbeiträgen lediglich in das Vermögen des Unternehmers eingreift, während Art. 14 I GG das Eigentum schützt.[366]

Die Arbeit beschränkt sich auf die Rechtfertigung von Gleich- bzw. Ungleichbehandlungen bei der Erhebung der Beiträge, also auf die Bindung des Gesetzgebers (und des Satzungsgebers) durch den allgemeinen Gleichheitssatz des Art. 3 I GG, weil diese Fragen vorliegend im Vordergrund ste-

361 Falsch daher BSG SGb 2004, 55, 62, wonach *„die Beiträge... in der Regel so niedrig"* seien, *„daß sie keine Grundrechtsrelevanz hinsichtlich der Artikel 3, 12 und 14 haben (... ‚Bagatelleingriff')"*; in diesem Fall ging es um Beiträge in Höhe von ca. 180 000 DM – vgl. *Fenn*, SGb 2004, 94, 94.

362 Vgl. Abschnitt 2.3 auf Seite 106 ff.

363 *Papier/Möller*, SGb 1998, 337, 338. – Zu dem Merkmal der „objektiv berufsregelnden Tendenz" vgl. allgemein *Tettinger*, in: Sachs, GG, Art. 12 GG Rn. 73 m. w. N.

364 Hierzu: BVerfGE 75, 108, 153 f.

365 BVerfGE 75, 108, 154 f.

366 BVerfGE 75, 108, 154; 4, 7, 18.

hen, wie in dem vorstehenden Abschnitt 1.2 auf Seite 2 ff. gezeigt worden ist. Zur Auseinandersetzung mit den Freiheitsrechten des Unternehmers wird daher auf andere Beiträge verwiesen.[367]

1.3.2.2 Anforderungen an die verfassungsrechtliche Rechtfertigung von (Un-) Gleichbehandlungen, die aus dem allgemeinen Gleichheitssatz hergeleitet werden können

Sowohl bei der Regelung der allgemeinen Grundlagen für die Erhebung von Beiträgen zur Unfallversicherung als auch bei der Umlage der DDR-Altlasten ist der Gesetzgeber gem. Art. 20 III 1. Hs. GG an die verfassungsmäßige Ordnung des Grundgesetzes gebunden. Die Vertreterversammlung ist als Satzungsgeber bei der Festsetzung des Gefahrtarifs und bei der Entscheidung nach §§ 1157 I RVO, 215 IX SGB VII als Teil der vollziehenden Gewalt gem. Art. 20 III 2. Hs. GG an Gesetz und Recht gebunden. Die materielle Bindung der öffentlichen Gewalt an die Grundrechte wird zudem durch Art. 1 III GG vermittelt.

Das rechtsetzende Organ hat einen gewissen Gestaltungsspielraum. Im Falle des parlamentarischen Gesetzgebers ist er durch die von der Verfassung bestimmte Kompetenzordnung vorgegeben, im Falle des Satzungsgebers beruht er auf einem förmlichen Gesetz. Die Grenzen dieses Spielraums werden durch den allgemeinen Gleichheitssatz gezogen. Denn letztlich *„ist alles Recht Differenzierung"*.[368] Herauszuarbeiten ist, welche allgemeinen Vorgaben Art. 3 I GG für die hier in Rede stehenden Probleme macht[369] und wie diese Vorgaben auf die vorliegend zu diskutierenden Probleme anzuwenden seien.[370]

Grundrechtsträger von Art. 3 I GG sind alle natürlichen Personen (*„Menschen"*), inländische juristische Personen nach Maßgabe von Art. 19 III GG,[371] Handelsgesellschaften und Personengemeinschaften.[372] Daher sind auch Unternehmer im Sinne des Unfallversicherungsrechts Träger des Grundrechts aus Art. 3 I GG.

---

367 *Papier/Möller*, SGb 1998, 337; *Gitter*, NZS 1996, 247.

368 *Osterloh*, in: Sachs, GG, Art. 3 GG Rn. 2.

369 Dazu sogleich.

370 Vgl. die unmittelbar folgenden Abschnitte 1.3.2.3 auf Seite 70 ff. zur Festsetzung des Gefahrtarifs und 1.3.2.4 auf Seite 73 ff. zur Umlage der DDR-Altlasten.

371 BVerfGE 95, 267, 317.

372 *Gubelt*, in: von Münch/Kunig, GG, Art. 3 GG Rn. 5 f.; *Jarass*, in: Jarass/Pieroth, GG, Art. 3 GG Rn. 7 m. w. N.

Für die Untersuchung der Verteilung der DDR-Altlasten ist bedeutsam, daß die Berufsgenossenschaften selbst nicht Träger von Art. 3 I GG sind, weil die Sozialversicherungsträger als Körperschaften des öffentlichen Rechts sich grundsätzlich nicht auf die Grundrechte berufen können. Sie sind *„auf Grund von Kompetenzen und nicht in Wahrnehmung von Freiheit tätig“* und somit Adressaten, nicht aber selbst Träger des Grundrechts aus Art. 3 I GG.[373]

Adressat von Art. 3 I GG ist die öffentliche Gewalt, also zunächst der Gesetzgeber, und zwar bei der Schaffung der allgemeinen Regeln zur Finanzierung der Unfallversicherung in den §§ 150 ff. SGB VII ebenso wie bei der Regelung der Umlage der DDR-Altlasten im Einigungsvertrag. Bei der Normsetzung durch die Verwaltung gelten die Grundsätze zur Bindung des Gesetzgebers an den Gleichheitssatz entsprechend.[374] Auch die Vertreterversammlung der Berufsgenossenschaft ist daher bei der Festsetzung des Gefahrtarifs Adressat von Art. 3 I GG.

Sowohl die Bildung der Tarifstellen und die Festsetzung der Gefahrklassen im Gefahrtarif als auch die Verteilung und die Übertragung der DDR-Altlasten auf die Unternehmer ist daher durch einen sachlichen Grund, durch einen legitimen Zweck zu rechtfertigen. Die materiellen Anforderungen, die an einen solchen sachlichen Grund zu stellen sind, können wiefolgt zusammengefaßt werden:

Der Staat soll miteinander vergleichbare Sachverhalte grundsätzlich gleich behandeln: *„Gleiche Fälle soll gleiche Regel treffen.“*[375] Art. 3 I GG verbietet aber nur die *„grundlose Ungleichbehandlung“* miteinander vergleichbarer Sachverhalte.[376] Das heißt, miteinander vergleichbare Fälle dürfen ausnahmsweise unterschiedlich behandelt werden, wenn es hierfür einen sachlichen Grund gibt. Zur verfassungsrechtlichen Rechtfertigung der Ungleichbehandlung kommt grundsätzlich jeder vernünftige und *„hinreichend gewichtige“* Grund in Frage.[377] Es ist nicht möglich, allgemeine Kriterien zu formulieren, aus denen sich unmittelbar ergäbe, wann ein solcher „hinreichend gewichtiger“ Grund vorläge. Hierzu kommt es vielmehr auf

373 *Jarass*, in: Jarass/Pieroth, GG, Art. 19 GG Rn. 18 mit Bezugnahme auf BVerfGE 68, 193, 206.

374 *Osterloh*, in: Sachs, GG, Art. 3 GG Rn. 115.

375 *Konrad Hesse*, Grundzüge des Verfassungsrechts der Bundesrepublik Deutschland, 19. Aufl. 1993, Rn. 432.

376 *Bodo Pieroth und Bernhard Schlink*, Grundrechte, Staatsrecht II, 17. Aufl. 2001, Rn. 428.

377 *Jarass*, in: Jarass/Pieroth, GG, Art. 3 I GG Rn. 15.

den Einzelfall an.[378]

Ursprünglich ausgehend von einer Rechtsprechung, in der nur eine evident unsachliche und daher willkürliche Differenzierung als Verstoß gegen Art. 3 I GG angesehen wurde,[379] vertritt das Bundesverfassungsgericht nunmehr eine *„regelmäßig"* strenge Bindung des Gesetzgebers an das Verhältnismäßigkeitsprinzip bei der Verschiedenbehandlung von Personengruppen.[380]

Art. 3 I GG beinhaltet ein allgemeines Willkürverbot, welches den Bürger davor schützen soll, daß der Staat hoheitliche Akte auf sachfremde Erwägungen stützt. Die Maßnahme muß jedenfalls *„sachlich vertretbar"* sein. Es ist nicht erforderlich, daß es sich dabei um die zweckmäßigste oder gerechteste Regelung handelt, die in der betreffenden Sache denkbar wäre.[381]

Soweit es um die Verschiedenbehandlung von Gruppen von Normadressaten geht, kann die Rechtfertigung aber nach der neueren Rechtsprechung nur darin liegen, daß zwischen den Gruppen *„Unterschiede von solcher Art und solchem Gewicht bestehen, daß sie die ungleiche Behandlung rechtfertigen können."*[382]

Bei der Wahl des Differenzierungskriteriums ist der Gesetzgeber grundsätzlich frei,[383] soweit dem kein besonderer Gleichheitssatz als Diskriminierungsverbot entgegensteht.

Der Gesetzgeber darf grundsätzlich auch sogenannte „typisierende" oder „pauschalierende" Regelungen schaffen, durch die er Gruppen von Normadressaten nach mehr oder weniger groben Unterscheidungsmerkmalen bildet. Die hier gemeinte Typisierung geht über die Verallgemeinerung, die mit dem Erlaß jedes „abstrakt-generellen" Gesetzes notwendig verbunden ist, hinaus.[384] Der Gesetzgeber „typisiert", wenn er zur Verbesserung der Vollziehbarkeit des Gesetzes auf feinere Differenzierungen ausdrücklich verzichtet.[385] Die Typisierung ist selbst wiederum durch einen

---

378 BVerfGE 75, 108, 157.

379 BVerfGE 9, 334, 337; vgl. die Nachweise in: E 55, 72, 89 ff.; 88, 87, 96 f.

380 BVerfGE 88, 87, 96; *Osterloh*, in: Sachs, GG, Art. 3 I GG Rn. 8 ff., 13 ff.

381 BVerfGE 55, 72, 90; 84, 348, 359.

382 BVerfGE 55, 72, 88; 82, 126, 146; 88, 87, 96 f.; 101, 275, 290 f.; NJW 2003, 1381, 1381 – Sogenannte *„Neue Formel"*.

383 BVerfGE 75, 108, 157; 94, 241, 260.

384 *Friedrich Schoch*, Der Gleichheitssatz, DVBl. 1988, 863, 879; *Ingolf Pernice*, Billigkeit und Härteklauseln in öffentlichen Recht. Grundlagen und Konturen einer Billigkeitskompetenz der Verwaltung, 1991, S. 244 f.

385 *Josef Isensee*, Die typisierende Verwaltung, 1976, S. 96 f., 99; BVerfGE 71, 146, 157.

sachlichen Grund zu rechtfertigen, falls das höherrangige Recht weitere Differenzierungen *„erlaubt oder nahelegt."*[386]

Die Ungleichbehandlung muß darüberhinaus verhältnismäßig sein. Insoweit ist zu bestimmen, wie intensiv die Prüfung von Art. 3 I GG durchzuführen ist, wie streng also der Maßstab sei, anhand dessen die betreffende Maßnahme zu beurteilen ist.[387]

Im übrigen muß eine Rechtnorm, mit der in Grundrechte der Betroffenen eingegriffen wird, durch ein oder aufgrund eines förmlichen Gesetzes erfolgen, das in Tatbestand und Rechtsfolge hinreichend bestimmt gefaßt ist (*Vorbehalt des Gesetzes*).[388] Die Bestimmtheitserfordernisse, die das Grundgesetz in Art. 80 I 2 GG für Rechtsverordnungen vorsieht, gelten nicht unmittelbar für den Erlaß von Satzungen[389] (wie den Gefahrtarif oder den Beschluß der Vertreterversammlung nach §§ 1157 I RVO, 215 IX SGB VII). Sie sind deshalb unmittelbar aus dem Rechtsstaatsprinzip und aus den Grundrechten herzuleiten.[390] Darüberhinaus ist bei der Rechtsetzung in Form von Satzungen die sogenannte *Wesentlichkeitstheorie* zu beachten, wonach der Gesetzgeber die „wesentlichen" Entscheidungen selbst treffen muß; er darf sie nicht dem Satzungsgeber überlassen.[391]

1.3.2.3 Die Verteilung der Lasten einer Berufsgenossenschaft nach dem Gefahrtarif als Gleichheitsproblem

Die Unternehmer tragen die Lasten der Berufsgenossenschaft zu unterschiedlichen Teilen, die sich gem. §§ 153 I, 167 I SGB VII aus den zu berücksichtigenden Arbeitsentgelten, den Gefahrklassen und dem Beitragsfuß der Berufsgenossenschaft berechnen (vgl. Formel 1.4 auf Seite 51). Die Verteilung nach den Arbeitsentgelten entspricht der gewöhlichen Übung in der Sozialversicherung, auf die beitragspflichtigen Einnahmen der Mitglieder der jeweiligen Sozialversicherungsträger abzustellen (vgl. §§ 223 II 1 SGB V, 54 II 1 SGB XI, 157 SGB VI, 341 I SGB III). Durch die Berücksichtigung der Unfallgefahr in den Betrieben tritt in der Unfallversicherung die

386 So *Kirchhof*, HbStR V § 124 Rn. 296; *Rüfner*, in: Bonner Kommentar, Art. 3 I GG Rn. 113; *Gerhard Robbers*, Der Gleichheitssatz, DÖV 1988, 749, 754 f.

387 *Pieroth/Schlink*, a. a. O. (Fn. 376), Rn. 438 ff.

388 *Hesse*, a. a. O. (Fn. 375), Rn. 206; *Pieroth/Schlink*, a. a. O. (Fn. 376), Rn. 263.

389 BVerfGE 33, 125, 157 f.

390 BSG SGb 2004, 55, 62 m. w. N.

391 *Pieroth/Schlink*, a. a. O. (Fn. 376), Rn. 264 ff. – Hierzu ausführlich Abschnitt 3.1 auf Seite 115 ff.

Gefahrklasse als weiterer Faktor für die Lastenverteilung hinzu.

Dadurch tragen Unternehmer, die diegleichen Lohnsummen aufweisen, nur dann denselben Beitrag, wenn sie auch zu derselben Gefahrklasse veranlagt werden. Diese *„Abstufung der Beiträge"* (§ 157 I 2 SGB VII), eine Ungleichbehandlung, wird durch die Festsetzungen im Gefahrtarif bewirkt, in dem – wie in Abschnitt 1.3.1.5 auf Seite 52 ff. beschrieben – regelmäßig Gewerbezweige, ausnahmsweise Tätigkeiten, in den Tarifstellen zu *„Gefahrengemeinschaften nach Gefährdungsrisiken"* (§ 157 II 1 SGB VII) zusammengefaßt werden. Für jede Tarifstelle wird eine Gefahrklasse festgesetzt.

Die Festsetzung der Gefahrklassen und die Bildung der Tarifstellen stehen aber nicht unvermittelt nebeneinander. Die Berechnung der Belastungsziffern ist eine notwendige Voraussetzung für die Bildung der Tarifstellen, weil das Gesetz mit § 157 III SGB VII den einzigen verbindlichen Maßstab zur Ermittlung der Unfallgefahr vorgibt. Andererseits hängt es von der Lohnsumme (und dem zu erwartenden Beitragsaufkommen) einer Tarifstelle ab, ob sie *„unter Berücksichtigung eines versicherungsmäßigen Risikoausgleichs"* (§ 157 II 1 SGB VII) alleine bestehen kann oder ob sie mit anderen zusammengelegt werden muß, damit ihre Lasten von der jeweiligen Gemeinschaft der Unternehmer als „Versicherungsnehmer", der Tarifstelle, getragen werden können.

Die in Abschnitt 1.2 auf Seite 2 ff. geschilderten Fälle haben gezeigt, daß es dabei immer wieder zu typischen Streitfragen kommt. Streitig war insbesondere

- ob die Vertreterversammlung verpflichtet gewesen wäre, eine bestimmte Tarifstelle, z. B. für das Büropersonal, zu bilden;[392]
- ob die Zusammenlegung mehrerer Gewerbezweige mit auffällig disparater Unfallgefahr zu einer Tarifstelle zulässig gewesen sei;[393]
- ob z. B. die Zeitarbeitsunternehmer überhaupt einen eigenen Gewerbezweig mit „gewerbetypischer Unfallgefahr" darstellen;[394]
- ob es zulässig sei, eine Tarifstelle ohne jede Berücksichtigung der Unfallgefahr zu bilden;[395]

---

392 So im Falle der Tarifstelle für die Energieversorger (S. 2 ff.).

393 Im Falle der Personenverkehrsunternehmen (S. 4 ff.) und der Parkhausbetreiber (S. 7 ff.), aber auch bei der Bildung von Tarifstellen bei den Breitensport- und den Profifußballvereinen (S. 13 ff.).

394 Vgl. S. 8 ff.

395 Tarifstelle der *„sonstigen Unternehmensarten"*, vgl. S. 20 ff.

– ob die Gefahrklasse für eine Tarifstelle in der richtigen Höhe festgesetzt worden sei.[396]

In jedem Fall handelt es sich, wie bereits in Abschnitt 1.2 jeweils ausgeführt, um Fragen der Gleich- bzw. der Ungleichbehandlung der betroffenen Unternehmer. Die Festsetzung des Gefahrtarifs kann daher als Gleichheitsproblem behandelt werden.

Der Gefahrtarif ist eine typisierende Regelung. Die Differenzierung der Beiträge nach dem Grad der Unfallgefahr in den Unternehmen findet zunächst ohne Beachtung der Verhältnisse in den einzelnen Betrieben statt. Diese kommen vielmehr erst im Beitragsausgleichsverfahren bei der Veranlagung der Unternehmen zum Tragen.[397] Die Typisierung ist ihrerseits zu rechtfertigen. Weiterhin sind Grenzen der Typisierung aufzuzeigen. Insbesondere ist nach den Grenzen für den Anstieg einer Gefahrklasse und der Beiträge von einer Tarifperiode zur nächsten zu fragen.[398]

Die Festsetzung des Gefahrtarifs ist durch einen „sachlichen Grund" im Sinne von Art. 3 I GG zu rechtfertigen.[399] Das Gesetz normiert sachliche Gründe in § 157 II 1; III SGB VII für die Bildung der Tarifstellen und für die Festsetzung der Gefahrklassen. Die Problemstellung der Arbeit kann daher insofern näher gefaßt werden, als zu fragen ist, welche sachlichen Gründe die Festsetzung des Gefahrtarifs rechtfertigen können, welche Gründe also zur Rechtfertigung der Gleich- bzw. Ungleichbehandlung der Unternehmer aufgrund des Gefahrtarifs in Frage kommen können und welche nicht. Hieraus sind Schlüsse zu ziehen einerseits für die Festsetzung des Gefahrtarifs, andererseits für die Prüfung des Gefahrtarifs durch die Sozialgerichte.

Im übrigen ist zu untersuchen, ob die Satzungsermächtigung zur Festsetzung des Gefahrtarifs in § 157 SGB VII selbst verfassungsmäßig ist, insbesondere ob sie den Vorgaben entspricht, die sich aus der Wesentlichkeitstheorie ergeben.[400]

---

396 Wiederum bei den Streitigkeiten um die Tarifstelle der Sportvereine (S. 13 ff.).

397 Vgl. S. 62 ff.

398 Versiebenfachung des Beitrags bei den „besonderen Sportvereinen" aufgrund des Gefahrtarifs 1995 der VBG, Vgl. Abschnitt 1.2.5 auf Seite 13 ff.

399 Vgl. Abschnitt 3.2 auf Seite 132 ff.

400 Vgl. Abschnitt 3.1 auf Seite 115 ff.

1.3.2.4 Die Verteilung der DDR-Altlasten nach dem Einigungsvertrag als Gleichheitsproblem

Auch die DDR-Altlasten sind ungleich auf die Unternehmerschaft verteilt worden. Die hierzu geschaffene Stufung der Verteilung über die Spitzenverbände und die verschiedenen Unfallversicherungsträger – mit jeweils eigenen Verteilungsschlüsseln – und dem seit 1995 durchgeführten DDR-Lastenausgleich ist bereits in Abschnitt 1.2.7.7 auf Seite 35 ff. beschrieben worden.

Zusammenfassend treten dabei folgende Ungleichbehandlungen auf:

1. Die Ungleichbehandlung der Spitzenverbände bei der ersten Verteilung der Lasten;
2. die Ungleichbehandlung der in den jeweiligen Berufsgenossenschaften zusammengefaßten Unternehmer bei der Verteilung der Lasten innerhalb des HVBG;
3. die Ungleichbehandlung bzw. die Gleichbehandlung der Unternehmer bei der weiteren Verteilung der Lasten innerhalb der jeweiligen Berufsgenossenschaft;
4. die Ungleichbehandlung der Unternehmer, die durch den jährlichen DDR-Lastenausgleich zwischen den gewerblichen Berufsgenossenschaften bewirkt wird.

Der Anteil, den ein Unternehmer an den DDR-Altlasten letztlich zu tragen hat, schwankt von Jahr zu Jahr. Denn zum einen schwanken die DDR-Altlasten selbst, zum anderen schwankt regelmäßig die Lohnsumme des Unternehmers. Soweit eine Umlage nach der Gefahrklasse erfolgt ist, kann auch sie geändert werden. Nur der Verteilungsschlüssel für den DDR-Lastenausgleich ist seit 1994 festgeschrieben worden. Dadurch wird der Anteil, den eine Berufsgenossenschaft an den gesamten DDR-Altlasten zu tragen hat, im Verhältnis zu den anderen Berufsgenossenschaften bestimmt. Notwendig schwankt auch dieser Betrag je nachdem, welche Eingangswerte in die Berechnung eingestellt werden. Der Anteil an den DDR-Altlasten, den ein Unternehmer in einem bestimmten Jahr aufzubringen hat, ergibt sich erst nach Durchführung des DDR-Lastenausgleichs.

Wie in dem vorangegangenen Abschnitt erörtert, ist die Erhebung von Beiträgen ein Eingriff in die Grundrechte des Unternehmers. Das gilt auch für die Überwälzung der Altlasten aus der Sozialversicherung der DDR auf die später aktiven Unternehmer als Mitglieder der gewerblichen Berufsgenossenschaften. Dabei bedarf sowohl die Heranziehung der Unternehmer zu diesen Lasten überhaupt, einer öffentlich-rechtlichen Zahlungspflicht,[401] als auch die Ermittlung des Anteils, der von dem einzelnen Unternehmer schließlich verlangt wird, der verfassungsrechtlichen Rechtfertigung vor Art. 3 I GG. Die Belastung muß aufgrund eines förmlichen Gesetzes erfolgen. Soweit der Anteil im konkreten Fall erst durch Beschluß des Satzungsgebers feststeht, sind auch die Satzungsermächtigung und die Satzung selbst auf ihre Verfassungsmäßigkeit zu untersuchen.

Die Beachtung des Vorbehalts des Gesetzes und der Wesentlichkeitstheorie sind hier von besonderer Bedeutung, weil der Gesetzgeber in §§ 1157 I RVO, 215 IX SGB VII zwei gleichlautende Ermächtigungen geschaffen hatte bzw. wieder geschaffen hat, die es der Vertreterversammlung der Berufsgenossenschaft anheimstellen, über die Bemessungsgrundlagen für die Verteilung der DDR-Altlasten innerhalb einer Berufsgenossenschaft zu entscheiden. Die Vertreterversammlung kann beschließen, abweichend von §§ 153 I, 167 I SGB VII gänzlich auf die Anwendung des Gefahrtarifs bei der Umlage der DDR-Altlasten zu verzichten und diese Lasten nur nach der Lohnsumme unter den Unternehmern zu verteilen. Insoweit ist fraglich, ob es mit der Verfassung vereinbar ist, diese Entscheidung der Vertreterversammlung zu überlassen und ob der Gesetzgeber den Anforderungen, die die Wesentlichkeitstheorie für eine derartige Bestimmung vorgibt, entsprochen hat.[402]

Im übrigen ist der DDR-Lastenausgleich auf dessen Verfassungsmäßigkeit hin zu untersuchen.[403] Dabei zeigen sich im wesentlichen zwei Probleme: Zum einen ist der Verteilungsmaßstab, nach dem die Ermittlung des Anteils einer gewerblichen Berufsgenossenschaft im Verhältnis zu den anderen Berufsgenossenschaften erfolgt, vor Art. 3 I GG zu rechtfertigen. Zum anderen ist die zeitlich unbegrenzte Beibehaltung dieses Maßstabs zu begründen. Es ist zu untersuchen, ob sich hierfür sachliche Gründe angeben lassen oder ob die Änderung insbesondere der wirtschaftlichen Verhältnisse seit der Einführung des DDR-Lastenausgleichs vor etwa 10 Jahren eine Neuregelung der Materie erforderlich machen.

---

401 Vgl. Abschnitt 3.3 auf Seite 144 ff.
402 Vgl. Abschnitt 3.1.3 auf Seite 124 ff.
403 Vgl. Abschnitt 3.5 auf Seite 171 ff.

1.3.2.5 Fragestellung

Die vorstehend herausgearbeiteten Fragestellungen werden in Kapitel 3 mithin als Grundrechtsproblem und insbesondere als Problem des allgemeinen Gleichheitssatzes untersucht. Dem gehen in Kapitel 2 einige grundsätzliche Überlegungen zum Verhältnis von Äquivalenzprinzip, Solidarprinzip und Prävention in der gesetzlichen Unfallversicherung voraus.

2 Grundlegungen

2.1 Die Verwirklichung des Äquivalenzprinzips in einem umlagefinanzierten System der Sozialversicherung

2.1.1 Äquivalenzprinzip und Solidarprinzip als Elemente des verfassungsrechtlichen Begriffs der Sozialversicherung

Der verfassungsrechtliche Begriff der Sozialversicherung ist in Art. 74 I Nr. 12 GG verankert. Hiernach hat der Bund die konkurrierende Gesetzgebungskompetenz für *„die Sozialversicherung einschließlich der Arbeitslosenversicherung"*.[1]

Sowohl die Lehre[2] als auch die Rechtsprechung[3] bestimmen den verfassungsrechtlichen Begriff der Sozialversicherung in Abgrenzung von demjenigen der Privatversicherung. Die Rechtsprechung zu § 1 VAG, der die Zuständigkeit der Aufsicht über die privaten Versicherungsunternehmen regelt, definiert die Privatversicherung dahingehend, daß der Versicherer *„gegen Entgelt für den Fall eines ungewissen Ereignisses bestimmte Leistungen übernimmt (Garantieversprechen), wobei das Risiko auf eine Vielzahl durch die gleiche Gefahr bedrohter Personen verteilt wird und der Risikoübernahme eine auf dem Gesetz der großen Zahl beruhende Kalkulation zugrunde liegt"*.[4]

---

1 Der konkurrierenden Gesetzgebungskompetenz des Bundes wird im Bereich der Sozialversicherung regelmäßig nicht Art. 74 II GG entgegenstehen, da die *„Herstellung gleichwertiger Lebensverhältnisse im Bundesgebiet oder die Wahrung der Rechts- oder Wirtschaftseinheit im gesamtstaatlichen Interesse"* gerade mit Blick auf die soziale Sicherung der Bürger von besonderer Dringlichkeit und damit *„erforderlich"* ist.

2 Das Schrifttum greift noch heute (für die neuere Literatur vgl. *Raimund Waltermann*, Sozialrecht, 2000, Rn. 97; *Stefan Muckel*, Sozialrecht, 2003, § 7 Rn. 4) auf die Begriffsbestimmung von *Georg Wannagat*, Lehrbuch des Sozialversicherungsrechts, Bd. I, 1965, S. 25, zurück, der den Begriff der Sozialversicherung definiert hatte als *„eine staatlich organisierte, nach den Grundsätzen der Selbstverwaltung aufgebaute öffentlich-rechtliche, vorwiegend auf Zwang beruhende Versicherung großer Teile der arbeitenden Bevölkerung für den Fall der Beeinträchtigung der Erwerbsfähigkeit und des Todes sowie des Eintritts der Arbeitslosigkeit"*.

3 BSGE 6, 213, 238; BVerfGE 11, 105; 75, 108; st. Rspr.

4 BVerwG VersR 87, 701, 702; st. Rspr.; *Kaulbach*, in: *Ulrich Fahr und Detlef Kaulbach*, Versicherungsaufsichtsgesetz, 1994, § 1 VAG Rn. 7. – Zur fast gleichlautenden Definition des Bundesgerichtshofs in BGH, VersR 1964, 497, 498; 1968, 138 vgl. *Meinrad Dreher*, Die

Die Versicherung beruht auf einem privatrechtlichen gegenseitigen Vertrag. Die Leistung des Versicherers, die Übernahme eines bestimmten Risikos, ist die Gegenleistung für den Beitrag des Versicherungsnehmers, die sogenannte „Prämie".[5] Der Versicherer bildet Gefahrengemeinschaften der Versicherten mit etwa gleichem Risiko hinsichtlich des Eintritts der jeweils versicherten Gefahr. Beispielweise werden in der Kraftfahrversicherung Tarife aufgestellt, die den Beitrag an bestimmte Gefahrenmerkmale knüpfen, wie den Fahrzeugtyp und die Leistung des Motors, die aber auch an weitere Merkmale anknüpfen können, die die Betriebsgefahr des Fahrzeugs beeinflussen, etwa ob das Fahrzeug über Nacht in einer Garage abgestellt wird und ob es nur durch den Versicherungsnehmer und dessen Lebenspartner oder auch durch Dritte benutzt wird.[6] Die Prämie ist dabei prinzipiell an der Eintrittswahrscheinlichkeit der von dem Versicherer übernommenen Gefahr und an den zu erwartenden Kosten im Schadensfall orientiert (*Äquivalenzprinzip*).[7]

Hinter dem Versicherungsgeschäft steht die Grundidee, daß der einzelne durch den Zusammenschluß mit gleichartig Gefährdeten wirksam auch gegen solche Risiken gesichert werden kann, die er zwar mangels wirtschaftlicher Leistungsfähigkeit nicht allein tragen könnte, die aber die Gefahrengemeinschaft – voraussichtlich – untereinander wird ausgleichen können. Der Risikoausgleich entsteht innerhalb der Gemeinschaft, weil sich der tatsächliche Eintritt des Versicherungsfalls – abgesehen von selbst (mit-) verschuldeten Schäden – statistisch zufällig unter den Versicherten verteilt.[8]

Das Äquivalenzprinzip im Sinne versicherungstechnischer Äquivalenz ist in der Privatversicherung in doppelter Hinsicht verwirklicht: Zum einen besteht eine sogenannte *Gesamt- oder Globaläquivalenz* bei der Finanzierung in dem Sinne, daß die Einnahmen des Versicherers insgesamt des-

---

Versicherung als Rechtsprodukt, 1990, S. 46.

5 *Peter Schimikowski*, Versicherungsvertragsrecht, 2. Aufl. 2001, Rn. 29; *Helmar Bley und Ralf Kreikebohm, Andreas Marschner*, Sozialrecht, 8. Aufl. 2001, Rn. 279.

6 *Schimikowski*, a. a. O. (Fn. 5), Rn. 406.

7 *Erwin Deutsch*, Versicherungsvertragsrecht, 4. Aufl. 2000, Rn. 4, erwähnt als Kalkulationsgrundlagen für die Höhe der Prämie außerdem *„die Kosten des Unternehmens und einen angemessenen Gewinn"* des Versicherers. Zur Prämienkalkulation in der Lebens-, in der substitutiven Kranken-, und in der Unfallversicherung mit Beitragsrückgewähr vgl. §§ 11 ff. VAG.

8 *Dreher*, a. a. O. (Fn. 4), S. 36.

sen Ausgaben zur Schadensregulierung[9] decken müssen.[10] Zum anderen werden die Beiträge der einzelnen Versicherungsnehmer äquivalent zu ihrem individuellen Risiko, das der Versicherer deckt, vereinbart (*Einzel- oder Individualäquivalenz*).[11]

Das Versicherungsprinzip im Sinne der Individualäquivalenz gilt grundsätzlich auch in der Sozialversicherung.[12] Diese *„reine Form der Versicherung"*[13] ist hier aber von Anfang an nicht verwirklicht worden. Das ist bedeutsam, weil die *„‚klassische' Sozialversicherung"*, wie sie zu Ende des 19. Jahrhunderts in Deutschland eingeführt worden war,[14] für den Begriff der Sozialversicherung insgesamt als prägend angesehen wird.[15] Das Äquivalenzprinzip gilt nach der Rechtsprechung des Bundesverfassungsgerichts in der Sozialversicherung nur, *„solange das Prinzip der sozialen Gerechtigkeit keine Abweichungen erfordert"*.[16]

Auch in der Sozialversicherung werden Gefahrengemeinschaften zur Absicherung der Risiken Krankheit, Invalidität, Pflegebedürftigkeit, Erwerbsunfähigkeit, Alter oder Arbeitslosigkeit[17] gebildet, und zwar grundsätzlich aus den Versicherten – in der gewerblichen Unfallversicherung treten an ihre Stelle, organisatorisch bedingt, die Unternehmer. Das Bundesverfassungsgericht führt aus, auch zur Sozialversicherung gehöre *„jedenfalls die gemeinsame Deckung eines möglichen, in seiner Gesamtheit schätzbaren*

---

9 Abgesehen von den Betriebsmitteln und dem sich residual ergebenden Gewinn: *Deutsch*, a. a. O. (Fn. 7), Rn. 4.

10 *Christian Rolfs*, Das Versicherungsprinzip im Sozialversicherungsrecht, 2000, S. 203 m. w. N. – Vgl. auch die Übersicht bei *Bley/Kreikebohm/Marschner*, a. a. O. (Fn. 5), Rn. 285, S. 108 ff., Nr. 6 f.; *Waltermann*, a. a. O. (Fn. 2), Rn. 100. – *Schulz*, Gefahrtarif, S. 31, sowie *ders.*, Äquivalenzprinzip und Berufsgenossenschaftsbeitrag, BG 1991, 331, 331, spricht vom *„kollektiven Äquivalenzprinzip"*.

11 *Rolfs*, a. a. O. (Fn. 10), S. 203 m. w. N.; *Schulz*, BG 1991, 331, 331.

12 BVerfGE 79, 87, 101; 223, 236 f.

13 So BSGE 6, 213, 227.

14 Vgl. die Nachweise auf S. 43 in Fn. 242.

15 BVerfGE 11, 105, 112; 75, 108, 146 spricht von einem *„verfassungsrechtlichen Gattungsbegriff, der alles umfaßt, was sich der Sache nach als Sozialversicherung darstellt"*. – Die Bezugnahme auf die vorkonstitutionell bereits bestehenden Sozialversicherungszweige steht übrigens der Fortentwicklung der Sozialversicherung nicht im Wege. Siehe die Einführung der Künstlersozialversicherung aufgrund des *„Künstlersozialversicherungsgesetzes"* vom 27. Juli 1981 (BGBl. I S. 705) – BVerfGE 75, 108 – sowie der sozialen Pflegeversicherung durch das *„Pflege-Versicherungsgesetz"* vom 26. Mai 1994 (BGBl. I S. 1014) – BVerfG, NJW 2001, 1707; 1709; 1712; 1716.

16 BVerfGE 79, 223, 236 f.

17 Der Wortlaut von Art. 74 I Nr. 12 GG bezieht die Arbeitslosenversicherung ausdrücklich in den Begriff der Sozialversicherung mit ein.

Bedarfs durch Verteilung auf eine organisierte Vielheit".[18] Somit ist das Prinzip der Globaläquivalenz stets ein Element der Sozialversicherung.[19] Bei Störungen der Globaläquivalenz eines Versicherungszweigs greift die Garantiehaftung des Bundes für die Lasten der Sozialversicherung in Form von Bundeszuschüssen gem. Art. 120 I 4 GG ein.

Die Beiträge werden in der Sozialversicherung aber weitgehend ohne Beachtung der Individualäquivalenz erhoben, wobei sich allerdings für die vier Sozialversicherungszweige jeweilige Besonderheiten ergeben.[20] In allen Zweigen der Sozialversicherung wird der Beitrag gemeinhin als Anteil vom Arbeitsentgelt des Versicherten berechnet.[21] Dabei gilt eine Beitragsbemessungsgrenze, bis zu der die Einnahmen der Berechnung der Beiträge zugrundegelegt werden.[22]

Neben den bloßen Risikoausgleich innerhalb der Gefahrengemeinschaften tritt in der Sozialversicherung, aus dem Sozialstaatsprinzip hergeleitet,[23] auch das Element des sozialen Ausgleichs.[24] Der Solidarausgleich wird dadurch bewirkt, daß *„Beiträge und Leistungen nach sozialen Gesichtspunkten gestaffelt werden".*[25] Das Versicherungs- oder Äquivalenzprinzip und das Solidarprinzip[26] sind somit grundlegende Elemente des verfassungsrechtlichen Begriffs der Sozialversicherung.[27,28]

---

18 BVerfGE 11, 105, 112; 75, 108, 146.

19 *Muckel*, a. a. O. (Fn. 2), § 7 Rn. 59; *Waltermann*, a. a. O. (Fn. 2), Rn. 100.

20 *Thomas Michael Johannes Gössl*, Die Finanzverfassung der Sozialversicherung, 1992, S. 40.

21 Die Beitragssätze werden in der Krankenversicherung durch Satzung der jeweiligen Krankenkasse festgesetzt (§§ 194 I Nr. 4, 241 S. 1 SGB V). In der Arbeitslosen- und in der Pflegeversicherung werden die Beitragssätze gesetzlich bestimmt (§§ 341 II SGB III; 55 I SGB XI). In der Rentenversicherung erfolgt die Festsetzung jährlich durch Rechtsverordnung gem. §§ 158, 160 Nr. 1 SGB VI. Auch in der Unfallversicherung zählen die Arbeitsentgelte der Versicherten gem. § 153 I SGB VII zu den Berechnungsgrundlagen.

22 Vgl. §§ 223 III SGB V; 159, 275 a, 275 c SGB VI; 55 II SGB XI.

23 *Bley/Kreikebohm/Marschner*, a. a. O. (Fn. 5), Rn. 283; *Schulin/Igl*, a. a. O. (Fn. 272 auf S. 50), Rn. 78.

24 BSGE 6, 213, 227; BVerfGE 79, 87, 101; 223, 236 f.

25 BSGE 6, 213, 227; *Bley/Kreikebohm/Marschner*, a. a. O. (Fn. 5), Rn. 283. – BVerfGE 75, 108, 146 spricht von einem *„sozialen Bedürfnis nach Ausgleich besonderer Lasten"*.

26 *Bley/Kreikebohm/Marschner*, a. a. O. (Fn. 5), Rn. 281, sprechen davon abweichend vom *„Sozialprinzip"*, BVerfGE 79, 223, 236 f. spricht vom *„Solidaritätsprinzip"*; im übrigen aber wie hier.

27 *Ferdinand Kirchhof*, Finanzierung der Sozialversicherung, HbStR IV, 2. Aufl. 1999, § 93 Rn. 17.

28 Weitere Merkmale der Sozialversicherung sind die Organisation in Form von öffentlich-rechtlichen Körperschaften und Anstalten (BVerfGE 11, 105, 113) und die Finanzierung durch Beiträge, die von *„Beteiligten"*, *„herkömmlich die Versicherten und ihre Arbeitgeber"* –

Festzustellen bleibt, daß das Prinzip der Globaläquivalenz in Privat- und Sozialversicherung gleichermaßen vorzufinden sind. Fraglich ist somit lediglich, in welcher Weise die Individualäquivalenz in der Privatversicherung und in der Sozialversicherung, insbesondere in der gesetzlichen Unfallversicherung verwirklicht ist, und welche Konsequenzen sich daraus für die Umlage der Unfallasten ergeben.[29]

Es würde den Rahmen der Arbeit bei weitem überschreiten, das Thema „Versicherungsprinzip in der Sozialversicherung“ erschöpfend zu behandeln. Dies kann hier nur anhand von Beispielen erfolgen. Die Umsetzung des Äquivalenzprinzips in der Privatversicherung wird anhand der privaten Kranken- und Unfallversicherung erläutert.[30] Auf jeden Sozialversicherungzweig wird sodann gesondert eingegangen.[31] Im übrigen wird auf die Arbeiten von *Rolfs*[32] und *Hase*[33] verwiesen.

2.1.2 Individualäquivalenz in der Privatversicherung

Die Kalkulation der Prämien für die sogenannte **substitutive Krankenversicherung** – das ist eine private Krankenversicherung, die *„geeignet ist, die gesetzliche Krankenversicherung ganz oder teilweise zu ersetzen“*, und nur um sie soll es im folgenden gehen – darf in Deutschland nur in der Art der Lebensversicherung betrieben werden (§ 12 I VAG).[34] Gemäß § 11 I 1 VAG müssen die Prämien in der Lebensversicherung nach versicherungsmathematischen Grundsätzen und Methoden kalkuliert werden, so daß der Versicherer seine Verpflichtungen jederzeit nachkommen kann; es sind ausreichende Rückstellungen zu bilden. § 11 II VAG bestimmt einen Gleichheitssatz für die Bemessung der Beiträge: *„Bei gleichen Voraussetzungen dürfen Prämien und Leistungen nur nach gleichen Grundsätzen bemessen werden.“* § 12 I Nr. 1 VAG, schließlich, sind die maßgeblichen Kriterien zu entnehmen, an

---

in der Unfallversicherung sind es nur die Unternehmer – aufgebracht werden (BVerfGE 11, 105, 113; 75, 108, 146).

29 Vgl. die Problemstellung auf S. 70 ff.

30 Vgl. den folgenden Abschnitt 2.1.2.

31 Vgl. Abschnitt 2.1.3 auf Seite 84 ff. – Zur gesetzlichen Unfallversicherung: Vgl. Abschnitt 2.1.4 auf Seite 88 ff.

32 A. a. O., Fn. 10.

33 *Friedhelm Hase*, Versicherungsprinzip und sozialer Ausgleich, 2000.

34 Im wesentlichen das gleiche gilt für die Unfallversicherung mit Beitragsrückgewähr, eine spezielle Art der privaten Unfallversicherung, die im folgenden nicht behandelt wird, nach Maßgabe von § 11 d VAG, der die §§ 11–11 c VAG für in entsprechender Weise anwendbar erklärt.

denen sich die Kalkulation der Beiträge in der Krankenversicherung orientieren muß: Die Prämien sind *„auf versicherungsmathematischer Grundlage unter Zugrundelegung von Wahrscheinlichkeitstafeln und anderen einschlägigen statistischen Daten... zu berechnen"*. Zu berücksichtigen sind *„insbesondere"*:

- Invaliditäts- und
- Krankheitsgefahr,[35]
- Sterblichkeit,
- Alters- und
- Geschlechtsabhängigkeit des Risikos,
- Stornowahrscheinlichkeit,
- Sicherheits- und
- sonstige Zuschläge;
- versicherungstechnische Altersrückstellungen sind nach Maßgabe von §§ 12 I Nr. 2 VAG, 341 f HGB zu bilden.

Damit sind 9 Merkmale genannt, nach denen der Tarif in der privaten Krankenversicherung variieren kann. Diese Vorgaben führen zu einer recht weitgehenden Differenzierung des Beitrags im Einzelfall. Dadurch wird in der Krankenversicherung eine deutliche Äquivalenz von Beitrag und Risiko bzw. von Beitrag und Versicherungsleistungen bei den Versicherungsnehmern erreicht. Damit ist die Individualäquivalenz in dieser Versicherung besonders ausgeprägt.

Der vorstehend beschriebene Ansatz wird in der Privatversicherung zwar prinzipiell verfolgt, er wird aber nicht bei allen Arten der Privatversicherung in dergleichen Weise umgesetzt. Vor allem die private Unfallversicherung ist durch eine sehr viel gröbere Typisierung der Tarife gekennzeichnet.

Die **private Unfallversicherung** definiert zwar den Versicherungsfall „Unfall" fast genauso wie der Arbeitsunfall in § 8 I 2 SGB VII gefaßt ist: *„Ein Unfall liegt vor, wenn die versicherte Person durch ein plötzlich von außen auf ihren Körper wirkendes Ereignis (Unfallereignis) unfreiwillig eine Gesundheitsbeschädigung erleidet"*.[36] Sie unterscheidet sich aber von der ge-

35 Maßgeblich sind der gesundheitliche Zustand des Versicherungsnehmers bei Abschluß des Versicherungsvertrags: *PKV – Verband der privaten Krankenversicherung (Hg.)*, Wie werden die Beiträge in der PKV kalkuliert?, Internet: `http://www.pkv-verband.de/downloads/ikalk.pdf` am 7. Mai 2004, S. 2.

36 *Gesamtverband der Deutschen Versicherungswirtschaft e.V. – GDV – (Hg.)*, Allgemeine Unfallversicherungs-Bedingungen (AUB 99) – GDV-Musterbedingungen, Internet: `http://www.gdv.de/download/suuunfallversicherung.rtf` am 7. Mai 2004, Ziff. 1.3.

setzlichen Unfallversicherung dadurch, daß sie nicht nur Arbeitsunfälle, sondern – abgesehen von den Haftungsausschlüssen – alle möglichen (Freizeit-) Unfälle weltweit versichert,[37] womit sie weit über den Haftungsumfang der gesetzlichen Unfallversicherung hinausgeht, einem sogenannten kausalen Sicherungssystem,[38] das nur unter sehr engen Voraussetzungen eingreift.

Seit 1971 wird in der privaten Unfallversicherung lediglich eine Untergliederung nach zwei Wagnisgruppen vorgenommen, die *„Gefahrengruppen A und B"*.[39] Der Beitrag richtet sich nach der beruflichen Tätigkeit der Versicherungsnehmer. Die Zuordnung zu den Gefahrengruppen erfolgt nach dem Risiko, das gemeinhin mit dem Beruf des Versicherungsnehmers verbunden ist (einerseits verwaltende und Bürotätigkeiten, andererseits handwerkliche Tätigkeiten).[40] Dementsprechend ist der Versicherte nach den allgemeinen Vertragsbedingungen in der derzeit geltenden Fassung verpflichtet, *„Änderungen der Berufstätigkeit oder Beschäftigung… unverzüglich mitzuteilen, weil die Höhe der Versicherungssummen bzw. des Beitrags maßgeblich von diesen Umständen abhängt"*.[41]

Damit ist die Individualäquivalenz in der privaten Unfallversicherung aufgrund der viel gröberen Typisierung bei den Tarifen sehr viel schwächer ausgeprägt als in der privaten Krankenversicherung. Sie ist gleichwohl vorhanden. Dem Prinzip der Globaläquivalenz der Beiträge im Verhältnis zu den Leistungen kommt allerdings im Vergleich zu privaten Krankenversicherung ein stärkeres Gewicht zu, da die vergleichsweise „breit" angelegten Gefahrengemeinschaften sich insgesamt tragen müssen.

Beitrag und Risiko bzw. Beitrag und Leistung verhalten sich also in der Privatversicherung äquivalent zueinander. Das Prinzip der Individualäquivalenz ist aber je nach den gesetzlichen Vorgaben und den Zielsetzungen und Eigenarten der Versicherung anders verwirklicht.

37 AUB 99 – GDV-Musterbedingungen, a. a. O. (Fn. 36), Ziff. 1. – Zu den Einschränkungen und Ausschlüssen der Versicherung vgl. a. a. O., Ziff. 3–5. Der Versicherer haftet beispielsweise nicht für *„Unfälle durch Geistes- oder Bewußtseinsstörungen, auch soweit diese auf Trunkenheit beruhen"* (Ziff. 5.1.1), für Unfälle bei der vorsätzlichen Ausführung oder bei dem Versuch einer Straftat (Ziff. 5.1.2), für Unfälle, die durch Kriegs- oder Bürgerkriegsereignisse verursacht sind (Ziff. 5.1.3) und grds. auch nicht für Infektions- und Vergiftungsschäden (Ziff. 5.2.4 f.).

38 *Schulin/Igl*, a. a. O. (Fn. 272 auf S. 50), Rn. 76.

39 *Dreher*, a. a. O. (Fn. 4), S. 269 f. m. w. N.; *Riebesell*, in: *Walter Große und Heinz-Leo Müller-Lutz, Reimer Schmidt (Hg.)*, Versicherungsenzyklopädie, 4. Aufl. 1991, Bd. 4, S. 628 f.

40 *Riebesell*, a. a. O. (Fn. 39), S. 628 f.

41 AUB 99 – GDV-Musterbedingungen, a. a. O. (Fn. 36), Ziff. 6.2.1.

2.1.3 Individualäquivalenz in der Sozialversicherung

Individualäquivalenz ist weder in der Kranken- noch in der Pflege-, der Renten- oder der Arbeitslosenversicherung in dem strengen Sinne wie in der Privatversicherung vorzufinden.

Abgesehen davon, daß die Beiträge als fester Anteil vom Einkommen des Versicherten berechnet werden, stehen in der **gesetzlichen Krankenversicherung** auch die Beitragsunterschiede zwischen den Krankenkassen der Äquivalenz von Beitrag und Risiko entgegen, denn der Finanzbedarf einer Krankenkasse hat mit dem Risiko des einzelnen Mitglieds zu erkranken nichts zu tun.[42]

Die Krankenversicherung beruht prinzipiell auf dem Sachleistungsprinzip (§ 2 II 1 SGB V), das heißt die Versicherten erhalten Krankenbehandlung usf. nach Maßgabe der §§ 11 ff., 20 ff. SGB V durch die Leistungserbringer der GKV. Nur ausnahmsweise kann die Kostenerstattung nach § 13 SGB V in Anspruch genommen werden. Gesundheitszustand, Alter oder Geschlecht des Stammversicherten oder der Familienversicherten (§ 10 SGB V) haben keinen Einfluß auf die Höhe des Beitrags.

Ansätze zu einer Differenzierung der Beiträge nach dem Risiko im Leistungsfall ergeben sich in der Krankenversicherung somit nur im Bereich der Entgeltersatzleistungen. Das Krankengeld beläuft sich gem. § 47 I 1 SGB V auf 70% des erzielten regelmäßigen Arbeitsentgelts. Das Bundesverfassungsgericht hatte in zwei Entscheidungen aus den Jahren 1995 und 2000 die Bedeutung des Äquivalenzprinzips für die Bemessung kurzfristiger Lohnersatzleistungen hervorgehoben.[43] Die Urteile beziehen sich nicht nur auf die Krankenversicherung, sondern auf alle hier in Rede stehenden Sozialversicherungszweige. Das Gericht entschied, die Regelung in §§ 23 a SGB VI, 112 I 1 AFG, 47 II 1 SGB V, wonach einmalig gezahltes Arbeitsentgelt (also vor allem Urlaubs- oder Weihnachtsgeld) zwar der Bemessung der Beiträge zur Kranken-, Renten-, und Arbeitslosenversicherung, nicht aber der Bemessung der Leistungen an Kranken- oder Arbeitslosengeld zugrundezulegen waren, verstoße gegen Art. 3 I GG, weil ein sachlicher Grund für die diesbezügliche Abweichung von der Individualäquivalenz nicht ersichtlich sei.[44] Es führt aber grundsätzlich aus: *„Von Verfassungs wegen ist es... nicht geboten, daß bei der Bemessung kurzfristiger Lohnersatzlei-*

42 *Gössl*, a. a. O. (Fn. 20), S. 40.
43 BVerfGE 92, 53; 102, 127.
44 BVerfGE 92, 53, 71 ff., 71; 102, 127, 142 ff.

stungen eine versicherungsmathematische Äquivalenz zwischen den entrichteten Beiträgen und der Höhe der Leistungen erziehlt wird".[45]

Beitragsäquivalenz besteht beim Krankengeld allerdings mit Blick auf § 243 I SGB V: Der Beitrag ist entsprechend herabzusetzen, wenn kein Anspruch auf Zahlung von Krankengeld besteht. Das ist besonders bei freiwillig Versicherten, z. B. bei Beamten, der Fall, die kein Krankengeld benötigen, weil sie im Krankheitsfall insoweit durch ihren Dienstherrn nach beamtenrechtlichen Vorschriften versorgt werden. Im übrigen aber erbringt die gesetzliche Krankenversicherung ganz überwiegend Sachleistungen – 95% aller Leistungen[46] –, so daß auch in den Fällen, in denen § 243 I SGB V zur Anwendung kommt, nicht von einer Individualäquivalenz der Beiträge insgesamt gesprochen werden könnte.

Im Gegensatz zur gesetzlichen Krankenversicherung zahlen alle Versicherten in der **sozialen Pflegeversicherung** denselben Beitragssatz nach § 55 I SGB XI, unabhängig davon, in welchem Gesundheitszustand sie sich jeweils befinden oder wie alt sie sind. Die Leistungen werden dagegen je nach Schwere der Pflegebedürftigkeit in drei Stufen als Kostenpauschale zur Pflege oder als pauschales Pflegegeld gewährt (§ 15 SGB XI; 36 ff. SGB XI). Auch hier besteht also keine Äquivalenz von Beitrag und Risiko im Einzelfall.

Das Bundesverfassungsgericht hat darüberhinaus im Jahre 2001 entschieden, die Belastung der Kindererziehenden durch ihren Beitrag zur Pflegeversicherung müsse als Ausfluß von Artt. 3 I, 6 I GG im Vergleich zu den kinderlosen Versicherten vermindert werden, weil erstere anderenfalls wegen ihrer Belastung durch die Kindererziehung im Vergleich zu den kinderlosen Versicherten in nicht zumutbarer Weise stärker belastet wären.[47] Die – derzeit noch ausstehende – Umsetzung dieser Vorgaben durch den Gesetzgeber wird zu einer weiteren Lockerung der Beitragsäquivalenz führen, denn der Umstand, daß ein Versicherter Kinder hat oder nicht, weist grundsätzlich keinen Bezug zu seinem versicherungstechnischen Risiko auf, der Pflege zu bedürfen.

Die **gesetzliche Rentenversicherung** wird heute zu etwa drei Vierteln aus Beiträgen und zu einem Viertel aus Bundeszuschüssen finanziert.[48]

---

45 BVerfGE 92, 53, 71 ff., 71; 102, 127, 142 ff. – Die mit Art. 3 I GG für unvereinbar erklärte Vorschrift des § 47 II 1 SGB V ist übrigens bisher nicht geändert worden.

46 *Gössl*, a. a. O. (Fn. 20), S. 40 m. w. N.

47 BVerfG NJW 2001, 1712, 1713 ff.

48 *Franz Ruland*, in: *Bernd Baron von Maydell und Franz Ruland (Hg.)*, Sozialrechtshandbuch

Ähnlich der gesetzlichen Unfallversicherung wird ein Umlageverfahren praktiziert, bei dem die Beitragszahler in einem bestimmten Zeitraum die Lasten der jeweiligen Rentenbezieher zu tragen haben (§ 153 I SGB VI).[49] Das Umlageverfahren ist grundsätzlich Ausdruck des Prinzips der Globaläquivalenz.

Die von der Rentenversicherung zu zahlenden Renten sind grundsätzlich proportional zu den erbrachten Beiträgen.[50] Denn die Beiträge sind ein Anteil des Arbeitsentgelts, und das Arbeitsentgelt bildet gem. § 63 I SGB VI die Grundlage für die Berechnung der Höhe der Rente.[51] Deshalb kann in der Rentenversicherung insoweit auch von einer Individualäquivalenz gesprochen werden, die allerdings wiederum nicht im strengen Sinne vorliegt. Zwischen der während einer bestimmten Zeitspanne insgesamt gezahlten Beiträge und der letztlich zu zahlenden Altersrente besteht im intertemporalen Vergleich keine direkte Äquivalenz, weil Beitragssatz und Rentenwert im Laufe der Zeit sich vielfach ändern. Deshalb werden Rentenversicherte, deren Versicherungsverlauf über verschiedene Zeiträume sich erstreckt, hinsichtlich ihrer Rentenhöhe unterschiedlich behandelt.[52] Diese Art der Äquivalenz wird deshalb im wirtschaftswissenschaftlichen Schrifttum auch als *„Teilhabeäquivalenz"* bezeichnet.[53] Änderungen der Äquivalenz ergaben sich in jüngerer Zeit durch die Einführung von Faktoren zur Rentenformel, die die Entwicklung des Altersaufbaus der Bevölkerung bzw. die teilweise Umstellung der Altersversorgung auf privat angespartes Vermögen berücksichtigen sollten.[54] Darüberhinaus be-

---

(SRH), 3. Aufl. 2003, Kap. 16 Rn. 29. – Der Bundeszuschuß zur Rentenversicherung ist seit 1989 wieder angestiegen. Er lag 1957 bei 31,8% der Ausgaben der Rentenversicherung und fiel bis 1989 auf 17,1%: *Gössl*, a. a. O. (Fn. 20), S. 95 mit der Übersicht auf S. 96.

49 Der Unterschied zum Umlageverfahren der Unfallversicherung besteht darin, daß in der Rentenversicherung die Lasten des jeweiligen Jahres umgelegt werden, während die Unfallversicherung nach dem Prinzip der nachträglichen Bedarfsdeckung die Lasten des Vorjahres umlegt (§ 152 I SGB VII). – Vgl. Abschnitt 1.3.1.4 auf Seite 50 ff.

50 *Schulin/Igl*, a. a. O. (Fn. 272 auf Seite 50), Rn. 698.

51 *Ruland*, in: SRH, Kap. 16 Rn. 32 m. w. N. – Die genaue „Rentenformel" für den Monatsbetrag der Rente ist § 64 SGB VI zu entnehmen.

52 *Ruland*, in: SRH, Kap. 16 Rn. 34.

53 *Silvia Simon*, Umverteilung in der Sozialversicherung, 2001, S. 199 m. w. N.

54 Sog. *„Demographie-Faktor"* nach dem *„Gesetz zur Reform der gesetzlichen Rentenversicherung – Rentenversicherungsreformgesetz 1999"* vom 16. Dezember 1997, BGBl. I S. 2998 (wieder aufgehoben durch das *„Gesetz zu Korrekturen in der Sozialversicherung und zur Sicherung der Arbeitnehmerrechte"* vom 19. Dezember 1998, BGBl. I S. 3843), bzw. Abschläge aufgrund der Einführung der sogenannten *„Riester-Rente"* durch das *„Altersvermögens-*

rechtigen nicht jegliche Beiträge, die an die Rentenversicherung abgeführt werden, zu denselben Leistungen. Anspruch auf Erwerbsminderungsrente hat beispielsweise nur, wer innerhalb der letzten fünf Jahre vor Eintritt der Erwerbsminderung *Pflicht*beiträge gezahlt hatte, freiwillige Beiträge sind hierfür nicht hinreichend (§ 43 I 1 Nr. 2 SGB VI).[55] Einer Reihe von Leistungen sind keine eigenen Beitragszahlungen vorausgegangen, z. B. den Leistungen für anerkannte Kindererziehungszeiten (§ 56 SGB VI). Eine weitere Einschränkung ergibt sich für die Leistungen zur Rehabilitation, die keine direkte Beziehung zu den Beiträgen aufweisen, weil sich ihr Umfang nach dem Bedarf des Versicherten richtet, der aber für die Beitragshöhe keine Rolle spielt. Die Rechtsprechung hat diese Abweichungen von der versicherungstechnischen Äquivalenz gebilligt.[56]

In der **Arbeitslosenversicherung** ist die Höhe der Entgeltersatzleistungen nach dem sogenannten Leistungsentgelt zu bestimmen, das der Arbeitslose während seiner Erwerbstätigkeit erziehlt hatte (§§ 129, 195 SGB III).

Aber auch hier ist die Höhe des Beitrags unabhängig von dem Risiko, arbeitslos zu werden (und arbeitslos zu bleiben), denn dieses ist von einer Reihe von Kriterien abhängig, die teils von dem Versicherten zu beeinflussen sind, teils sind sie von den äußeren Umständen, so etwa der Konjunktur und der Nachfrage nach Arbeitskräften am Arbeitsmarkt, abhängig. Das versicherte Risiko ist auch je nach beruflichem Werdegang und Ausbildung des Versicherten anders zu bewerten, weil hiervon seine Chancen, für eine neue Beschäftigung von einem Arbeitgeber ausgewählt zu werden, abhängen. In die Beitragsbemessung finden diese Gesichtspunkte keinen Eingang. Ebenfalls unberücksichtigt bleiben beispielsweise die Kriterien, die für die soziale Rechtfertigung von Kündigungen des Arbeitsverhältnisses nach dem Kündigungsschutzgesetz ausschlaggebend sind. § 1 III 1 KSchG nennt insoweit: *„... die Dauer der Betriebszugehörigkeit, das Lebensalter, die Unterhaltspflichten und die Schwerbehinderung des Arbeitnehmers...“*. Je länger ein Versicherter beispielsweise in einem Betrieb arbeitet oder je mehr Kinder er hat, desto weniger wahrscheinlich ist es, daß ihm

---

gesetz“ vom 26. Juni 2001, BGBl. I S. 1310, und das *„Altersvermögensergänzungsgesetz“* vom 21. März 2001, BGBl. I S. 403. – Vgl. hierzu: *Schulin/Igl*, a. a. O. (Fn. 272 auf Seite 50), Rn. 538 sowie die Vorauflage (6. Aufl., 1999), Rn. 536 und *Muckel*, a. a. O. (Fn. 2), Rn. 133 ff., jeweils m. w. N.

55 *Rolfs*, a. a. O. (Fn. 10), S. 266; *Ruland*, in: SRH, Kap. 16 Rn. 37.

56 BVerfGE SGb 1987, 169, 171, 172.

das Arbeitsverhältnis bei Anwendbarkeit des Kündigungsschutzgesetzes gekündigt werden kann. Noch deutlicher ist die Situation bei Versicherten, die die Altersgrenze überschritten haben, ab der sie kraft Tarifvertrags nicht mehr kündbar sind. Sie müssen weiterhin Beiträge zahlen, obwohl ihr Risiko, aufgrund einer ordentlichen Kündigung arbeitslos zu werden, praktisch gleich null ist.

Zusammenfassend kann gesagt werden, daß die Globaläquivalenz bei den Beiträgen zur Sozialversicherung – abgesehen von Bundeszuschüssen – stets vorzufinden ist. Die Individualäquivalenz von Beitrag und Leistung bzw. von Beitrag und Risiko stellen sich dagegen in den verschiedenen Zweigen der Sozialversicherung, wie vorstehend beschrieben, unterschiedlich dar. Meist besteht keine individuelle Beitragsäquivalenz oder sie liegt nicht im strengen versicherungstechnischen Sinne vor.

2.1.4 Das Äquivalenzprinzip in der gesetzlichen Unfallversicherung

2.1.4.1 Risikoäquivalente Beiträge

Die Prinzipien der Finanzierung der gesetzlichen Unfallversicherung sind bereits in Abschnitt 1.3.1 auf Seite 42 ff. dargestellt worden.

Das Schrifttum führt die Unfallversicherung als Beispiel für eine Sozialversicherung an, in der – im Gegensatz zu den anderen Zweigen der Sozialversicherung – die Individualäquivalenz unproblematisch gegeben sei.[57] Wie weit das Versicherungsprinzip in der Unfallversicherung aber reiche und wo seine Grenzen zu ziehen seien, wird hingegen gemeinhin nicht diskutiert.

Die Lasten der Berufsgenossenschaft werden über den sogenannten Beitragsfuß nach zwei Faktoren auf die Unternehmer umgelegt, nämlich nach den Lohnsummen und nach der Gefahrklasse (§§ 153 I, 167 I SGB VII – siehe Formel 1.4 auf Seite 51). Die Renten an die Versicherten bzw. an deren Hinterbliebene werden unter Zugrundelegung des Regelentgelts bzw. des Jahresarbeitsverdienstes berechnet, den der Geschädigte vorher bezogen hatte (§§ 47 I 1 Ziff. 2; 56 III; 65 II, 71 I SGB VII). Für die Umlage nach der Lohnsumme gilt deshalb prinzipiell das gleiche wie in dem vorstehenden

---

57 *Bley/Kreikebohm/Marschner*, a. a. O. (Fn. 5), Rn. 282; *Waltermann*, a. a. O. (Fn. 2), Rn. 100; *Rolfs*, a. a. O. (Fn. 10), S. 462, 564 erblickt in Anlehnung an *Papier/Möller*, NZS 1998, 353, 353 (vgl. Fn. 79 auf Seite 13), in der Unfallversicherungung die *„heile Welt' nicht nur der Sozialversicherung, sondern auch des Versicherungsprinzips"*.

Abschnitt für die Bemessung von Beiträgen nach dem Arbeitsentgelt ausgeführt: Auch in der Unfallversicherung besteht insoweit eine Äquivalenz zwischen Beitrag und Risiko. Die Renten sind auch hier in diesem Sinne beitragsbezogen. Je höher die Arbeitsentgeltsumme ist, die ein Unternehmer an seine Beschäftigten insgesamt zahlt, desto höher ist auch deren potentieller Rentenanspruch im Versicherungsfall gegen den Unfallversicherungsträger.

Die Beitragsbezogenheit der Unfallrenten allein führt schon zu einer Individualäquivalenz, die über diejenige hinausgeht, die beispielsweise für die Entgeltersatzleistungen in der gesetzlichen Krankenversicherung festgestellt worden war.[58] Denn der größte Teil der Lasten einer Berufsgenossenschaft sind Altlasten, also Renten,[59] deren Höhe vom Arbeitsentgelt des Versicherten abhängig ist, während umgekehrt das Krankengeld nur einen verschwindend geringen Teil der Leistungen der GKV ausmacht.[60]

Andererseits ist das Risiko des Eintritts eines Versicherungsfalls in einem Unternehmen mit dem Betrag der potentiell zu zahlenden Rente nur der Höhe nach bestimmt, nicht aber seiner Eintrittswahrscheinlichkeit nach. Hinzu kommt, daß die Unfallgefahr tendenziell umso geringer ist, je besser die Tätigkeit vergütet wird. Ein Beispiel aus dem Gefahrtarif 2001 der Verwaltungs-Berufsgenossenschaft mag das veranschaulichen. Der Gefahrtarif der VBG eignet sich hierfür, weil die Streuung der Gefahrklassen aufgrund der heterogenen Zusammensetzung der Unternehmerschaft aus kaufmännischen und sonstigen Tätigkeiten bei dieser Berufsgenossenschaft besonders groß ist und weil die Gefahrklassen in demselben Gefahrtarif direkt miteinander vergleichbar sind. Die IT-Branche (*„Informations- und Kommunikationsdienstleistung“*, Tarifstelle 05) und die Finanzdienstleister (Tarifstelle 01) sind dort mit der Gefahrklasse 0,37 ausgewiesen, während Detektive (Tarifstelle 47) zur Gefahrklasse 6,89 / 7,75 / 7,87 und Zeitarbeitsunternehmen mit überwiegend manuellen

58 Vgl. Abschnitt 2.1.3 auf Seite 84 ff.

59 Im Jahr 2000 beliefen sich die Renten an Versicherte und Hinterbliebene (Kontengruppe 50 in den Rechnungsergebnissen des HVBG) bei allen gewerblichen Berufsgenossenschaften auf insgesamt 9 204 644 658 DM, davon 1 495 003 365 DM (= 16,24%) für die *„Fälle, für die in den letzten 5 Jahren erstmals Rente, Abfindung oder Sterbegeld gezahlt wurde“*: *HVBG (Hg.)*, Geschäfts- und Rechnungsergebnisse der gewerblichen Berufsgenossenschaften, 2000, S. 113. – Zur diesbezüglichen Beitragsäquivalenz bei Renten vgl. BSG SozR 2200 § 731 RVO Nr. 2 S. 9 = SGb 1986, 340, 342 f. sowie vorstehend Abschnitt 1.3.1.5 auf S. 58.

60 Vgl. S. 85.

Kräften gar zur Tarifstelle 10,66 (Tarifstelle 53) veranlagt werden.[61]

Die Unfallgefahr eines Unternehmens hängt dem Grunde nach von der Produktionsweise in dem Gewerbezweig ab, in dem es sich betätigt. Sie ist ein Maß für die „gewerbetypische Unfallgefahr" in einem Gewerbezweig oder bei einer Tätigkeit.[62] Gerade die Eintrittswahrscheinlichkeit des Versicherungsfalles spielt in den anderen Sozialversicherungszweigen keine Rolle, weil die Beiträge dort nur nach dem Einkommen berechnet werden. In der Unfallversicherung aber tritt die Gefahrklasse als weiterer beitragsdifferenzierender Faktor hinzu, der die einer versicherten Tätigkeit innewohnende Gefahr in die Beiträge mit einfließen läßt.

Die Kombination der beiden Faktoren „Arbeitsentgeltsumme" *und* „Gefahrklasse" führt demnach dazu, daß die Individualäquivalenz in der Unfallversicherung in einem Maße verwirklicht ist, die sie von den anderen Sozialversicherungszweigen deutlich unterscheidet. Hinzu kommt die weitere Differenzierung des Beitrags durch die Erteilung von Zuschlägen, Nachlässen oder Prämien nach § 162 SGB VII.[63] Hierdurch wird die Individualäquivalenz des Beitrags nochmals erhöht, denn der Gefahrtarif kann und soll die Verhältnisse in dem einzelnen Unternehmen nicht berücksichtigen.[64] Als weitere Faktoren, die zu einer risikoäquivalenten Bemessung der Beiträge führen, werden in der Literatur die Zwangskorporation der Unternehmer in Berufsgenossenschaften nach Gewerbezweigen genannt[65] sowie die in der Praxis übliche Berechnung der Gefahrklassen nur unter Zugrundelegung der Neulasten in den sogenannten Neulasttarifen, wodurch die Belastung dem in neuerer Zeit festgestellten Unfallrisiko einer Tarifstelle folgt.[66] *Simon* stellt fest, daß es in der Unfallversicherung *„im ‚idealtypischen' Zustand zu keinerlei intertemporalen interpersonellen Redistributionseffekten kommt"*.[67]

61 Die Profifußballvereine hingegen bilden unter den „Hochlohnbranchen" eine ganz atypische Ausnahme: Tarifstelle 54.1 mit Gefahrklasse 47,75. – Vgl. Abschnitt 1.2.5 auf Seite 13 ff.

62 BSG SozR 2200 § 734 RVO Nr. 1 S. 3; *Schulz*, Gefahrtarif, S. 33 f.

63 Vgl. Abschnitt 1.3.1.5 auf Seite 62 ff.

64 *Schulz*, BG 1991, 331, 333.

65 *Rolfs*, a. a. O. (Fn. 10), S. 564; *Simon*, a. a. O. (Fn. 53), S. 231. – Vgl. Abschnitt 1.3.1.2 auf Seite 45 ff.

66 BSGE 43, 289, 290. – Vgl. S. 61.

67 A. a. O. (Fn.53), S. 233.

2.1.4.2 Äquivalenzdefizite in der gewerblichen Unfallversicherung

Auch bei dem vorstehend geschilderten Verfahren, das prinzipiell ein für die Sozialversicherung hohes Maß an Individualäquivalenz ermöglicht, gibt es Defizite hinsichtlich der Individualäquivalenz. Der strengen versicherungstechnischen Äquivalenz von Beitrag und Risiko des einzelnen Unternehmers steht zum einen die **Umlage der Lasten nach dem Beitragsfuß** entgegen. Die Beitragspflichtigen tragen die während eines Zeitraums anfallenden Lasten im Wege einer nachträglichen pauschalen Umlage (§ 152 I SGB VII).[68] In den Beitragsfuß, der in die Beitragsrechnung jedes Unternehmers eingeht, finden – im Gegensatz zur Gefahrklasse – nicht nur die Lasten „seines" Gewerbezweigs oder „seiner" Tarifstelle Eingang, sondern das ganze Umlagesoll der Berufsgenossenschaft.[69] In dem Umlageverfahren kommt somit zwar der Grundsatz der Globaläquivalenz zum Ausdruck, nicht aber derjenige der Individualäquivalenz. Die Unternehmer tragen dabei aber nicht nur die in ihrem eigenen Betrieb entstandenen und in diesem Sinne „eigenen" Lasten bzw. die Lasten nur ihrer Gefahrengemeinschaft, also der Tarifstelle, der sie angehören, sondern sie tragen vielmehr das „Umlagesoll" gemeinschaftlich, also den gesamten Finanzbedarf ihrer Berufsgenossenschaft. Dazu gehören insbesondere auch die Altlasten, die aus Versicherungsfällen in mittlerweile untergegangenen Unternehmen herrühren, sowie die Fremdrenten oder auch die DDR-Altlasten.[70]

Aufgrund des üblicherweise praktizierten **Neulastverfahrens** kommt es zu einer weiteren Schwächung des Äquivalenzprinzips. Zweck der Berechnung der Gefahrklassen unter Zugrundelegung der Neulasten ist es, die Unfallgefahr aus den zeitnah entstandenen Unfallasten zu ermitteln. Je nach Entscheidung der Vertreterversammlung können der Berechnung der Gefahrklassen deshalb sowohl Alt- und Neulasten in einem bestimmten Verhältnis zueinander als auch ausschließlich die Neulasten zugrundegelegt werden.[71]

Das Neulastverfahren führt nicht durchweg zur Erhöhung der Individualäquivalenz im Unterschied zu einer pauschalen Umlage der Gesamtlasten, die sich nicht nach den neuen Lasten richtet. Es bestimmt vielmehr

68 Vgl. Abschnitt 1.3.1.4 auf Seite 50 ff.
69 Vgl. hierzu Formel 1.5 auf Seite 52
70 Man spricht hier auch von sogenannten *„toten Lasten"*: *Schulz*, SGb 1999, 172, 175.
71 Vgl. Abschnitt 1.3.1.5 auf Seite 61 ff. m. w. N.

primär den Begriff der Äquivalenz abweichend von dem des Privatversicherungsrechts, in dem sich die Individualäquivalenz auf die jeweilige Gefahrengemeinschaft bezieht, die ihre Lasten selbst trägt. Das Neulastprinzip bzw. das gemischte Altlast- und Neulastprinzip sorgt dagegen – über das vorstehend diskutierte Umlageverfahren hinaus – für eine Verteilung der Kosten zwischen den Unternehmern, die nicht auf die Gesamtlasten der Gefahrengemeinschaft, also der Tarifstelle, abstellt, sondern nur auf die in der jüngeren Zeit neu hinzugekommenen Lasten. Die Rechtsprechung hat diese Praxis für zulässig erachtet, weil sich auf diese Weise die „Gefahr" und die neu verursachte „Belastung" eines Gewerbezweigs am ehesten zur Deckung bringen lassen.[72] Die Gewichtung von Alt- und Neulasten bei der Berechnung der Gefahrklassen ist deshalb besonders bedeutsam, weil der größte Teil der Lasten in der Unfallversicherung Altlasten sind, während die Neulasten stetig sinken.[73]

Das Neulastverfahren steht der Individualäquivalenz im strengen Sinne entgegen. Die Literatur spricht insoweit von einem *„begrenzten individuellen Äquivalenzprinzip bei den gewerblichen Berufsgenossenschaften"*,[74] weil die Tarifstellen durch das Neulastverfahren nicht genau „ihre" Lasten tragen, sondern einen hiervon im einzelnen abweichenden Anteil.[75] Die Beitragsbelastung von Tarifstellen, deren Anteil an der Gesamtlast der Berufsgenossenschaft im Laufe der Zeit gesunken ist, wird dadurch nach und nach gesenkt zulasten der anderen Tarifstellen, deren Lasten sich erhöht haben. Mit anderen Worten: Die „Kostendeckungsquoten" der einzelnen Tarifstellen sind dadurch unterschiedlich hoch, sie sind ungleich verteilt. Diese Ungleichbehandlung der Tarifstellen bedarf deshalb einer Rechtfertigung vor Art. 3 I GG. Es kommt zu Transfers von den Unternehmern aus Tarifstellen, die während des Beobachtungszeitraums mehr zu den Neulasten beigetragen haben zu denjenigen, die Tarifstellen angehören, deren diesbezüglicher Beitrag geringer war. Aufgrund des Umlageverfahrens handelt es sich um ein „Nullsummenspiel", die Abweichungen der Deckungsquoten

72 BSGE 43, 289, 290; zuletzt: BSG, Urteil vom 24. Februar 2004, Az.: B 2 U 31/03 R, Internet: `http://juris.bundessozialgericht.de/cgi-bin/rechtsprechung/document.py?Gericht=bsg&Art=en&Datum=2004&Sort=3&nr=8408&anz=56&pos=26&Frame=2` am 6. Juni 2004, Rn. 26 m. w. N.

73 Der Anteil der Neulasten an der Gesamtlast bei den gewerblichen Berufsgenossenschaften sank von 1970 bis 1990 von 56,27% auf 32,63%: *Schulz*, BG 1991, 331, 334.

74 *Schulz*, BG 1991, 331, 333; passim.

75 *Schulz*, BG 1991, 331, 333.

der Tarifstellen gleichen sich gegenseitig aus.[76] Die hierdurch bewirkten Transfers zwischen den Tarifstellen können einen erheblichen Umfang annehmen. *Schulz* berichtet beispielsweise, in der Großhandels- und Lagerei-Berufsgenossenschaft hätten sich die Kostendeckungsquoten in den Jahren 1989–93 in einem Bereich von 68,8 bis 201,5% (sic!) bewegt.[77] Somit kann das Neulastverfahren, aber auch jede andere Variante einer „Mischung" von Neu- und Altlasten bei der Berechnung der Gefahrklassen, zu ganz erheblichen Abweichungen von der versicherungstechnischen Äquivalenz führen.

Die Individualäquivalenz im versicherungstechnischen Sinne bezieht sich in der Unfallversicherung demnach sehr wohl auf den Maßstab, der bei der Verteilung der Lasten auf die Unternehmer untereinander zur Anwendung kommt (Lohnsummen, Gefahrklassen sowie Zuschläge, Nachlässe und Prämien). Sie findet jedoch ihre Grenze zum einen darin, daß Gesamtlasten einer Berufsgenossenschaft einschließlich der Altlasten im Wege einer pauschalen Umlage ohne Ansehung der Lasten der einzelnen Tarifstelle auf die Unternehmer verteilt werden (Beitragsfuß). Im Gegensatz zu einer privatrechtlichen (Unternehmer-) Haftpflichtversicherung zahlt der Unternehmer in der gesetzlichen Unfallversicherung nicht nur die dem Risiko seines Betriebs entsprechenden Beiträge, sondern er zahlt sogar zum größten Teil für die aus den vorherigen Tarifperioden überkommenen Altlasten, die stets die Neulasten übersteigen, weil sie als Rentenlasten über einen langen Zeitraum hinweg von der Berufsgenossenschaft zu erbringen sind.[78] Hinzu tritt, daß der Verteilungsmaßstab dieser Lasten die Kostendeckungsquote der Tarifstellen beeinflußt, je stärker die Neulasten gegenüber den Altlasten berücksichtigt werden. Hier liegen somit die Grenzen der Individualäquivalenz in der gesetzlichen Unfallversicherung. Festzuhalten bleibt jedoch, daß der Gesetzgeber das Prinzip der Individualäquivalenz in der gewerblichen Unfallversicherung trotz dieser Einschänkungen wesentlich weitgehender verwirklicht hat als in den übrigen Zweigen der Sozialversicherung.

Anzumerken ist, daß die Abstufung der Beitragshöhe in der gesetzlichen Unfallversicherung weit über das Maß hinausgeht, das in der privaten Unfallversicherung praktiziert wird. Denn im Gegensatz zu den beiden

---

76 Hierzu ausführlich: *Schulz*, BG 1991, 331, 333 mit einer Beispielrechnung.

77 *Schulz*, SGb 1999, 172, 176.

78 Vgl. Fn. 59 m. w. N.

Gefahrengruppen in der privaten Unfallversicherung[79] haben die gewerblichen Berufsgenossenschaften in ihren Gefahrtarifen etwa 600 Tarifstellen gebildet.[80] Durch die Erteilung von Zuschlägen, Nachlässen und Prämien wird, wie vorstehend erwähnt, die sehr weitgehende Differenzierung der Beiträge noch weitergeführt. Der Vergleich zwischen privater und gesetzlicher Unfallversicherung ist aber, wie schon angedeutet,[81] nur sehr beschränkt möglich, da das durch die beiden Versicherungen abgedeckte Risiko zwar ähnlich, aber nicht identisch ist.

2.1.4.3 Schlußfolgerungen

Aus der Art, in der das Äquivalenzprinzip in der gewerblichen Unfallversicherung umgesetzt worden ist, kann man Schlußfolgerungen für die Praxis des Beitragsrechts ziehen. Mit Blick auf die unter 1.3.2.3 auf Seite 70 ff. aufgeworfenen typischen Streitfragen folgen aus dem Vorstehenden unmittelbar bestimmte Vorgaben für die Festsetzung des Gefahrtarifs und überhaupt für die Gestaltung des berufsgenossenschaftlichen Umlageverfahrens.

Zunächst entspricht es dem Äquivalenzprinzip, daß Tarifstellen so zu bilden sind, daß die Äquivalenz von Beitrag und Unfallgefahr so gut wie möglich erreicht wird. Im Idealfall besteht vollständige versicherungstechnische Äquivalenz. Das ist dann der Fall, wenn die nach Maßgabe von § 157 III SGB VII berechnete Belastungsziffer gleich der in dem Gefahrtarif festgesetzen Gefahrklasse ist. Gefahrklassenumrechnungen, die gleichermaßen auf alle Gefahrklassen angewandt werden, verändern das Verhältnis der Gefahrklassen zueinander nicht und sind deshalb ebenfalls zulässig.[82] Die unmittelbare Bezugnahme des Gesetzgebers in § 157 II 1 SGB VII auf die möglichst strenge Äquivalenz im Privatversicherungsrecht („*Gefahrengemeinschaften nach Gefährdungsrisiken unter Berücksichtigung eines versicherungsmäßigen Risikoausgleichs*") erlaubt keine andere Auslegung. Die – allein in Geld anhand der angefallenen Lasten zu messende[83] – Unfall-

79 Vgl. Abschnitt 2.1.2 auf Seite 81 ff.

80 *Schulz*, Gefahrtarif, S. 17.

81 Vgl. S. 82.

82 Vgl. Abschnitt 1.3.1.5 auf Seite 59 ff.

83 *Schulz*, BG 1991, 331, 332 f. – A. A. die Rechtsprechung, die zur Bestimmung der „*gewerbetypischen Unfallgefahr*" auf die Art der Gefahr, nicht auf ihren monetär zu messenden Umfang abstellen will (BSG, SGb 2004, 55, 59). Gegen diesen „qualitativen" Begriff der Unfallgefahr: *Fenn*, SGb 2004, 94, 96.

gefahr eines Unternehmens, eines Gewerbezweigs oder einer Tarifstelle ist das wichtigste maßgebliche Kriterium bei der Bildung der Tarifstellen. Hieraus kann bereits geschlossen werden, daß eine Tarifstelle nicht völlig ohne Beachtung der Unfallgefahr gebildet werden darf. Die Bildung der Tarifstelle *„Sonstige Unternehmensarten“* in den Gefahrtarifen der Verwaltungs-Berufsgenossenschaft[84] ganz ohne Ansehung der Unfallgefahr war und ist daher in der vorliegenden Form rechtswidrig.

Diese Tarifstelle war gebildet worden, um diejenigen Gewerbezweige in einer Gefahrengemeinschaft zusammenzufassen, die ihre Lasten nicht allein, jede für sich, zu tragen vermögen. Es ist zu fragen, wie unter solchen Voraussetzungen zu verfahren sei.

Aus dem Versicherungsprinzip folgt, daß die Gefahrengemeinschaften in den Tarifstellen ihre Lasten grundsätzlich selbst tragen sollen, denn das ist Bestandteil des *„versicherungsmäßigen Risikoausgleichs“*, und so ist es auch in der Kalkulation der Privatversicherung üblich. Ist das bei einem Gewerbezweig nicht der Fall, so faßt die Praxis gemeinhin mehrere Gewerbezweige zu einer Tarifstelle zusammen, die dann zu einer gemeinsamen Gefahrklasse veranlagt werden, obwohl die einzelnen Gewerbezweige für sich genommen jeweils andere, „eigene“ Unfallgefahren aufweisen. Hierin liegt mithin eine mit Blick auf Art. 3 I GG erhebliche Gleichbehandlung. Gleichzeitig liegt eine Ungleichbehandlung der in der Tarifstelle zusammengefaßten Unternehmer gegenüber den Unternehmern vor, die anderen Tarifstellen zugewiesen und demzufolge zu anderen – höheren oder niedrigeren – Gefahrklassen veranlagt werden. Die Zusammenfassung von Gewerbezweigen zu einer Tarifstelle bedarf zu ihrer Rechtfertigung eines sachlichen Grundes.

Gegen die Praxis, mehrere „lohnschwache“ Gewerbezweige zu einer Tarifstelle zu vereinen, bestehen grundsätzlich keine Bedenken, da das Gesetz hinsichtlich der Gesichtspunkte, unter denen die Gefahrengemeinschaften zu bilden sind, abgesehen von dem vorstehend zitierten § 157 II 1 SGB VII, keine weiteren Vorschriften macht. Es ist deshalb nicht von vornherein geboten, bei der Bildung der Tarifstellen nur auf den Gewerbezweig oder auf die unternehmerische Tätigkeit abzustellen. Diese Kriterien sind jedoch von der Praxis zu Recht gewählt worden, weil sie die leichte Zuordnung der Unternehmer zu den Tarifstellen erlauben, was der Rechtsanwendungsgleichheit entspricht.

---

84 Vgl. Abschnitt 1.2.6 auf Seite 20 ff.

Auch in diesem Fall aber ist die Unfallgefahr das ausschlaggebende Kriterium für die Tarifstellenbildung. Nur wenn Unternehmer mit möglichst ähnlichem Unfallrisiko zu einer Gefahrengemeinschaft zusammengeschlossen werden, kann das Ziel der versicherungstechnischen Äquivalenz erreicht werden. Die von den Unternehmern ausgeübte Tätigkeit ist – entgegen der Ansicht der Rechtsprechung, die in diesem Fall Tarifstellen nach dem Technologieprinzip vorschlägt[85] – unerheblich. Es spricht im Gegenteil nichts dagegen, ganz unterschiedliche Gewerbezweige zu einer Tarifstelle zusammenzuschließen, solange deren Unfallgefahr, an den Lasten gemessen, hinreichend ähnlich ist.

Ob das der Fall ist, ergibt sich aus den jeweiligen Verhältnissen im Einzelfall. Da die Berufsgenossenschaft verpflichtet ist, mindestens alle sechs Jahre einen neuen Gefahrtarif festzusetzen (täte sie es nicht oder würde er nicht genehmigt, so würde der Gefahrtarif stattdessen von der Aufsichtsbehörde aufgestellt, § 158 II 2 SGB VII), sind die tatsächlichen Verhältnisse in der Berufsgenossenschaft in dem Zeitpunkt maßgeblich, zu dem der Satzungsgeber sein Rechtsetzungsermessen betätigt.[86] Der Satzungsgeber hat die Unfallgefahren der Unternehmer als feststehende Daten zu würdigen, die er aufgrund einer empirischen Untersuchung vorfindet. Im Zweifel sind unter dem Gesichtspunkt des Äquivalenzprinzips diejenigen Unternehmer, deren mittlere Unfallgefahr am wenigsten voneinander abweicht, derselben Gefahrengemeinschaft zuzuweisen. Die durch statistische Auswertung ersichtlichen tatsächlichen Gegebenheiten in der Berufsgenossenschaft bestimmen somit die Grenze des praktisch Möglichen bei der Verwirklichung des Versicherungsprinzips.

Sind Gewerbezweige gänzlich disparater Unfallgefahr zu behandeln, wie beispielsweise in dem vorgenannten Fall der Personenverkehrsunternehmen und der Parkhausbetreiber,[87] aber auch bei der Zusammenfassung von Breitensport- und Profifußballvereinen,[88] so kann es aufgrund der Verhältnisse in einer Berufsgenossenschaft durchaus geboten und daher rechtmäßig sein, diese zu derselben Tarifstelle zusammenzufassen, falls keine andere Möglichkeit verbleibt, um Tarifstellen zu bilden, die ihre eigenen Lasten selbst tragen können. Dazu bedürfte es – wenn man

85 Insoweit fehlerhaft: SG Aachen, Breith. 2000, 660, 662. – Zum Technologieprinzip allgemein siehe S. 56.

86 BSG, SGb 2004, 55, 60.

87 Vgl. Abschnitt 1.2.3 auf Seite 7 ff.

88 Vgl. Abschnitt 1.2.5 auf Seite 13 ff.

die Dogmatik des Verwaltungsermessens auf das Rechtssetzungsermessen der Vertreterversammlung anwenden wollte – einer Art „Ermessensreduzierung auf Null". Die Voraussetzungen hierfür sind eng bemessen, aber durchaus von praktischer Bedeutung, was ein Modell veranschaulichen mag: Gegeben seien drei Gewerbezweige 1–3. Gewerbezweig Nr. 1 trägt seine Lasten aus dem Beitragsaufkommen selbst, im Gegensatz zu Nr. 2 und 3. Steht die Unfallgefahr von Gewerbezweig 2 derjenigen von Gewerbezweig 1 näher als derjenigen von Gewerbezweig 3, so müssen Nr. 2 und 3 gleichwohl zu einer Tarifstelle zusammengeschlossen werden, weil sonst gegen das Gebot sich selbsttragender Tarifstellen für den Gewerbezweig 3 verstoßen würde, das – wie das Gebot, möglichst nahe beisammen liegende Unfallgefahren gleich zu behandeln – ebenfalls Ausdruck des Versicherungsprinzips (Globaläquivalenz) ist. In diesem Fall rechtfertigt also das Äquivalenzprinzip selbst – auf den ersten Blick paradox, aber folgerichtig – gerade das Abweichen von der strengen versicherungstechnischen Äquivalenz. Liegen diese Voraussetzungen aber nicht vor, so bleibt es bei dem vorgenannten Grundsatz, nur Unternehmer mit möglichst ähnlichen Unfallgefahren zu einer Gefahrengemeinschaft zusammenzuschließen.

Umgekehrt sind Gewerbezweige aus einer (mit anderen Gewerbezweigen gemeinsamen) Tarifstelle auszugliedern, wenn sie in der Lage sind, ihre Lasten selbst zu tragen und sich ihre Unfallgefahr statistisch signifikant von derjenigen der anderen Gewerbezweige unterscheidet. Dieser Fall kann im Zeitablauf eintreten, wenn ein Gewerbezweig wächst, nachdem er in früheren Jahren mit anderen Zweigen zu einer Gefahrtarifstelle zusammengefaßt werden mußte. Die Ausgliederung entspricht wiederum dem Gebot versicherungstechnischer Äquivalenz. Anderenfalls müßten die weniger gefahrenträchtigen Gewerbezweige die Lasten der „gefährlicheren" Gewerbe in der Tarifstelle mittragen, diese also subventionieren, was sich in jeglicher Form verbietet[89] – gerade mit Blick auf das Äquivalenzprinzip. Die Vertreterversammlung wird auch unter diesem Gesichtspunkt immer wieder zu prüfen haben, ob der einmal von ihr festgesetzte Gefahrtarif weiteren Bestand haben kann.

Ob in einer Berufsgenossenschaft bestimmte Tarifstellen, z. B. für Büroangestellte, zu bilden sind,[90] hängt von den Verhältnissen in der jeweiligen Berufsgenossenschaft ab. Diese sind von der Verwaltung empirisch zu

89 *Schulz*, Gefahrtarif, S. 83.

90 Vgl. hierzu den Fall der Energieversorger, Abschnitt 1.2.1 auf Seite 2 ff.

untersuchen und statistisch auszuwerten, um die Entscheidung der Vertreterversammlung vorzubereiten. Für die Einrichtung einer solchen Tarifstelle spräche es, wenn die Unfallgefahr bei Büroangestellten nachweislich und langfristig signifikant anders ist als bei den sonstigen Beschäftigten eines Gewerbezweigs. Maßstab ist nicht die Art der Gefahren, denen die Beschäftigten ausgesetzt sind, sondern allein die Höhe der jeweiligen Lasten.[91]

Auch die möglichst zeitnahe Revision des Gefahrtarifs dient der Umsetzung des Äquivalenzprinzips. Die Bestimmung in § 157 V SGB VII, der Gefahrtarif sei *„höchstens sechs Kalenderjahre"* in Kraft, impliziert, daß die Vertreterversammlung verpflichtet ist, die Entwicklung der Unfallgefahren zu beobachten und die Festsetzungen des Gefahrtarifs gegebenenfalls den geänderten Umständen anzupassen. Die Mindestgeltungsdauer des Gefahrtarifs ist somit das Kalenderjahr, entsprechend der nachträglichen Umlage der Lasten im Jahresturnus.

Das Prinzip der Beitragsäquivalenz gilt gemäß §§ 153 I, 167 I SGB VII grundsätzlich für alle Umlagen. Hiervon kann nur durch oder aufgrund eines Gesetzes abgewichen werden. Nur für das berufsgenossenschaftliche Ausgleichsverfahren gilt demnach eine zwingende Ausnahme nach § 179 SGB VII insoweit, als die Umlage nur nach den Lohnsummen, nicht nach der Gefahrklasse erfolgt.[92] Deshalb sind insbsondere auch die DDR-Altlasten nach dem Äquivalenzprinzip auf die Unternehmer umzulegen. § 1157 I RVO bzw. § 215 IX SGB VII bestimmt allerdings, daß die Vertreterversammlung beschließen kann, hierbei von der Umlage nach der Gefahrklasse abzusehen und diese Lasten nur nach den Arbeitsentgelten auf die Unternehmer zu verteilen.[93]

Es bleibt somit festzuhalten, daß aus dem Äquivalenzprinzip folgende Anforderungen an die Gestaltung des Gefahrtarifs hergeleitet werden können:

- Unabhängig davon, ob ein Gewerbezweig-, ein Tätigkeitstarif oder ein gemischter Tarif gewählt wird, ist die Unfallgefahr das maßgebliche Kriterium für die Bildung der Gefahrtarifstellen. Sie ist allein

91 Vgl. die Nachweise in Fn. 83.

92 Daneben wird zusammen mit den Beiträgen zur Unfallversicherung die Insolvenzgeldumlage gem. § 358 SGB III von den Berufsgenossenschaften eingezogen. Sie erscheint im Beitragsbescheid, ebenso wie die Ausgleichsumlage, abgesetzt von der Umlage der übrigen Lasten.

93 Vgl. Abschnitt 3.4 auf Seite 165 ff.

am Umfang der Lasten zu messen, die der Gewerbezweig verursacht hat.

- Ein Gewerbezweig bildet dann eine eigene Tarifstelle, wenn er die von den Unternehmern dieses Gewerbezweigs verursachten Lasten aus seinen Beiträgen selbst tragen kann.
- Ist das nicht der Fall, so sind Gewerbezweige zu Tarifstellen zusammenzulegen. Maßgeblich sind auch hier wiederum die Lasten, die von den Gewerbezweigen verursacht worden sind.
- Erweist sich innerhalb einer Tarifstelle, daß ein Gewerbezweig oder eine leicht abgrenzbare Gruppe von Versicherten (Beispiel: Büro) als statistisch signifikant weniger oder stärker gefährdet als die anderen Gewerbezweige der Tarifstelle und ist dieser „Ausreißer" selbst tragfähig, so ist er aus der Tarifstelle auszugliedern.
- Das Prinzip der Umlage nach dem Äquivalenzprinzip gilt für alle Lasten einer gewerblichen Berufsgenossenschaft, sofern das Gesetz nicht ausdrücklich eine Ausnahme bestimmt.

2.2 Die Verwirklichung des Solidarprinzips bei der Finanzierung der gesetzlichen Unfallversicherung

2.2.1 Das Solidarprinzip in der Sozialversicherung

Der soziale Ausgleich ist, wie eingangs in Abschnitt 2.1.1 auf Seite 77 ff. ausgeführt, neben dem Versicherungsprinzip das zweite Element des verfassungsrechtlichen Begriffs der Sozialversicherung. Das Solidarprinzip hat zum Ziel, die *„vorwiegend auf Zwang beruhende Versicherung"*[94] neben dem rein versicherungstechnischen Risikoausgleich innerhalb der jeweiligen Gefahrengemeinschaften auch einen solidarischen Ausgleich unter den Versicherten bewirkt, der sich sowohl in den Leistungen als auch in der Finanzierung ausdrücken soll. Die Versicherungspflicht ist Voraussetzung für den sozialen Ausgleich zwischen den Versicherten, weil die im versicherungstechnischen Sinne „guten Risiken" mit geringer Eintrittswahrscheinlichkeit von Versicherungsfällen und vergleichsweise hohem beitragspflichtigem Einkommen sich der Solidargemeinschaft sonst entziehen könnten, so daß die Kranken und sozial Schwachen in der Sozialver-

94 *Wannagat*, a. a. O. (Fn. 2), S. 25.

sicherung sich sammeln würden.[95]

Der soziale Ausgleich wird in erster Linie durch die einkommensbezogene Bemessung der Beiträge bewirkt.[96] Da die Leistungen für alle Versicherten gleich sind, zahlen die besser Verdienenden in der **gesetzlichen Krankenversicherung** im Vergleich zu den schlechter Verdienenden mehr für dieselben Sachleistungen. Hinzu tritt die beitragsfreie Mitversicherung von Familienangehörigen in der Familienversicherung nach Maßgabe von § 10 SGB V. Hierdurch kommt es zu einer höheren Belastung der ledigen und der kinderlosen Krankenkassenmitglieder sowie der nichtehelichen Lebensgemeinschaften zugunsten derjenigen Verheirateten, bei denen ein Partner unbeschäftigt bleibt, und zugunsten der Kindererziehenden.[97] Die mikroökonomische Theorie beschreibt diese Unterschiede bei der Belastung durch Sozialversicherungsbeiträge als „Transfers" zwischen den privaten Haushalten, nämlich ausgehend von dem stärker belasteten Haushalt hin zu dem weniger beitragsbelasteten.[98]

Entsprechendes gilt für die **soziale Pflegeversicherung**, wo ebenfalls bei gleichen Beitragssätzen für alle Versicherten dieselben Leistungen erbracht werden.

In der **Rentenversicherung** werden Transfers vor allem durch die Hinterbliebenenrenten bewirkt, bei gleichen Beiträgen von Unverheirateten und Verheirateten, Eltern und Kinderlosen.[99]

2.2.2 Das Solidarprinzip in der gewerblichen Unfallversicherung

2.2.2.1 Besonderheiten des Solidarprinzips in der Unfallversicherung

In der gewerblichen Unfallversicherung kann der solidarische Ausgleich nicht in derselben Weise wie in den anderen Sozialversicherungszweigen verwirklicht werden, weil der Versichertenstatus und die Beitragspflicht hier auseinanderfallen. Im Gegensatz zur restlichen Sozialversicherung ist der Versicherte nicht gleichzeitig Mitglied des Sozialversicherungsträgers. „Versicherungsnehmer" ist der Unternehmer. Er trägt den ganzen Beitrag,

---

95 *Wolfgang Gitter und Jochem Schmitt*, Sozialrecht, 5. Aufl. 2001, § 4 Rn. 15.
96 *Muckel*, a. a. O. (Fn. 2), § 7 Rn. 7, *Gitter/Schmitt*, § 4 Rn. 13.
97 *Gitter/Schmitt*, a. a. O. (Fn. 95), § 4 Rn. 13.
98 *Schulin/Igl*, a. a. O. (Fn. 272 auf Seite 50), Rn. 100 f. m. w. N.
99 *Gitter/Schmitt*, a. a. O. (Fn. 95), § 4 Rn. 14.

und nur er ist Mitglied der Berufsgenossenschaft. Ein solidarischer Ausgleich *zwischen den Unternehmern* in dem Sinne, in dem er sonst in der Sozialversicherung *zwischen den Versicherten* besteht, ist der Unfallversicherung aber fremd. Es ist nicht Aufgabe der Unfallversicherung, den Unternehmern einen – wie auch immer gearteten – Vorteil zugute kommen zu lassen. Subventionen für alle oder für bestimmte Unternehmer einer Berufsgenossenschaft durch Beiträge verbieten sich.[100] Abgesehen von ihrer Tätigkeit auf dem Gebiet der Prävention, dient die Unfallversicherung lediglich der Entschädigung von Opfern aus Arbeitsunfällen und Berufskrankheiten durch Versicherungsleistungen. Die Unternehmer finanzieren diese Leistungen aus dem Erlös ihres Unternehmens, letztlich also aus dem Mehrwert, den die Versicherten im Betrieb erwirtschaftet haben. Sie gewinnen dadurch die Ablösung ihrer zivilrechtlichen Haftung im Arbeitsverhältnis aufgrund der §§ 104 ff. SGB VII.[101]

„Sozialen Ausgleich" wie in der übrigen Sozialversicherung kann es deshalb unter den Unternehmern nicht geben. Das Solidarprinzip ist in der gewerblichen Unfallversicherung in anderer Weise verwirklicht. Bereits zu der Diskussion der anderen Sozialversicherungszweige[102] kann man sagen, das Solidarprinzip komme letztlich in denjenigen Elementen zum Ausdruck, die der versicherungstechnischen Äquivalenz im strengen Sinne entgegenstehen. So ist es auch in der Unfallversicherung.

---

100 *Schulz*, Gefahrtarif, S. 83.

101 Die Arbeitgeberhaftpflicht war für den abhängig Beschäftigten stets faktisch wertlos, weil er, wie die historische Entwicklung zeigt, nicht in der Lage war (noch wäre), im Falle der Invalidität auf einen langen Schadensersatzprozeß sich einzulassen, bei dem ihn als Geschädigtem zudem die Beweislast träfe. – Vgl. Abschnitt 1.3.1.1 auf Seite 42 ff. m. w. N. – Auch leistet der Unfallversicherungsträger unabhängig von einem Verschulden des Unternhmers. Ein „Mitverschulden" des Versicherten gibt es im Unfallversicherungsrecht im Gegensatz zu § 254 BGB nicht, abgesehen von der sog. „selbstgeschaffenen Gefahr" (vgl. *Schulin*, in: HS-UV, § 30 Rn. 55, 57 sowie *Krasney*, a. a. O., § 8 Rn. 94 m. w. N.) Darüberhinaus kann er sich in Gestalt der Berufsgenossenschaft an einen jederzeit solventen Schuldner halten. Im Verwaltungsverfahren und im Prozeß vor dem Sozialgericht gilt zudem der Untersuchungsgrundsatz (§§ 20 SGB X; 103 SGG). – Aus diesem Grunde gibt es auch heute keine Alternative zur Unfallversicherung als Sozialversicherung. Eine privatrechtliche Unternehmerhaftpflichtversicherung würde zu denselben aus der Vergangenheit bekannten Problemen für die Arbeitnehmer führen.

102 Vgl. Abschnitt 2.1.3 auf Seite 84 ff. und Abschnitt 2.2.1 auf Seite 99

2.2.2.2 Umlage der Gesamtlasten

Bereits die Umlage der Gesamtlasten der BG auf alle Unternehmer über den Beitragsfuß, wie auf Seite 91 beschrieben, stellt ein deutliches solidarisches Element dar. Das gilt insbesondere für die gemeinsame Tragung der „toten Lasten" aus den untergegangenen Unternehmen,[103] und zwar umso mehr, als der Unfallversicherung keine staatlichen Zuschüsse erteilt werden.[104]

Solidarprinzip in der Unfallversicherung bedeutet demnach in erster Linie, daß die jeweiligen Unternehmer die jeweiligen Lasten aus den Versicherungsfällen der gewerblichen Unfallversicherung gemeinsam tragen, unabhängig davon, ob sie sie selbst verursacht hatten oder nicht.[105]

2.2.2.3 Transfers innerhalb einer Tarifstelle

Fraglich ist, zu welchen Transfers es in der Unfallversicherung kommt, die nicht auf das Versicherungsprinzip zurückgeführt werden können, und wie sie stattdessen gerechtfertigt werden können.[106]

Transfers treten zunächst auf der Ebene der einzelnen Tarifstelle auf, obwohl das Solidarprinzip für die Zusammensetzung einer Tarifstelle nicht maßgeblich ist. Sie entstehen zum einen dadurch, daß die Beiträge nach der Lohnsumme erhoben werden. Die Lohnsumme ist bereits als ein Merkmal der Finanzierung der Unfallversicherung vorgestellt worden, das die Individualäquivalenz der Beiträge zu fördern vermag.[107] Wenn aber die Unternehmer, die derselben Tarifstelle angehören und demzufolge zu derselben Gefahrklasse veranlagt werden, unterschiedlich hohe Beiträge zu zahlen haben, je nachdem welche Lohnsumme sie nachweisen, dann folgt hieraus in dem umlagefinanzierten System der Unfallversicherung *auch*, daß es innerhalb der Tarifstelle hierdurch zu Transfers zwischen den Unternehmern kommt: Der Unternehmer mit der höheren Lohnsumme trägt bei sonst gleichen Bedingungen einen höheren Anteil an den Gesamtlasten der BG. Diese Ungleichbehandlung ist durch einen sachlichen Grund zu rechtfertigen. Sie ist dadurch zu begründen, daß die Beiträge hierdurch nach

---

103 BSG, SGb 1997, 182, 183 f.

104 Vgl. Abschnitt 1.3.1.3 auf Seite 49 ff. m. w. N.

105 Im übrigen stellt die Haftung der Unternehmer für Wegeunfälle gem. § 8 II Nr. 1–4 SGB VII ein solidarisches Element dar.

106 Zur folgenden Diskussion vgl. grundlegend den Ansatz von *Schulz*, SGb 1999, 172, 177.

107 Vgl. Abschnitt 2.1.4.1 auf Seite 89 ff.

der Leistungsfähigkeit von den Unternehmern erhoben werden können, denn diese wird – unbeschadet von den Besonderheiten mehr oder weniger lohnintensiver Branchen – typischerweise mit der Arbeitsentgeltsumme steigen. Die gezahlten Arbeitsentgelte werden als Indiz für die Ertragskraft eines Unternehmens und damit seiner wirtschaftlichen Leistungsfähigkeit genommen.[108] Insofern unterscheidet sich die Unfallversicherung nicht von den anderen Zweigen der Sozialversicherung.

Weiterhin ist die Zusammenfassung von Gewerbezweigen zu einer Tarifstelle[109] nicht nur Ausdruck von Versicherungstechnik. Diese Sicht wäre verkürzt, weil sie nur auf den normativen Aspekt abstellt. Sie ist vielmehr auch Ursache von Transfers zwischen den Gewerbezweigen, die sich in einer Tarifstelle vereint finden, denn diese werden nicht dieselbe Unfallgefahr aufweisen. Es wird aber für die Tarifstelle als ganzes eine einheitliche Gefahrklasse festgesetzt. Die Umlage erfolgt für Unternehmer derselben Lohnsumme und derselben Gefahrklasse gleich, so daß diejenigen Unternehmer, für deren Gewerbezweig sich eine niedrigere Belastungsziffer berechnet als für die Tarifstelle im ganzen, von der Bildung der Tarifstelle profitieren werden, während im umgekehrten Fall das Gegenteil gilt. Auch diese Ungleichbehandlung ist, wie bereits ausgeführt,[110] letztlich aus versicherungstechnischen Gründen gerechtfertigt, unabhängig davon, ob sie *auch* solidarische Effekte bewirkt.

2.2.2.4 Transfers zwischen den Tarifstellen

Transfers zwischen den Gefahrengemeinschaften einer Berufsgenossenschaft folgen aus dem allgemein praktizierten Neulastverfahren und den hierdurch bewirkten mitunter höchst unterschiedlichen Kostendeckungsquoten der einzelnen Tarifstellen. Die Neulasten machen nur rund ein Drittel der Gesamtlasten und nur ein Viertel des gesamten Bedarfs der Berufsgenossenschaft aus.[111] Die hierdurch bewirkten Transfers zwischen den Tarifstellen erreichen einen erheblichen Umfang, weil Tarifstellen, in denen Präventionserfolge zu verzeichnen sind, auf Dauer entlastet werden. So kommt es, daß Tarifstellen beispielsweise das doppelte, eine andere hin-

108 *Gitter/Nunius*, in: HS-UV, § 5 Rn. 26.
109 Vgl. Abschnitt 2.1.4.3 auf Seite 95 ff.
110 Vgl. Abschnitt 2.1.4.3 auf Seite 97 ff.
111 *Schulz*, BG 2001, 196, 196. – Vgl. Fn. 59 auf Seite 89 zur Statistik des HVBG.

gegen nur die Hälfte ihrer „eigenen" Kosten zu tragen hat.[112]

Die Unterschiede in den Kostentragungsquoten der Tarifstellen stellen eine Abweichung von der Äquivalenz von Beitrag und Unfallrisiko der Unternehmer, also eine Ungleichbehandlung dar, sie sind deshalb durch einen rechtlichen Grund zu rechtfertigen. Der Grund für die Anwendung des Neulastverfahrens bzw. für die anteilige Gewichtung alter und neuer Lasten bei der Berechnung der Gefahrklassen liegt darin, den Unternehmern einen Anreiz zur Prävention zu bieten, weil sich ältere Lasten, die außerhalb ihres Einflußbereichs entstanden waren, auf die Berechnung ihrer jetzigen Gefahrklasse gar nicht mehr auswirken können.[113] Das Vorgehen entspricht auch dem Ziel der Beitragsgerechtigkeit.

Weitere Transfers zwischen den Tarifstellen entstehen aufgrund des Übermaßverbots bzw. des Vertrauensschutzes, die jeweils einer zu starken Anhebung der Gefahrklasse in kurzer Zeit entgegenstehen.[114]

2.2.2.5 Transfers zwischen den Berufsgenossenschaften

Schließlich kommt es durch das berufsgenossenschaftliche Ausgleichsverfahren nach §§ 176 ff. SGB VII zu erheblichen Transfers zwischen den Berufsgenossenschaften, die unmittelbar auf die Leistungsfähigkeit der einzelnen Berufsgenossenschaft bezogen sind.[115] Die dadurch entstehenden Unterschiede bei der Belastung rechtfertigen sich letztlich unmittelbar aus dem Prinzip der unternehmerischen Solidarität, wie zuvor unter 2.2.2.1 auf Seite 100 ausgeführt.

2.2.2.6 Fazit

Der Solidarausgleich ist nach alledem auch in der gesetzlichen Unfallversicherung in hinreichendem Maße verwirklicht.[116]

---

112 *Schulz*, SGb 1999, 172, 176.

113 *Schulz*, SGb 1999, 172, 176; *ders.*, BG 2001, 196, 196.

114 Vgl. Abschnitt 3.2.2.2 auf Seite 134 ff.

115 *Gitter/Nunius*, in: HS-UV, § 5 Rn. 27; *Schulz*, SGb 1999, 172, 175 ff., 175; *ders.*, BG 2001, 312, 318 f. – Vgl. Abschnitt 1.3.1.6 auf Seite 62 ff.

116 Ebenso: *Gitter/Nunius*, in: HS-UV, § 5 Rn. 24–26; *Schulz*, SGb 1999, 172, 177.

2.2.3 Schlußfolgerungen

Die wichtigste Schlußfolgerung aus der Art, in der das Solidarprinzip seinen Niederschlag in der Finanzierung der gewerblichen Unfallversicherung gefunden hat, für die Festsetzung des Gefahrtarifs ist sicherlich, daß dieses für die Bildung der Gefahrtarifstellen ohne Bedeutung ist. Das geht bereits aus dem Wortlaut § 157 II 1 SGB VII hervor, in dem es heißt, die Tarifstellen seien *„nach Gefährdungsrisiken unter Berücksichtigung eines versicherungsmäßigen Risikoausgleichs"* zu bilden. Daraus folgt, daß es zwischen den Unternehmern einer Tarifstelle keinen Solidarausgleich geben kann. Auf der Ebene der Tarifstelle findet aus normativer Sicht nur ein versicherungstechnischer Risikoausgleich statt, wie ihn auch die Privatversicherung kennt.[117] „Soziale" Gesichtspunkte spielen in diesem Zusammenhang keine Rolle, denn der Zweck der Gefahrklassen ist es, die Gefährdung der Versicherten in den jeweiligen Tarifstellen abzubilden. Dem steht auch nicht entgegen, daß insbesondere bei der Zusammenfassung von mehreren Gewerbezweigen zu einer Tarifstelle oder durch die Einbeziehung der Arbeitsentgeltsumme in die Beitragsrechnung im Ergebnis auch solidarische Effekte entstehen, denn dabei handelt es sich nach alledem um einen bloßen Reflex, nach dem Gesetz ist es nicht das Ziel der Tarifstellenbildung, solidarische Transfers zwischen den Unternehmern zu bewirken. Treten sie gleichwohl ein, so sind sie hinzunehmen, wenn die Tarifstelle aus versicherungstechnischen Gründen nicht in anderer Weise gebildet werden könnte und sofern sie das Maß des unbedingt Notwendigen nicht überschreiten. Transfers, die versicherungstechnisch nicht begründet werden könnten, wären allerdings unzulässig.

Das vorstehende Ergebnis ist auch aus verfassungsrechtlicher Sicht nicht zu beanstanden, denn die Wahl des *„‚Mischungsverhältnis' zwischen Solidar- und Äquivalenzprinzip [ist] eine sozialpolitische Entscheidung,... der man die Sachgerechtigkeit kaum jemals absprechen können wird"*.[118] § 157 II 1 SGB VII ist nicht dahingehend auszulegen, daß das Solidarprinzip auch bei der Bildung der Tarifstelle nicht völlig zurücktreten dürfe.[119] Innerhalb

---

117 *Schulz*, SGb 1999, 172, 175. – Irreführend und widersprüchlich deshalb die Bezeichnung *„versicherungstechnische Solidarität"* hierfür, a. a. O., S. 177.

118 *Ingwer Ebsen*, Sozialversicherungsrechtliche Behandlung einmaligen Arbeitsentgelts – zugleich eine Fallstudie zum Verhältnis von Bundesverfassungsgericht und Gesetzgebung, NZS 1997, 441, 444. – Ergänzung durch d. Verf.

119 So aber *Papier/Möller*, SGb 1998, 337, 339, die fordern, es dürfe nicht zu einer *„extrem ausdifferenzierten Bildung homogenster Gefahrengemeinschaften"* kommen, weil anderenfalls

einer Tarifstelle soll nach dem Plan des Gesetzgebers nur Risikoausgleich, nicht Solidarausgleich bestehen. Es ist die Aufgabe der Vertreterversammlung darauf hinzuwirken, daß innerhalb der Tarifstellen keine Transfers auftreten, die aus versicherungstechnischen Gründen nicht erforderlich wären. Anderenfalls müßte der Gefahrtarif revidiert werden.

2.3 Die Bedeutung der Prävention für das Beitragsrecht der Unfallversicherung

2.3.1 Die Einheit von Prävention und Kompensation

Kennzeichnend für die gesetzliche Unfallversicherung ist die organisatorische Zusammenfassung von Prävention und Versicherung, die *„Einheit von Prävention und Kompensation"*[120]: Die Sozialversicherungsträger sind gleichermaßen zur Verhütung von Arbeitsunfällen und Berufskrankheiten wie für die Erbringung der Entschädigungsleistungen an die Versicherten berufen. Das kommt in § 1 SGB VII zum Ausdruck. Die Prävention ist die Hauptaufgabe der Unfallversicherung: § 1 Nr. 1 SGB VII nennt sie noch vor den Leistungen an Versicherte und Hinterbliebene (§ 1 Nr. 2 SGB VII). Die Unfallversicherungträger haben demnach *„mit allen geeigneten Mitteln Arbeitsunfälle und Berufskrankheiten sowie arbeitsbedingte Gesundheitsschäden zu verhüten"*.[121] In keinem anderen Zweig der Sozialversicherung spielt die Prävention eine so große Rolle wie in der Unfallversicherung.[122]

---

der *„Kompetenztitel der Sozialversicherung nicht mehr tragfähig"* sei. Die Autoren verkennen dabei, daß das Verhältnis, in dem Äquivalenz- und Solidarprinzip zueinander gesetzt werden, dem Gesetzgeber anheimgestellt ist. Er ist befugt, das Solidarprinzip an dieser Stelle ganz außer Betracht zu lassen, solange sich in der Finanzierung der Unfallversicherung anderweitig solidarische Elemente auffinden lassen. Grenzen für die Zulässigkeit der von dem Gesetzgeber gewählten Regelung folgen weniger aus dem Kompetenztitel, auf den er sich stützt, als aus dem allgemeinen Gleichheitssatz, der ihm auferlegt, daß er für alle Regelungen eines sachlichen Grundes bedarf und daß er den Grundsatz der Verhältnismäßigkeit zu beachten hat.

120 *Bernd Baron von Maydell*, Die gesetzliche Unfallversicherung – ein übertragbares Modell? In: FS Watermann, S. 99, 103.

121 Eine ähnlich lautende Bestimmung enthält § 14 I 1 SGB VII: *„Die Unfallversicherungsträger haben mit allen geeigneten Mitteln für die Verhütung von Arbeitsunfällen, Berufskrankheiten und arbeitsbedingten Gesundheitsgefahren und für eine wirksame Erste Hilfe zu sorgen. Sie sollen dabei auch den Ursachen von arbeitsbedingten Gefahren für Leben und Gesundheit nachgehen."*

122 *Schulin/Igl*, a. a. O. (Fn. 272 auf Seite 50), Rn. 405.

2.3.2 Prävention durch Beiträge

Nach allgemeiner Ansicht kommt der Gesetzgeber dieser Verpflichtung zur Verhütung von Versicherungsfällen auch durch die besondere Betonung des Äquivalenzprinzip in der Finanzierung der Unfallversicherung nach.[123] Das in der Unfallversicherung verwirklichte individuelle Äquivalenzprinzip ist daher kein bloßer „Selbstzweck“, sondern es ist ein Mittel zum Zweck, nämlich zur Bewirkung von Prävention durch Beiträge. Die §§ 150 ff. SGB VII bestimmen, daß die Beiträge zur Unfallversicherung auch nach dem Unfallrisiko in den Gewerbezweigen und in den einzelnen Betrieben zu erheben sind. Nach diesem Maßstab sind die Lasten, die eine Berufsgenossenschaft zu tragen hat, intern zwischen den Unternehmern zu verteilen. Daran hat sich seit Einführung der Unfallversicherung nichts geändert.[124]

Das Instrument zur praktischen Umsetzung dieser Absicht ist der Gefahrtarif, in dem jede Berufsgenossenschaft für die Gewerbezweige, auf die sich ihre Zuständigkeit erstreckt, die Gefahrklassen festsetzt, in denen sich die Unfallgefahr ausdrücken soll und die als ein Faktor in die Berechnung der Beiträge eingehen.[125] Der Gefahrtarif bestimmt, wie die Lasten auf die Unternehmer im Verhältnis zueinander zu verteilen sind, und dient so auch der Beitragsgerechtigkeit.[126] *Leichsenring* spricht insoweit von einem *„Versursacherprinzip“*.[127]

Das Beitragswesen tritt somit neben die beratenden Angebote und die weiteren Befugnisse der Unfallversicherungsträger zur Prävention, insbesondere die Unfallverhütungsvorschriften, die, wie der Gefahrtarif, von den gewerblichen Berufsgenossenschaften als autonomes Recht erlassen werden (§ 15 SGB VII).[128] Den Unternehmern wird damit auch ein finanzi-

---

123 *Schulz*, in: Wannagat, § 157 SGB VII Rn.1; *ders.*, BG 1991, 331, 335; *Leube*, in: Kater/Leube, SGB VII, § 157 SGB VII Rn. 3; Höller, SGb 1999, 661, 662; umfassend zur *„Finanzierung als Gestaltungsfaktor in der Prävention der gewerblichen Berufsgenossenschaften“*: *Schulz*, FS Watermann, S. 149–160.

124 Vgl. §§ 10 I; 28 UVG vom 6. Juli 1884, RGBl. S. 69 ff. (siehe bereits S. 43).

125 Vgl. Abschnitt 1.3.1.5 auf Seite 52 ff.

126 *Bundesversicherungsamt*, Geschäfts- und Rechnungsergebnisse 1983/1984, S. 43 f.; zitiert bei: *Schulz*, Gefahrtarif, S. 125; *ders.*, BG 2001, 196, 196; *Leichsenring*, BG 2001, 433, 433.

127 *Leichsenring*, BG 2001, 433, 433.

128 *Schulz*, FS Watermann, S. 149, 149. – Die Unfallverhütungsvorschriften wirken über § 618 I BGB mittelbar auch in das Individualarbeitsrecht hinein, indem sie die Schutzpflichten des Arbeitgebers gegenüber dem Arbeitnehmer konkretisieren (*Wank*, in: Erfurter Kommentar zum Arbeitsrecht, § 618 BGB Rn. 4; *Blomeyer*, in: Münchener Hand-

eller Anreiz zur Prävention geboten, der durch Zuschläge, Nachlässe oder Prämien nach § 162 SGB VII i. V. m. dem Satzungsrecht der Berufsgenossenschaft im Einzelfall noch weiter differenziert werden kann.[129]

Das langjährige stetige Sinken des „Beitragssatzes" in der Unfallversicherung wird gemeinhin als Ausdruck und Erfolg der Prävention gedeutet.[130] Ein unmittelbarer kausaler Zusammenhang zwischen der Beitragshöhe und der Entwicklung der Unfallasten in einem Gewerbezweig ist aber nicht empirisch nachweisbar, weil in den Unfallzahlen auch der allgemeine Umbruch in der Wirtschaft – die Verlagerung der Beschäftigung vom produzierenden Gewerbe zum Dienstleistungssektor[131] – und damit der Wandel hin zu weniger gefahrenträchtigen Tätigkeiten zum Ausdruck kommt. Die Versicherungsfälle des „Arbeitsunfalls" und der „Berufskrankheit" sind historisch bedingt eher auf das produzierende Gewerbe zugeschnitten. Dagegen kommt in der heutigen Wirtschaft insbesondere den psychischen Auswirkungen der Berufstätigkeit auf die Versicherten eine viel größere Bedeutung zu, auf die diese Begrifflichkeit, die von körperlichen Verletzungen ausgeht, nicht recht paßt. Weiterhin nimmt die Zahl der Beschäftigten in den westlichen Industriegesellschaften langfristig stetig ab, was sich ebenfalls auf die Zahl der Versicherten und somit zumindest mittelbar auf die Arbeitsunfälle auswirkt.[132] Hinzu kommt,

buch zum Arbeitsrecht, § 96 Rn. 6). – Auch der staatliche Arbeitsschutz ist hier zu nennen. Auf ihn kann vorliegend nicht weiter eingegangen werden. Die Unfallversicherungsträger überwachen nur die Einhaltung des von ihnen erlassenen autonomen Rechts, nicht aber die Einhaltung staatlicher Arbeitsschutzvorschriften; vgl. § 20 II 2 ArbSchG, *Mehrtens*, in: Bereiter-Hahn/Mehrtens, § 14 SGB VII Rn. 3.1. – Die Berufsgenossenschaften überwachen die Einhaltung der Unfallverhütungsvorschriften und beraten bei ihrer praktischen Umsetzung (§§ 17 ff. SGB VII). Ein Verstoß kann als Ordnungswidrigkeit mit Geldbußen von zur Zeit bis zu 10 000 Euro geahndet werden (§ 209 I Nr. 1; III Var. 1 SGB VII). – Zum Ganzen vgl. *Schulin/Igl*, a. a. O. (Fn. 272 auf Seite 50), Rn. 526 f.

129 *Schulz*, FS Watermann, S. 149, 155 f.

130 Siehe Tabelle 1.4 auf Seite 34 m. w. N. – Die absolute Zahl der Arbeitsunfälle in Deutschland sinkt seit 1992, die Zahl der meldepflichtigen Arbeitsunfälle je 1 000 Vollarbeiter sinkt seit 1960 stetig (*Bundesministerium für Arbeit und Sozialordnung*, Unfallverhütungsbericht 1999, S. 11, Abbildung 5). Im Jahr 2003 lag die Zahl der meldepflichtigen Arbeitsunfälle insgesamt bei 871 145, die Zahl der meldepflichtigen Wegeunfälle lag bei 158 301. Das entspricht einem Rückgang gegenüber dem Vorjahr um 10,5 bzw. um 6,0% (Pressemeldung des HVBG vom 7. Juni 2004, Internet: `http://www.hvbg.de/d/pages/presse/preme/jpk_04.html` am 11. Juni 2004).

131 Vgl. Fn. 254 auf Seite 46 m. w. N.

132 Folge des Beschäftigungsabbaus ist ein Anstieg des Umlagesolls der gewerblichen Berufsgenossenschaften im Jahr 2003: *„Das Umlagesoll beläuft sich für 2003 auf gut neun*

daß die gefahrenträchtigeren Tätigkeiten in der Produktion durch die zunehmende internationale Arbeitsteilung eher in die „Entwicklungsländer" und „Schwellenländer" verlagert worden sind.[133]

Trotzdem ist es sachlich gerechtfertigt, das gesetzlich normierte Konzept der Prävention auch im Beitragrecht der gewerblichen Unfallversicherung zu verfolgen, denn nur über die Beiträge kann die Belastung aus den Versicherungsfällen wieder in die unternehmerische Kalkulation einfließen. Gemäß §§ 104 ff. SGB VII wird die Arbeitgeberhaftpflicht im Arbeitsverhältnis für Gesundheitsschäden des Arbeitnehmers „abgelöst" und durch Leistungen der gesetzlichen Unfallversicherung für die Versicherten ersetzt (sog. *Haftungsersetzungsprinzip*).[134] Der Arbeitgeber haftet nur dann noch selbst, wenn er den *„Versicherungsfall vorsätzlich oder auf einem nach § 8 II Nr. 1–4 SGB VII versicherten Weg"* herbeigeführt hat (§ 104 I 1 SGB VII). Ein Forderungsübergang nach § 116 SGB X findet nicht statt (§ 104 I 2 SGB VII). Nur bei grob fahrlässiger oder vorsätzlicher Verursachung kann die Berufsgenossenschaft bei ihm Regreß nehmen, wovon aber *„nach billigem Ermessen, insbesondere unter Berücksichtigung der wirtschaftlichen Verhältnisse des Schädigers"* abgesehen werden kann (§ 110 I 1, II SGB VII).

Die Bedeutung des Beitragsrechts für die Prävention ist somit offenkundig: Die übrigen in Rede stehenden Schäden werden regelmäßig durch Versicherungen des Arbeitgebers gedeckt sein,[135] die nur bei Vorsatz ausnahmsweise die Leistung versagen würden, was aber in der Praxis kaum beweisbar sein wird.[136] Der durch die Unfallversicherung derart umfassend vor der Haftung im Arbeitsverhältnis „geschützte" Arbeitgeber würde zumindest kein ökonomisches Interesse an der Verhütung von Arbeits-

---

Milliarden Euro und ist damit gegenüber dem Vorjahr um 98 Millionen Euro bzw. um 1,1 Prozent gestiegen. Gleichzeitig ging das beitragspflichtige Entgelt um 0,5 Prozent auf 672,5 Milliarden Euro zurück.... Die Zahl der Versicherten sank um 1,4 Prozent auf 42,165 Millionen. Der Beschäftigungsrückgang beträgt gemessen an der geleisteten Arbeitszeit 1,1 Prozent. Diese Entwicklung vollzieht sich quer durch alle Wirtschaftszweige - einzige Ausnahme bildet der Gesundheitsdienst mit einem Beschäftigungszuwachs von zehn Prozent." (Pressemeldung des HVBG vom 7. Juni 2004, a. a. O. (Fn. 130))

133 *Schulin/Igl*, a. a. O. (Fn. 272 auf Seite 50), Rn. 409, zitieren eine Studie der Internationalen Arbeitsorganisation (IAO) von 1999, wonach die Zahl der tödlichen Arbeitsunfälle auf weltweit 1,1 Mio. geschätzt werde. Hiervon hätten 600 000 vermieden werden können, wobei das Unfallrisiko in den Entwicklungsländern viermal so hoch gewesen sei wie in den Industriestaaten.

134 *Gitter/Nunius*, in: HS-UV, § 5 Rn. 119; 51 ff., 51; *Höller*, SGb 1999, 661, 662.

135 *Peter Hanau*, in: *ders. und Klaus Adomeit*, Arbeitsrecht, 12. Aufl., 2000, Rn. 693.

136 So ausdrücklich *Wolfgang Zöller und Karl-Georg Loritz*, Arbeitsrecht, 5. Aufl., 1998, S. 250.

unfällen und Berufskrankheiten mehr haben, gäbe es in der Unfallversicherung keine risikoäquivalenten Beiträge.[137] Im übrigen käme es durch das Haftungsersetzungsprinzip zu einer Art von „Sozialisierung" der Unfallasten unter den Unternehmern – alles in allem ein paradoxes und im Interesse der Beitragsgerechtigkeit unerwünschtes Ergebnis.[138]

Hinzu tritt, daß die Verhütung von Versicherungsfällen in der Unfallversicherung in einem großem Maße vom Arbeitgeber abhängt, weil er aufgrund des arbeitsrechtlichen Direktionsrechts ganz wesentlich bestimmt, welche Verrichtungen der Versicherte in welcher Weise zu erbringen hat, insbesondere an welchem Ort, in welcher Zeit und mit welchem Arbeitsgerät. Setzen Maßnahmen der Prävention also beim Unternehmer an, so bestehen insoweit gute Einflußmöglichkeiten. Dies wird umso wirksamer sein, je genauer die Gefahrklassen – und damit die Beiträge – der Unfallgefahr entsprechen.[139] Erst durch eine risikogerechte Bemessung der Beiträge ist es möglich, die in einem Gewerbezweig bestehenden Gefährdungsrisiken wieder in die unternehmerische Kalkulation einfließen zu lassen.

2.3.3 Die verfassungsrechtliche Begründung der Prävention in der Unfallversicherung

Die Erhebung risikoäquivalenter Beitrage ist zunächst Ausdruck des Äquivalenzprinzips in der Sozialversicherung (Art. 74 I Nr. 12 GG).[140] Es ist die verfassungsrechtliche Grundlage hierfür, und es formuliert gleichzeitig Anforderungen an die Beitragsgestaltung. Die starke Ausprägung, die das Äquivalenzprinzip bei der Finanzierung der Unfallversicherung erhalten hat, kann zwar nicht aus der Verfassung hergeleitet werden, denn die Gewichtung von Äquivalenz- und Solidarprinzip zueinander ist eine politische Entscheidung, bei der dem Gesetzgeber ein erheblicher Spielraum verbleibt.[141] Es ist daher hinzunehmen, daß der Gesetzgeber das Äquivalenzprinzip in der Unfallversicherung zulasten des Solidarprinzips eher

137 *Hanau*, in: *Hanau/Adomeit*, a. a. O. (Fn. 135), Rn. 693.

138 Vgl. hierzu auch *Schulz*, FS Watermann, S. 149, 149: *„Nachgedacht und gehandelt wird häufig erst dann, wenn es ans eigene Geld geht."* – Eine Ausnahme mag insoweit für ausbildungsintensive Beschäftigungen gelten, für die die Personalgewinnung schwerer fällt, deren Ausübung für den Arbeitnehmer aber normalerweise auch relativ ungefährlich ist.

139 *Höller*, SGb 1999, 661, 662.

140 Vgl. Abschnitt 2.1 auf Seite 77 ff.

141 *Ebsen*, NZS 1997, 441, 444.

stärker betont hat. Mit dieser Feststellung ist aber nur der Rahmen dessen abgesteckt, was der Gesetzgeber bei der Ausgestaltung des Beitragsrechts zu beachten hat. Eine materielle Begründung für die Heranziehung der Beitragsäquivalenz für die Prävention ist damit noch nicht verbunden.

Der allgemeine Gleichheitssatz kann hierfür nur insoweit herangezogen werden, als aus ihm ein Maß für die Belastung miteinander vergleichbarer Unternehmer mit den Lasten der Berufsgenossenschaft hergeleitet werden kann. Das Schrifttum gebraucht hierfür den Begriff der Beitragsgerechtigkeit, der auch vorstehend schon mehrfach genannt worden ist.[142]

Wie die Verwirklichung des Äquivalenzprinzips in der Unfallversicherung, so ist auch die Forderung nach Beitragsgerechtigkeit im Verhältnis der Beitragspflichtigen zueinander in der vorliegenden Form der Unfallversicherung eigen, denn die Belastung der Beitragspflichtigen mit den Lasten des Versicherungsträgers ist solange vergleichsweise wenig problematisch, wie die Beiträge als fester Beitragssatz von den Arbeitsentgelten erhoben werden, wie es in der Sozialversicherung sonst üblich ist. Soweit aber, wie hier, ein weiterer gewichtender Faktor in die Beitragsrechung eingeführt wird, der das versicherte Risiko bewertet, die Gefahrklasse, wird es mit Blick auf Art. 3 I GG problematisch, *wie* die Belastung auf die Unternehmerschaft innerhalb einer Berufsgenossenschaft verteilt wird. Die materielle Bindung des Gesetzgebers hinsichtlich der Verwirklichung des Äquivalenzprinzips oder des Abweichens davon folgt deshalb aus Art. 3 I GG, es muß dafür also einen sachlichen Grund geben. Das ist hier die Bewirkung der Prävention durch Beiträge. Eine verfassungsrechtliche Begründung der Prävention mit den Mitteln des Beitragsrechts selbst folgt hieraus dagegen noch nicht.

Wie eingangs von Abschnitt 2.3.2 auf Seite 107 bemerkt, ist die Risikoäquivalenz der Beiträge zur Unfallversicherung kein bloßer Selbstzweck, der sich aus dem „Wesen“ der Versicherung oder aus dem verfassungsrechtlichen Begriff der Sozialversicherung ergäbe. Sie dient vielmehr der Prävention von zukünftigen Versicherungsfällen, sie dient also nicht nur der Beitragsgerechtigkeit, sondern auch den Versicherten. Daraus ist ersichtlich, daß die verfassungsrechtliche Grundlage für das der Unfallversicherung eigene Äquivalenzprinzip vor allem in den Grundrechten der Versicherten zu finden ist. Es handelt sich nicht um eine schlichte versicherungstechnische Äquivalenz in dem Sinne, in dem sie in der Privatversi-

142 Vgl. S. 104, 107, 110 m. w. N.

cherung vorliegt, denn deren Anlaß und Ziel besteht in der Erfüllung der Kalkulation, die die Wagnisdeckung für den Versicherer zu einem Geschäft machen soll, bei dem ein Gewinn entsteht. Dieser Gesichtspunkt ist für die Sozialversicherung ohne Belang, deren Träger nicht auf die Erwirtschaftung von Überschüssen abzielen, zumal die Unfallversicherungsträger die Beiträge kostendeckend im Wege der nachträglichen Umlage erheben.

Grundlage für das Prinzip der Prävention mittels des Beitragsrechts ist die Schutzpflicht des Staates für Leben, Gesundheit und körperliche Unversehrtheit der Versicherten aus Art. 2 II 1 GG. Das Bundesverfassungsgericht hat aus Art. 2 II 1 GG in Verbindung mit Art. 1 I 2 GG eine umfassende Schutzpflicht des Staates hergeleitet, die es dem Staat gebietet, *„sich schützend und fördernd vor dieses Leben zu stellen, das heißt, vor allem, es auch vor rechtswidrigen Eingriffen von seiten anderer zu bewahren. An diesem Gebot haben sich die einzelnen Bereiche der Rechtsordnung, je nach ihrer besonderen Aufgabenstellung, auszurichten"*.[143] Die Schutzpflicht gilt für alle staatlichen Organe,[144] auch für die mittelbare Staatsverwaltung, der die Unfallversicherungsträger zuzurechnen sind.[145] Der Gesetzgeber hat diesen Auftrag dadurch erfüllt, daß er die Unfallgefahr über den Faktor der Gefahrklasse in die Berechnungsgrundlagen gemäß §§ 153 I, 167 I SGB VII aufgenommen hat.

2.3.4 Schlußfolgerungen

Die Prävention rechtfertigt somit in erster Linie das hohe Maß an Beitragsäquivalenz, das die Unfallversicherung von den anderen Zweigen der Sozialversicherung unterscheidet.[146] Andererseits rechtfertigt die Prävention aber auch die Anwendung des Neulastverfahrens bei der Berechnung der Gefahrklassen, das gerade zu einer Abweichung von der versicherungstechnischen Äquivalenz bei der Verteilung der Lasten in einer Berufsgenossenschaft führt.[147] Es ist somit ein sachlicher Grund

- sowohl für die Verwirklichung des Äquivalenzprinzips in der besonderen Form, die es im Beitragsrecht der gesetzlichen Unfallversicherung gefunden hat,

143 BVerfGE 39, 1, 42; 46, 160, 164.
144 BVerfGE 46, 160, 164.
145 Vgl. Abschnitt 1.3.1.2 auf Seite 45 ff.
146 Vgl. Abschnitt 2.1.4 auf Seite 88 ff.
147 Vgl. Abschnitt 2.1.4.2 auf Seite 91 ff.

– als auch für eine wesentliche Abweichung hiervon in Gestalt des Neulastverfahrens, das Ausdruck des Solidarprinzips ist, weil hierdurch lastenbezogene Transfers zwischen den Unternehmern verschiedener Tarifstellen bewirkt werden.

Der Schutz der Versicherten vor Arbeitsunfällen und Berufskrankheiten ist der wichtigste sachliche Grund für die Gestaltung des Finanzierungsrechts, die der Gesetzgeber in den §§ 150 ff. SGB VII gewählt hat. Daneben ist die Beitragsgerechtigkeit der Unternehmer im Verhältnis zueinander zu nennen.

Für die Festsetzung des Gefahrtarifs folgt hieraus, daß die Neufestsetzung so zeitnah wie möglich erfolgen sollte, weil nur auf diese Weise eine möglichst gute Anbindung der Prävention an die Entwicklung der Unfallgefahren gewährleistet ist. Die Rechtsprechung hat hierfür allerdings eine Einschränkung formuliert, indem sie der Vertreterversammlung einen hinreichenden Beobachtungszeitraum zugestanden hat, innerhalb dessen sie prüfen kann, ob die Festsetzungen des Gefahrtarifs an die geänderten Verhältnisse anzupassen sind.[148] Das ist zutreffend, weil auf diese Weise sichergestellt wird, daß der Gefahrtarif aufgrund einer möglichst aussagekräftigen Statistik festgesetzt wird, was aus rechtsstaatlicher Sicht für eine rational begründete Entscheidung der Verwaltung von großer Bedeutung ist. Damit wird aber letztlich auch der Beitragsgerechtigkeit im Sinne einer Rechtsanwendungsgleichheit gedient, indem die Gefahrklassen nicht an jede kleine Veränderung der Verhältnisse angepaßt werden, sondern in dem Gefahrtarif die typischen Verhältnisse in den Gewerbezweigen ihren Niederschlag finden.

2.4 Das Verhältnis von Äquivalenzprinzip, Solidarprinzip und Prävention zueinander

Aus dem vorstehenden ergibt sich, daß das Äquivalenzprinzip und das Solidarprinzip in der Finanzierung der gesetzlichen Unfallversicherung zum einen von Verfassungs wegen als wesentliche Strukturprinzipien der Finanzierung der Sozialversicherung dem einfachen Gesetzgeber vorgegeben sind. Das folgt aus dem verfassungsrechtlichen Begriff der Sozialversicherung in dem Kompetenztitel des Art. 74 I Nr. 12 GG. Die besondere

148 Vgl. Abschnitt 1.2.4 auf Seite 8 ff. (BSG NZA 1992, 335, 336).

Ausgestaltung, die das Äquivalenzprinzip und das Solidarprinzip, insbesondere im Verhältnis zueinander, in der Unfallversicherung gefunden haben, ist auf die besondere Bedeutung zurückzuführen, die die Prävention als Ausfluß von Art. 2 II 1 GG im Unfallversicherungsrecht genießt. Die Beitragsgerechtigkeit zwischen den Unternehmern ist ein weiterer wichtiger Zweck, der insbesondere mit Blick auf Art. 3 I GG bei der Bemessung der Beiträge zu beachten ist.

3 Einzelfragen

3.1 Die Beachtung der „Wesentlichkeitstheorie“ im Beitragsrecht der gewerblichen Unfallversicherung

3.1.1 Grundrechtseingriffe aufgrund von Satzungsermächtigungen

Gemäß § 157 SGB VII setzen die Vertreterversammlungen der Berufsgenossenschaften den Gefahrtarif fest, und aufgrund von § 215 IX SGB VII (bis Ende 1994: § 1157 I RVO) entscheiden sie darüber, ob die DDR-Altlasten zusammen mit der übrigen Gesamtlast über den Gefahrtarif auf die Unternehmer umzulegen sind oder ob die Umlage dieser Lasten getrennt von der Gesamtlast und nur nach den Lohnsummen erfolgt. In beiden Fällen kommt es, wie in Abschnitt 1.3.2 auf Seite 66 ff. dargestellt, zu Gleich- bzw. zu Ungleichbehandlungen der Unternehmer durch die Vertreterversammlung, die mit Blick auf den allgemeinen Gleichheitssatz erheblich sind.

Grundrechtseingriffe unterliegen dem Vorbehalt des Gesetzes, auch wenn sie durch oder aufgrund von Satzungen erfolgen.[1] Die Satzungsermächtigung muß der sogenannten Wesentlichkeitstheorie genügen.[2] Danach ist der Gesetzgeber verpflichtet, in der Satzungsermächtigung diejenigen Regelungen selbst zu treffen, die für die Verwirklichung der Grundrechte „wesentlich“ sind.[3] Auch angesichts der demokratisch legitimierten Selbstverwaltung darf sich das Parlament *„seiner Rechtsetzungsbefugnis nicht völlig entäußern und seinen Einfluß auf den Inhalt der von den körperschaftlichen Organen zu erlassenden Normen nicht gänzlich preisgeben“*.[4] Problematisch ist somit die Festlegungspflicht des Gesetzgebers im Einzelfall, wie eingehend er also die Ermächtigung zur untergesetzlichen Normsetzung jeweils regeln muß und welche Entscheidungsfreiräume er der Verwaltung

1 *Fritz Ossenbühl*, in: HbStR III, § 66 Rn. 31.
2 Vgl. Abschnitt 1.3.2.2 auf Seite 70 ff. m. w. N.
3 BVerfGE 33, 125, 158; *Ulrich Ramsauer*, in: AK-GG, Art. 80 GG Rn. 39.
4 BVerfGE 33, 125, 158. – Neben der Herleitung aus dem Rechtsstaats- und dem Demokratieprinzip (BVerfG, a. a. O.) betont *Hesse*, a. a. O. (Fn. 375 auf Seite 68), Rn. 527 m. w. N. auch die Bedeutung des Bestimmtheitsgebots und der Wesentlichkeitstheorie für die Gewaltenteilung.

belassen darf, die diese eigenverantwortlich ausfüllen mag.

3.1.2 Die Ermächtigung zur Festsetzung des Gefahrtarifs, § 157 SGB VII

3.1.2.1 Das neuere Schrifttum

Das jüngere Schrifttum hat § 157 SGB VII wegen Verstoßes gegen die Wesentlichkeitstheorie beanstandet.[5] Bemängelt wurde insbesondere, daß die Gestaltungsspielräume, die das Gesetz der Vertreterversammlung eröffnet, zu groß geraten seien. Das Gesetz treffe die „wesentlichen" Entscheidungen nicht selbst, sondern überlasse sie der Vertreterversammlung: *„Der Gesetzgeber statuiert in § 157 Abs. 1 S. 2 und Abs. 2 S. 1 SGB VII* praktisch keine *Vorgaben für die Berufsgenossenschaften, wie die Gefahrklassen zu bilden sind"*.[6] Die Rechtsprechung hat diese Kritik bisher nicht aufgegriffen.

3.1.2.2 „Wesentliche" Entscheidungen bei § 157 SGB VII

In diesem Sinne „wesentlich" sind nach der Rechtsprechung des Bundesverfassungsgerichts all diejenigen Entscheidungen, die für die Verwirklichung der Grundrechte von „wesentlicher" Bedeutung sind.[7] Mit Blick auf Art. 3 I GG ist die Erhebung von Sozialversicherungsbeiträgen von einem bestimmten Personenkreis als in diesem Sinne „wesentlich" anzusehen. Die Gleich- bzw. die Ungleichbehandlung kommt in der Auswahl des Beitragsschuldners – den Unternehmern[8] – und in der Bestimmung der Beitragshöhe zum Ausdruck. Dazu zählen die Berechnungsgrundlagen für den Beitrag und die Vorgehensweise zu deren Bestimmung im Einzelfall, hier also insbesondere die Vorgaben für die Festsetzung des Gefahrtarifs.[9] Mit der Festlegung dieser Vorgaben ist gerade das Verhältnis von Äquivalenzprinzip und Solidarprinzip zueinander vom Gesetzgeber

---

5 *Papier/Möller*, SGb 1998, 337, 341 ff.

6 *Papier/Möller*, SGb 1998, 337, 347 – Hervorhebung ebenda.

7 BVerfGE 47, 46, 78 ff., 79 m. w. N.; NJW 1998, 2515, 2520; *Hesse*, a. a. O. (Fn. 375 auf Seite 68), Rn. 509. – *Ossenbühl*, in: HbStR III, § 62 Rn. 45 kritisiert zu Recht die tautologische Form dieser Definition, die das Gericht bis heute – und durchaus in reflektierter Weise (vgl. BVerfGE 47, 46, 79) – verwendet.

8 Vgl. Abschnitt 1.3.1.3 auf Seite 49 ff.

9 Im Ergebnis ebenso, allerdings mit Blick auf *„Eingriffe in Freiheit und Eigentum"*: *Papier/Möller*, SGb 1998, 337, 341 f.

zu bestimmten. Diese Entscheidung darf nicht dem Satzungsgeber überantwortet werden.[10] Die Wesentlichkeitstheorie erfaßt weiterhin Bereiche, in denen den Staat grundrechtliche Schutzpflichten treffen.[11] Das ist hier mit Blick auf das Recht der Versicherten auf Leben und körperliche Unversehrtheit aus Art. 2 II 1 GG der Fall.[12] Die Festlegung des „Programms", nach dem die Vertreterversammlung den Gefahrtarif aufstellt, unterfällt somit dem Parlamentsvorbehalt. Es ist festzulegen, inwieweit die Prävention bei den Festsetzungen im Gefahrtarif zu berücksichtigen ist.

3.1.2.3 Der anzuwendende Maßstab

Die Gleich- bzw. die Ungleichbehandlung der Unternehmer bei der Aufstellung des Gefahrtarifs betrifft Personen (-gruppen), so daß die sogenannte Neue Formel zu Art. 3 I GG anzuwenden ist.[13]. Die Ungleichbehandlung von Personengruppen, also unter Zugrundelegung personenbezogener Merkmale wie der Unfallgefahr in einem Unternehmen, hat grundsätzlich eine hohe Eingriffsintensität zur Folge. Deshalb ist vorliegend bei der Prüfung des Gleichheitssatzes ein strenger Maßstab zu wählen, der eine dementsprechend hohe Regelungsdichte erforderlich macht. Auch der hohe Rang des Schutzgutes aus Art. 2 II 1 GG zugunsten der Versicherten[14] spricht für einen strengen Maßstab bei der Prüfung. Dem entsprechen auch die Unterschiede in der Beitragsbelastung, die durch die Veranlagung zu der Gefahrklasse bedingt sind, denn das tatsächliche Ausmaß der Ungleichbehandlung *kann* einen beachtlichen Umfang erreichen, wie aus der Praxis ersichtlich ist: Die Unterschiede zwischen den Festsetzungen für verschiedene Gefahrtarifstellen sind mitunter ganz erheblich.[15] Beispielsweise im Gefahrtarif 1998 der Verwaltungs-Berufsgenossenschaft erstrecken sich die Gefahrklassen über ein Intervall von 0,26 für Leasing-

10 *Papier/Möller*, SGb 1998, 337, 342. – Zum ganzen vgl. die Diskussion im 2. Kapitel auf Seite 77 ff., 105.

11 *Papier/Möller*, SGb 1998, 337, 342 m. w. N.

12 Vgl. Abschnitt 2.3.3 auf Seite 110 ff.

13 Vgl. Abschnitt 1.3.2.2 auf Seite 69 ff. m. w. N.

14 Vgl. Abschnitt 2.3.3 auf Seite 110 ff.

15 „Extremfälle" wie die Versiebenfachung des Beitrags zulasten der Profifußballvereine aufgrund der Neufestsetzung des Gefahrtarifs können an dieser Stelle außer Betracht bleiben, weil sie in der Praxis, wie in Abschnitt 1.2.5 auf Seite 13 ff. m. w. N. geschildert, nicht praktisch umgesetzt worden sind. Die insoweit ergangenen Beitragsbescheide waren nicht vollstreckt worden, und der daraus entstandene Konflikt war außergerichtlich beigelegt worden. Es ist deshalb auf den „Normalfall" abzustellen.

unternehmen in der Tarifstelle 41 bis zu 45,40 für Profifußballvereine in Tarifstelle 50.[16] Es gab in dem Gefahrtarif insgesamt 54 Tarifstellen. Der Grad der Differenzierung ist somit als recht weitgehend zu bezeichnen. Aber auch in der Zucker-BG, in deren Gefahrtarif 1999 nur drei Tarifstellen bestanden,[17] ergeben sich aus dem Gefahrtarif erhebliche Unterschiede für die Unternehmer: Für zwei Tarifstellen wurde die Gefahrklasse 5,0 festgesetzt, für eine Tarifstelle die Gefahrklasse 0,8. Daraus folgt, daß auch mit Blick auf die Erfüllung der Vorgaben der Wesentlichkeitstheorie ein eher strenger Maßstab anzulegen ist.

Je intensiver der Eingriff in die Grundrechte des Betroffenen ausfällt, desto eingehender ist die Materie zu regeln.[18] Das *„Gebot verstärkter Regelungsdichte"*,[19] gilt auch für die Satzungen autonomer Körperschaften.[20] Art. 80 I 2 GG, in dem es heißt, *„Inhalt, Zweck und Ausmaß der erteilten Ermächtigung"* zum Erlaß von Rechtsverordnungen müßten im Gesetz bestimmt sein, bietet aber keinen unmittelbaren Maßstab zur Beantwortung der vorstehenden Frage, weil er nach seinem Wortlaut ausdrücklich nur für Rechtsverordnungen gilt.[21]

Vor diesem Hintergrund wird die Frage, welche Anforderungen an die Ermächtigung zum Erlaß einer Satzung zu stellen seien, die in Grundrechte eingreift, im einzelnen uneinheitlich beurteilt. Teilweise wird vertreten, der Maßstab des Art. 80 I 2 GG könne auf die Satzungsgebung überhaupt nicht, auch nicht analog, angewandt werden.[22] Andererseits wird für Satzungsermächtigungen mitunter ein strengerer als der vom Bundesverfassungsgericht für Rechtsverordnungen formulierte Maßstab gefordert.[23]

16 Insoweit falsch die Angaben bei BSG, SGb 2004, 55, 56.

17 Vgl. Tabelle 1.5 auf Seite 54

18 *Peter Axer*, Normsetzung der Exekutive in der Sozialversicherung. Ein Beitrag zu den Voraussetzungen und Grenzen untergesetzlicher Normsetzung im Staat des Grundgesetzes, 2000, S. 324; *Ramsauer*, in: AK-GG, Art. 80 GG Rn. 39, jew. m. w. N.

19 So *Ossenbühl*, in: HbStR III, § 62 Rn. 42 m. w. N.

20 BVerfGE 33, 125, 158 f.

21 BSG, SGb 2004, 55, 62 m. w. N.

22 *Hartmut Maurer*, Allgemeines Verwaltungsrecht, 11. Aufl. 1997, § 4 Rn. 16.

23 So wohl *Ossenbühl*, in: HbStR III, § 66 Rn. 31 a. E.: *„... wobei man daran zweifeln kann, ob mit der Bestimmtheit so großzügig umgegangen werden darf, wie es das Bundesverfassungsgericht bei den Rechtsverordnungen tut."* Andererseits: *ders.*, in: a. a. O., § 62 Rn. 57: *„Die gesetzlichen Vorgaben müssen, soll nicht die Selbstverwaltung um ihren Sinn gebracht werden, auf die grobe Umreißung der Aufgaben oder auf die Formulierung von Zielen beschränkt bleiben."*. – Vgl. auch die Nachweise zum Streitstand bei *Ossenbühl*, in: *Hans-Uwe Erichsen und Dirk Ehlers* (Hg.), Allgemeines Verwaltungsrecht, 12. Aufl. 2002, § 6 Rn. 66.

Überwiegend aber werden die aus Art. 80 I 2 GG zu entnehmenden Grundsätze jedenfalls in entsprechender Weise zur Beurteilung der hinreichenden Bestimmtheit herangezogen.[24] Dieser Ansatz ist sachgerecht, weil die Verfassung hier eine grundlegende Entscheidung für das Verhältnis von Parlament und untergesetzlichem Normgeber trifft, indem es bestimmte materielle Anforderungen nennt, die an die Ermächtigungsnorm zu stellen sind, so daß das Ermächtigungsgesetz jedenfalls *„nicht allzuweit unter den Anforderungen des Art. 80 Abs. 1 GG liegen darf"*.[25] Je höher die Anforderungen an die Regelungsdichte sind, desto enger ist der Prüfungsmaßstab an den Elementen der „Bestimmtheitstrias" von Art. 80 I 2 GG zu orientieren. Bei intensiven Grundrechtseingriffen ist es somit gerechtfertigt, diesen Maßstab in entsprechender Weise auch auf Satzungen anzuwenden.[26]

Allerdings ist es nach der Rechtsprechung nicht erforderlich, daß die Ermächtigung zum Erlaß von Rechtsverordnungen bereits nach ihrem Wortlaut hinreichend bestimmt gefaßt ist. Es ist vielmehr ausreichend, wenn die in Art. 80 I 2 GG genannten Kriterien so in der Ermächtigung normiert sind, daß sie ihr durch Auslegung entnommen werden können.[27] Insoweit ist vorliegend eine verfassungskonforme Auslegung von § 157 SGB VII geboten.

3.1.2.4 Die Beachtung der Wesentlichkeitstheorie bei § 157 SGB VII

§ 157 SGB VII ermächtigt die Vertreterversammlung zur Festsetzung des Gefahrtarifs. Dazu sind (1) die Tarifstellen zu bilden, und es ist (2) für jede Tarifstelle eine Gefahrklasse festzusetzen.[28] Beidesmal muß der Gesetzgeber die für die Ausübung der Grundrechte der Unternehmer wesentlichen Entscheidungen selbst im Gesetz getroffen haben.

3.1.2.4.1 Die Bildung der Tarifstellen Zur Bildung der Tarifstellen besagt § 157 II 1 SGB VII, dies seien *„Gefahrengemeinschaften"*, die *„nach Ge-*

24 *Axer*, a. a. O. (Fn. 18), S. 379 f.; zur Rspr. vgl. BSG, SozR 3–4100 § 40 AFG Nr. 7 S. 29 im Falle der Anordnungen der Bundesanstalt für Arbeit; für die Richtlinien der Bundesausschüsse der Ärzte und Krankenkassen vgl. SozR 3–2500 § 92 Nr. 6 S. 35.

25 *Ossenbühl*, in: HbStR III, § 66 Rn. 31.

26 Im Ergebnis ebenso: *Papier/Möller*, SGb 1998, 337, 348.

27 *Pieroth*, in: Jarass/Pieroth, GG, Art. 80 GG Rn. 11 m. w. N. – Kritisch zur Anwendung dieser Rechtsprechung auf Satzungen: *Ossenbühl*, in: HbStR III, § 66 Rn. 31 (vgl. Fn. 23 auf der vorherigen Seite).

28 Vgl. Abschnitt 1.3.1.5 auf Seite 52 ff.

fährdungsrisiken unter Berücksichtigung eines versicherungsmäßigen Risikoausgleichs" zu bilden seien. Darin kommt das Äquivalenzprinzip zum Ausdruck.[29] Dadurch ist festgelegt, daß die Tarifstelle so zu bilden ist, daß es in ihr nur zu versicherungstechnischen Transfers kommt.[30] Der Solidarausgleich innerhalb einer Tarifstelle ist dadurch bereits dem Wortlaut nach ausgeschlossen.[31] Damit ist auch das Verhältnis von Äquivalenzprinzip und Solidarprinzip bei der Bildung der Tarifstellen im Gesetz bestimmt.

Problematisch ist aber, daß das Gesetz seinem Wortlaut nach keine Vorgaben hinsichtlich der Frage enthält, ob die Vertreterversammlung die **Gefahrengemeinschaften nach Gewerbezweigen oder nach Tätigkeiten** zu bilden habe. Da es üblich ist, „gemischte Tarife" aufzustellen,[32] ist diese Frage für die Praxis besonders bedeutsam. Sie unterfällt der Wesentlichkeitstheorie, eben weil es sich dabei um das Prinzip handelt, das der Gliederung des ganzen Gefahrtarifs zugrundegelegt wird. Von der Wahl des Kriteriums, nach dem die Gefahrengemeinschaften gebildet werden, hängt alles weitere ab.

Der amtlichen Begründung nach, verfolgte der Gesetzgeber bei der Eingliederung des Beitragsrechts in das Sozialgesetzbuch keine Änderung des geltenden Rechts.[33] Daraus ist zu schließen, daß der Gesetzgeber zwar die bisherige Übung, Gefahrtarife nach Gewerbezweigen und Tätigkeiten zu gliedern, bestehen lassen wollte. Nähere Vorgaben, welche Vorgehensweise unter welchen Voraussetzungen zu wählen sei und inwieweit die beiden Prinzipien „gemischt" werden könnten, ergeben sich allein daraus aber noch nicht. Auch die systematische und die teleologische Auslegung führen vorliegend nicht weiter. § 157 SGB VII ist *die* zentrale Vorschrift, aus der sich die Vorgaben für die Aufstellung des Gefahrtarifs ergeben, und das Ziel, das der Gesetzgeber mit der Schaffung dieser Norm bezweckte, ist § 157 I 2 SGB VII zufolge die *„Abstufung der Beiträge"*.

Die Vorschrift ist daher mit Blick auf Art. 3 I GG verfassungskonform auszulegen. Es sind Gründe solcher Art und solchen Gewichts zu benennen, die geeignet sind, die Ungleichbehandlung der Unternehmer, die

29 Vgl. Abschnitt 2.1.4.3 auf Seite 94 ff. eingehend.

30 Vgl. Abschnitt 2.2.2.3 auf Seite 102 ff.

31 Vgl. Abschnitt 2.2.3 auf Seite 105 ff.

32 Vgl. Abschnitt 1.3.1.5 auf Seite 57 ff.

33 BT-Drs. 13/2204, S. 110 f. betont dies durchgehend. In der Begründung zu § 157 SGB VII heißt es a. a. O. auf Seite 111 zu Absatz 1: *„... übernimmt für die Aufstellung eines Gefahrtarifs das geltende Recht..."*; zu Absatz 2: *... entspricht der bisherigen Praxis der Unfallversicherungsträger..."*; zu Absatz 3: *„... entsprechend der Praxis der Unfallversicherungsträger..."*.

durch die Aufstellung des Gefahrtarifs bewirkt wird, zu rechtfertigen.[34]

Die Typisierung der Bildung der Tarifstellen nach Gewerbezweigen oder nach Tätigkeiten ist mit Blick auf das Versicherungsprinzip zunächst deswegen sachgerecht, weil es damit möglich ist, auf typische Unfallgefahren abzustellen, die mit der Zugehörigkeit des Unternehmens zu einem bestimmten Gewerbezweig oder der Ausübung bestimmter Tätigkeiten durch die Versicherten einhergehen. Ausgangspunkt ist das „Technologieprinzip".[35] Weiterhin ist die Äquivalenz von Beiträgen und gezahlten Leistungen sicherzustellen, die gerade Gegenstand und Ziel des *„versicherungsmäßigen Risikoausgleichs"* sind. Die Anwendung des Tätigkeitsprinzips wurde von der VBG seit dem Jahre 1984 aufgegeben, weil sich die so geschaffenen Tarifstellen auf Dauer nicht selbst trugen.[36] Außerdem kam es durch das Tätigkeitsprinzip notwendig zu einer *„Selbstveranlagung"* der Unternehmer, weil diese selbst anzeigen mußten, wieviele Mitarbeiter mit welchen Lohnsummen welche Tätigkeiten im Veranlagungszeitraum in den Unternehmen ausgeübt hatten.[37] Damit ist das Problem der Rechtsanwendungsgleichheit und der Rechtssicherheit angesprochen. Es ist im Kern eine Frage der zulässigen bzw. der notwendigen Typisierung im Gefahrtarif. Richtigerweise kommen nur solche Abgrenzungen zwischen den Tarifstellen in Betracht, die im Veranlagungsverfahren eine leichte und jederzeit nachvollziehbare Zuordnung der Unternehmen zu den Tarifstellen erlauben.[38] Dieser Gesichtspunkt ist sowohl bedeutsam für die Anwendung des Satzungsrechts durch die Verwaltung als auch für die Kontrolle des Verwaltungshandelns durch die Gerichte. *Wie* diese Vorgaben zu erfüllen sind, ist im Einzelfall zu beurteilen. Aufgrund des vorstehend erwähnten Problems der kaum nachprüfbaren „Selbstveranlagung" der Unternehmer und wegen der langfristigen beitragsmäßigen Unterdeckung vieler Tarifstellen, die bei der VBG durch die Aufstellung des reinen Tätigkeitstarifs entstanden waren, erscheint der Gewerbezweigtarif hinsichtlich des Versicherungsprinzips grundsätzlich besser geeignet, die gesetzlichen Vorgaben zu erfüllen.[39] Im Einzelfall kann es aber erforderlich sein, bei der Bildung der Tarifstellen weiter zu differenzieren, wenn sich zeigt,

---

34 Vgl. Abschnitt 1.3.2 auf Seite 66 ff., 1.3.2.2 auf Seite 67 ff.

35 Vgl. Abschnitt 1.3.1.5 auf Seite 56 ff.

36 *Gnauck-Stuwe/Heyne*, a. a. O. (Fn. 80 auf Seite 13), S. 5.

37 *Gnauck-Stuwe/Heyne*, a. a. O. (Fn. 80 auf Seite 13), S. 5.

38 *Schulz*, Gefahrtarif, S. 44.

39 *Schulz*, Gefahrtarif, S. 42 f.

daß innerhalb eines Gewerbezweigs statistisch signifikante Unterschiede in der Unfallhäufigkeit und bei den -lasten bestehen. Sind diese Fälle klar abgrenzbar, so sind sie auszugliedern. Grund hierfür ist wiederum das Versicherungsprinzip. Beispiele hierfür sind die Tarifstelle für Büroangestellte,[40] Unterscheidungen bei den Zeitarbeitsunternehmern nach der Art der von den Beschäftigten ausgeübten Tätigkeiten[41] oder die Bildung eigener Tarifstellen für Profifußballvereine in Abgrenzung von den Breitensportvereinen.[42]

Die Entscheidung für das Gewerbezweig- oder für das Tätigkeitsprinzip bei der Festsetzung des Gefahrtarifs ist somit dem höherrangigen Recht zu entnehmen. Die verfassungskonforme Auslegung ergibt, daß insoweit grundsätzlich vom Gewerbegweigprinzip auszugehen ist und daß das Tätigkeitsprinzip nur ausnahmsweise zur Anwendung kommen darf. Die Technik der Bildung der Tarifstellen ist somit insoweit hinreichend bestimmt in § 157 II 1 SGB VII geregelt. Weiterer Vorgaben seitens des Gesetzgebers bedarf es nicht. Die Ermächtigung gibt das „Programm" für die Bildung der Tarifstellen unmittelbar vor und entspricht insoweit den Vorgaben der Wesentlichkeitstheorie.

3.1.2.4.2 Die Festsetzung der Gefahrklassen Die Festsetzung der Gefahrklassen regelt § 157 III SGB VII: *„Die Gefahrklassen werden aus dem Verhältnis der gezahlten Leistungen zu den Arbeitsentgelten berechnet."* Damit ist zweierlei festgelegt: Einerseits, daß die Gefahrklassen zu berechnen sind.[43] Dabei handelt es sich im Gegensatz zu § 730 RVO um eine erhebliche Erweiterung des Wortlauts, durch den die Bedeutung der Statistik und der Versicherungsmathematik bei der Festsetzung der Gefahrklassen nach-

40 Vgl. Abschnitt 1.2.1 auf Seite 2 ff.

41 Vgl. Abschnitt 1.2.4 auf Seite 8 ff.

42 Vgl. Abschnitt 1.2.5 auf Seite 13 ff.

43 Für die Festsetzung aufgrund einer Schätzung oder für die freie Vereinbarung von Gefahrklassen oder sonst von Beiträgen mit den Unternehmern gibt es somit keine gesetzliche Grundlage. – Vgl. zu dem Abschluß eines **öffentlich-rechtlichen Vertrags** der Verwaltungs-Berufsgenossenschaft mit dem Deutschen Fußballbund über die Beitragsschuld der Profifußballvereine Abschnitt 1.2.5 auf Seite 16 sowie zum ganzen: *Fenn*, SGb 2004, 94, 97 f. m. w. N. – Auch ein **gerichtlicher Vergleich**, der mit den Festsetzungen des Gefahrtarifs nicht übereinstimmt, ist unzulässig, weil die Berufsgenossenschaft in jedem Fall an das höherrangige Satzungsrecht gebunden ist. So im Falle der Tarifstelle *„Sonstige Unternehmensarten"* bei der VBG (Abschnitt 1.2.6 auf Seite 20 ff.).

drücklich gestärkt wird.[44] Zum anderen werden hiermit die Faktoren bestimmt, die in die Berechnung einfließen. Andere Faktoren kommen somit nicht in Betracht.[45]

Die Berufsgenossenschaften stellen üblicherweise sogenannte Neulasttarife auf; davon war schon mehrfach die Rede.[46] Die Wahl zwischen Neulast- und Gesamtlasttarif bzw. die **Gewichtung von Alt- zu Neulasten bei der Berechnung der Gefahrklassen** hat die Rechtsprechung der Vertreterversammlung überlassen.[47] Die Literatur hat dies mit Blick auf die Bestimmtheit der Norm und die Erfüllung der Wesentlichkeitstheorie kritisiert.[48] Im Gegensatz zu den *„gezahlten Leistungen"* ist der Begriff der *„Arbeitsentgelte"* auch an anderer Stelle im Gesetz, nämlich in §§ 153 I SGB VII, 14 SGB IV erwähnt, so daß seine Bedeutung hinreichend deutlich ist: Damit ist die Arbeitsentgeltsumme einer Tarifstelle gemeint.[49] Da die Festlegung der Berechnungsgrundlagen zu den wesentlichen Entscheidungen zählt, müßte sich aus dem Gesetz auch ergeben, unter welchen Gesichtspunkten die Vertreterversammlung vorliegend die Alt- und die Neulasten im Verhältnis zueinander gewichten muß.

Ausgangspunkt für die Berechnung der Gefahrklassen sind die Gesamtlasten der Berufsgenossenschaft bzw. der Tarifstelle. Es ist ein sachlicher Grund zu nennen, der eine Abweichung hiervon rechtfertigen kann. Das Neulastprinzip stärkt zum einen die Risikoäquivalenz der Beiträge, weil Änderungen der Verhältnisse sich dadurch zeitnah in den Gefahrklassen niederschlagen.[50] Andererseits bewirkt es jedoch Transfers zwischen den Tarifstellen, die mit dem Äquivalenzprinzip nicht mehr zu vereinbaren

---

44 Die Ausführungen in BT-Drs. 13/2204, in denen auf die bisherige *„Praxis der Unfallversicherungsträger"* Bezug genommen wird, steht hierzu im Widerspruch. Die Änderung im Wortlaut spricht vielmehr für eine Stärkung des Äquivalenzprinzips.

45 Weiterhin ist bestimmt, daß *„die Gefahrklassen"* dieserart berechnet werden. Die hergebrachte Unterscheidung von „Belastungsziffer" und „Gefahrklasse" ist deshalb nach der Begrifflichkeit des Gesetzes überholt (vgl. hierzu Abschnitt 1.2.2 auf Seite 4 ff.) Die Belastungsziffer ist das unmittelbare Ergebnis der aufgrund von § 157 III SGB VII anzustellenden Berechnung.

46 Vgl. Abschnitt 1.3.1.5 auf Seite 61 ff., 2.1.4.2 auf Seite 91 ff.

47 Vgl. Fn. 337 auf Seite 61 m. w. N.

48 *Papier/Möller*, SGb 1998, 337, 347.

49 Die Höhe ergibt sich aus den Lohnnachweisen der Unternehmer in dem Beobachtungszeitraum, der der Festsetzung des Gefahrtarifs zugrundeliegt. Vgl. näher *Ricke*, in: Kasseler Kommentar, § 157 SGB VII Rn.14 ff.

50 Vgl. Abschnitt 2.1.4 auf Seite 88 ff.

sind.[51] Das Neulastverfahren ist aber letztlich unter dem Gesichtspunkt der Prävention gerechtfertigt.[52] Die Prävention ist daher ein Grund von solcher Art und von solchem Gewicht, daß sie eine Abweichung von der Äquivalenz auch insoweit zu rechtfertigen vermag. Die Wahl des Neulastprinzips ist daher gerechtfertigt, soweit es zur Prävention von Versicherungsfällen angewendet wird. Sachgerechte Anhaltspunkte, an denen sich die Gewichtung von Alt- zu Neulasten orientieren kann, können insbesondere die diesbezügliche Struktur der Lastenanteile in der jeweiligen BG sein, aber auch die Herkunft der Lasten kann unter dem Gesichtpunkt der Verursachung hierfür herangezogen werden. Grundsätzlich wird mit Blick auf Art. 2 II 1 GG stehts der Neulasttarif für sämtliche Lasten der Berufsgenossenschaft angezeigt sein.

Auch die insoweit bestehenden Vorgaben sind deshalb hinreichend bestimmt, so daß auch die Ermächtigung in § 157 III SGB VII der Wesentlichkeitstheorie genügt.

3.1.3 Die Ermächtigung zur Regelung der DDR-Altlastenumlage, §§ 1157 I RVO, 215 IX SGB VII

3.1.3.1 Historische Bezüge

Es ist seit langem umstritten, ob die DDR-Altlasten – wie die übrigen Lasten der Berufsgenossenschaft – neben der Lohnsumme auch nach der Gefahrklasse auf die Unternehmer umzulegen seien oder ob dies unzulässig sei.[53]

In der Zeit von 1991–1994 hatte der Gesetzgeber mit § 1157 I RVO die Vertreterversammlung ermächtigt, darüber zu beschließen, inwieweit eine Umlage nach der Gefahrklasse erfolgen solle.[54] Der Beschluß ist von der Aufsichtsbehörde zu genehmigen. Dabei mußte die Entscheidung der Vertreterversammlung nicht „entweder–oder" lauten. Auch die nur teilweise Einbeziehung der Gefahrklasse in die Umlagenrechnung war von der Rechtsprechung als zulässig befunden worden.[55] Traf die Vertreterver-

51 Vgl. Abschnitt 2.2.2.4 auf Seite 103 ff.
52 Vgl. Abschnitt 2.3.4 auf Seite 112 ff.
53 Vgl. Abschnitt 1.2.7.8 auf Seite 38 ff.
54 Vgl. Abschnitt 1.2.7.4 auf Seite 31 ff.
55 BSG SGb 1997, 182, 184 ff.; 2001, 254, 256 ff. zu dem Vorgehen der Verwaltungs-Berufsgenossenschaft, bei der die Umlage, ausgehend von 100% Lohnsumme und 0% Gefahrklasse, von 1991–1994 in Schritten von je 25% bis zu 25% Lohnsumme und

sammlung insoweit keine Beschlüsse, blieb es bei der gesetzlichen Regelung, so daß auch die DDR-Altlasten in das Umlagesoll mit einflossen und über den Beitragsfuß nach Arbeitsentgelten und Gefahrklassen auf die Unternehmer gem. §§ 153 I, 167 I SGB VII umgelegt wurden.[56]

§ 1157 I RVO war mit Wirkung vom 31. 12. 1994 außer Kraft getreten. Im Jahr 2003 wurde dann durch das *„Gesetz zur Änderung des Sozialgesetzbuches und anderer Gesetze"* die gleiche Regelung in Form des § 215 IX SGB VII erneut eingeführt.[57]

3.1.3.2 „Wesentliche" Entscheidungen bei §§ 1157 I RVO, 215 IX SGB VII

„Wesentlich zur Verwirklichung der Grundrechte" sind vorliegend alle Voraussetzungen, aus denen sich ergibt, *ob* die Vertreterversammlung den Beschluß treffen darf (oder: muß), von dem Grundsatz der Umlage nach der Gefahrklasse abzuweichen. Wie das Beispiel aus der Praxis der VBG in Fußnote 55 auf der vorherigen Seite zeigt, zählt dazu auch die Frage, *in welchem Umfang* die Gefahrklasse in die Beitragsrechnung einzubeziehen sei.

Beide hiermit angesprochenen Fragen – sowohl das *Ob* als auch das *Wie* bzw. das *Inwieweit* eines möglichen Beschlusses – wirken sich jeweils auf die Gewichtung von Äquivalenzprinzip und Solidarprinzip bei der Berechnung der Beiträge aus. Sie berühren damit auch die Umsetzung der Prävention mit den Mitteln des Beitragsrechts, so daß mittelbar wiederum Gesichtspunkte von Art. 2 II 1 GG seitens der Versicherten berührt sind.

3.1.3.3 Der anzuwendende Maßstab

Hinsichtlich des anzuwendenden Maßstabs hat das BSG zu § 1157 I RVO mit Bezugnahme auf die ältere Rechtsprechung, im übrigen aber ohne eingehende Begründung vertreten, die *„engen Begrenzungen der Art. 80 ff.*

75% Gefahrklasse erfolgt war. – Insoweit unverändert auch die neuere Rechtsprechung: BSG, Urteil vom 24. Februar 2004, Az. B 2 U 31/03 R, Rn. 23 ff., Internet: `http://juris.bundessozialgericht.de/cgi-bin/rechtsprechung/document.py?Gericht=bsg&Art=en&Datum=2004&Sort=3&nr=8408&anz=56&pos=26&Frame=2` (am 5. Juni 2004).

56 Vgl. Formel 1.4 auf Seite 51

57 Vgl. Abschnitt 1.2.7.5 auf Seite 33 ff.

GG" seien auf die Satzungsermächtigungen der Unfallversicherungsträger nicht anwendbar.[58] Dagegen ist aber einzuwenden, daß es sich hierbei – wie bei der Festsetzung des Gefahrtarifs[59] – um eine Ermächtigung handelt, durch die kraft Satzungsrechts die Berechnungsgrundlagen für die Beiträge bestimmt werden sollen. Inwieweit die Gefahrklasse bei der DDR-Umlage berücksichtigt wird, bestimmt die Gleich- bzw. die Ungleichbehandlung der Unternehmer zueinander bei der Tragung dieser Lasten maßgeblich. Es ist deshalb wiederum auf einen strengen Maßstab bei der Prüfung abzustellen, bei dem die Anforderungen des Art. 80 I 2 GG in entsprechender Weise zur Anwendung kommen.

3.1.3.4 Die Beachtung der Wesentlichkeitstheorie bei §§ 1157 I RVO, 215 IX SGB VII

3.1.3.4.1 Vorüberlegungen **Inhalt** der Satzungsermächtigung ist die Ermächtigung der Vertreterversammlung, darüber zu entscheiden, ob die Umlage der DDR-Altlasten in der Berufsgenossenschaft nach der Gefahrklasse erfolgen solle. Damit wird die Frage, ob eine bestimmte Berechnungsgrundlage auch für diese Lasten gelten soll, durch §§ 1157 I RVO, 215 IX SGB VII auf die Vertreterversammlung übertragen. Diese kann beschließen, daß die DDR-Altlasten ganz oder teilweise ohne Beachtung der Gefahrklasse auf die Unternehmer umzulegen sind.

Da die DDR-Altlasten nach einem sogenannten *„Zufallsgenerator"* ohne Berücksichtigung der Zuständigkeit einer BG gem. § 1159 RVO auf die Unternehmen übertragen worden waren,[60] spielte die Unfallgefahr insoweit keine Rolle. Es war deshalb **Zweck** von § 1157 I RVO, auch die Verteilung dieser Lasten *innerhalb* der Berufsgenossenschaft von der Unfallgefahr zu lösen, weil eine Umlage nach Gefahrklassen *„zu Beitragsverzerrungen führen"* könne.[61]

Der Gesetzgeber hat § 215 IX SGB VII ausdrücklich in Reaktion auf das

---

58 BSG, SGb 1997, 182, 184 m. w. N.

59 Vgl. Abschnitt 3.1.2.3 auf Seite 117 ff.

60 Vgl. Abschnitt 1.2.7.4 auf Seite 32 ff.

61 Rundschreiben des HVBG zum *Rentenüberleitungsgesetz* (RÜG) vom 2. 10. 1991 (VB 93/91), zitiert nach: *Lauterbach/Watermann*, § 1157 RVO Rn. 2 (Stand: August 1994). Ebenso: *Ricke*, in: Kasseler Kommentar, § 1157 RVO Rn. 2 (Stand: Oktober 1991). – Dort findet sich auch der Hinweis, die Entscheidung sei auf die Vertreterversammlung übertragen worden, weil diese auch für den Gefahrtarif zuständig ist (*Lauterbach/Watermann*, a. a. O.).

Urteil des BSG vom 18. April 2000 geschaffen, um die frühere Regelung wieder in Kraft zu setzen.[62] Das Gericht hatte ausgeführt, es hege Zweifel hinsichtlich der Rechtmäßigkeit der seit 1995 geltenden Regelung, wonach diejenigen Unternehmen, die zu einer höheren Gefahrklasse veranlagt worden waren, zwingend auch einen entsprechend höheren Anteil an den DDR-Altlasten tragen sollten als die Unternehmer mit den niedrigeren Gefahrklassen, obwohl weder die einen noch die anderen zur Verursachung der DDR-Altlasten beigetragen hätten.[63] Der Zweck von § 215 SGB VII besteht demnach darin, gerade diesem Umstand abzuhelfen, indem die frühere Rechtslage gem. § 1157 I RVO wiederhergestellt wurde, was insbesondere darin zum Ausdruck kommt, daß die Neuregelung denselben Wortlaut wie das alte Recht aufweist.

Das **Ausmaß** der insoweit dem Satzungsgeber eröffneten Möglichkeiten besteht zum einen darin festzulegen, in welchem Umfang die DDR-Altlasten nach der Unfallgefahr auf die Unternehmer umzulegen seien, wobei auch eine von der gesetzlichen Regelung in §§ 153 I, 167 I SGB VII abweichende Gewichtung der Berechnungsgrundlagen in Frage kommt.[64] Zum anderen entscheidet der Satzungsgeber, ob er insoweit überhaupt tätig werden will oder ob es bei den allgemeinen Regeln bleiben soll.[65]

Die §§ 1157 I RVO, 215 IX SGB VII erweisen sich mit Blick auf die Wesentlichkeitstheorie als problematisch, weil der Vertreterversammlung die Entscheidung über die (Nicht-) Anwendung einer Berechnungsgrundlage für die Umlage der DDR-Altlasten übertragen wird. Die Vertreterversammlung entscheidet zwar nicht grundsätzlich über die Berechnungsgrundlagen für die Beiträge zu den DDR-Altlasten selbst, denn sie sind von dem Gesetzgeber allgemein in §§ 153 I, 167 I SGB VII vorgegeben worden. Enthält sich die Vertreterversammlung eines diesbezüglichen Beschlusses, so bleibt es bei der allgemeinen Regelung. Die Ermächtigung beschränkt sich darauf, *„bei der Beitragsberechnung von der Berücksichtigung des Grades der*

---

62 BT-Drs. 15/812, S. 8 f. – BSG, SGb 2001, 254. – Vgl. Abschnitt 1.2.7.8 auf Seite 40 ff. m. w. N.

63 BSG, SGb 2001, 254, 257 ff. – Vgl. Abschnitt 1.2.7.8 auf Seite 41 ff. – Das Gericht hält diese Ansicht nunmehr ausdrücklich nicht mehr aufrecht: BSG, Az.: B 2 U 31/03 R, a. a. O. (Fn. 55), Rn. 23 ff.

64 In der Terminologie des Verwaltungsrechts, die auf die Betätigung des Satzungsermessens *nicht* angewendet werden kann, entspräche das dem sogenannten „Auswahlermessen“: *Maurer*, a. a. O. (Fn. 22), § 7 Rn. 7.

65 Entsprechend dem sogenannten „Entschließungsermessen“ der Verwaltung: *Maurer*, a. a. O. (Fn. 22), a. a. O..

Unfallgefahr in den Unternehmen" abzusehen. Die Entscheidung darüber, welche Berechnungsgrundlagen der Berechnung der Beiträge zugrundezulegen seien, zählt aber jedenfalls zu den „wesentlichen" Entscheidungen, die dem Parlamentsvorbehalt unterliegen.[66] Damit einher geht die Festlegung des Verhältnisses, in dem hier das Äquivalenzprinzip und das Solidarprinzip zueinander stehen, denn dieses Verhältnis wird maßgeblich durch die Berechnungsgrundlagen für die Beiträge bestimmt. Auch dieser Gesichtspunkt unterliegt notwendigerweise dem Parlamentsvorbehalt und bedarf somit einer Regelung im Gesetz.[67]

3.1.3.4.2 Auslegung von §§ 1157 I RVO, 215 IX SGB VII Der Wortlaut der beiden Vorschriften enthält keine Vorgaben, die das Satzungsermessen der Vertreterversammlung einschränken würden. Die Vertreterversammlung *„kann"* demnach bestimmen, *„bei der Beitragsberechnung von der Berücksichtigung der Grades der Unfallgefahr in den Unternehmen gemäß § 153 Abs. 1"* abzusehen. Weitere Vorgaben fehlen aber. Das spräche für einen sehr weiten Spielraum bei der Anwendung der Ermächtigung. Unklar bleibt somit, unter welchen Voraussetzungen ein dementsprechender Beschluß in der Vertreterversammlung herbeigeführt werden müßte. Die hohe Eingriffsintensität fordert hier eine erhöhte Regelungsdichte.[68] Dem werden die §§ 1157 I RVO, 215 IX SGB VII ihrem Wortlaut nach nicht gerecht. Andererseits läßt der Wortlaut aber eine engere Auslegung zu. Es stellt sich daher die Frage, ob die Ermächtigungsnormen dergestalt ausgelegt werden könnten, daß sie gleichwohl als in hinreichender Weise bestimmt anzusehen wären.

Aus systematischer Sicht handelt es sich bei §§ 1157 I RVO, 215 IX SGB VII um Vorschriften, die speziell für die DDR-Altlasten einen anderen Umlagemaßstab vorsehen. Sie stehen außerhalb der allgemeinen Regeln in den §§ 152 ff. SGB VII und sind deshalb als Ausnahmeregelungen aufzufassen. Aus historischer und teleologischer Sicht handelte es sich bei § 1157 I RVO um eine zeitlich begrenzte Übergangsregelung für die ersten vier Jahre nach Einführung der DDR-Lastenumlage, um – wie vorstehend ausgeführt – den dadurch bedingten *„Beitragsverzerrungen"* abzuhelfen, die durch die Lastenverteilung nach dem *„Zufallsgenerator"* bewirkt werden.

66 Vgl. Abschnitt 3.1.2.2 auf Seite 116 ff.
67 Vgl. Abschnitt 3.1.2.2 auf Seite 116 ff.
68 Vgl. Abschnitt 3.1.3.3 auf Seite 125 ff.

Aus der Befristung der Vorschrift ist ersichtlich, daß der Gesetzgeber nur diejenigen „Verzerrungen" von der Vorschrift erfaßt sehen wollte, die gerade in diesem Zeitraum entstehen konnten. Im Unterschied hierzu ist die Nachfolgevorschrift § 215 IX SGB VII von vornherein zeitlich unbegrenzt gefaßt. Sie gilt seit dem Inkrafttreten im Jahre 2003 bis auf weiteres. Damit sind weitere Vorgaben für die Anwendung von §§ 1157 I RVO, 215 IX SGB VII ermittelt. Offen bleibt aber auch hier, welcher Art diese „Verzerrungen" sein sollten und welches Ausmaß sie annehmen müssen, so daß die Vertreterversammlung verpflichtet wäre, den diesbezüglichen Beschluß zu treffen. Offen bleibt weiterhin, welchen Inhalt der Beschluß haben sollte, denn die Vertreterversammlung könnte – wie in Fußnote 55 auf Seite 124 beschrieben – auch teilweise von der Umlage nach der Gefahrklasse absehen. Auch durch das Hinzuziehen weiterer Auslegungskriterien ergibt sich deshalb keine hinreichende Bestimmtheit der Ermächtigungsgrundlage. Wie zuvor, so bleibt allerdings eine weitere Einschränkung des Satzungsermessens der Vertreterversammlung möglich.

3.1.3.4.3 Verfassungskonforme Auslegung von §§ 1157 I RVO, 215 IX SGB VII Die verfassungskonforme Auslegung ist mit Blick auf Art. 3 I GG unter Rückgriff auf die „Neue Formel" vorzunehmen, denn die aufgrund der Ermächtigung zu treffende Entscheidung betrifft die Gleich- bzw. die Ungleichbehandlung der Unternehmer im Verhältnis zueinander bei der Bemessung der Umlage unmittelbar. Es sind also sachliche Gründe von solcher Art und von solchem Gewicht anzugeben, daß die Entscheidung der Vertreterversammlung auf sie gestützt werden könnte. Dabei ist vom Äquivalenzprinzip als Grundsatz auszugehen, und jede Abweichung hiervon wäre durch einen anderen sachlichen Grund zu rechtfertigen. Weil die Umlage nach der Gefahrklasse als Steigerung der Beitragsäquivalenz zur Förderung der Prävention aufzufassen ist,[69] ist ein Grund dafür anzugeben, bei der Umlage der DDR-Altlasten gerade das Ziel der Prävention und die Äquivalenz *nicht* zu verfolgen.

Diese Rechtfertigung kann nur aus einem Grund erfolgen, der in der jeweiligen Berufsgenossenschaft vorliegt. Das folgt daraus, daß der Gesetzgeber keine allgemeinen Regelungen für die Umlage der DDR-Altlasten geschaffen hat, sondern eben Satzungsermächtigungen. Der Zweck der Verleihung von Satzungsautonomie liegt gerade darin, einer Selbst-

69 Vgl. Abschnitt 2.3 auf Seite 106 ff.

verwaltungskörperschaft die Möglichkeit zu eröffnen, die ihr eigenen Besonderheiten in der Normsetzung zum Tragen zu bringen.[70]

Der Zweck der Ermächtigungen liegt in der Vermeidung von „Beitragsverzerrungen", die dadurch zustandekommen, daß die Unternehmer nach der Unfallgefahr in ihren Unternehmen nicht nur zu den Gesamtlasten (Umlagesoll) der Berufsgenossenschaft herangezogen werden, sondern auch zu den DDR-Lasten. Diese „Verzerrung" der Beitragsbelastung – mit anderen Worten: die Ungleichheit der Belastung zwischen den Unternehmern – ist umso größer, je größer der Unterschied zwischen den Gefahrklassen in einer BG ist. Denn umso mehr fällt der Faktor der Gefahrklasse ins Gewicht. Je größer die Spannweite zwischen der kleinsten und der größten Gefahrklasse in dem Gefahrtarif, desto größer ist das Ausmaß der Ungleichbehandlung in der Berufsgenossenschaft.[71] Beispielhaft sei noch einmal der Gefahrtarif 1998 der Verwaltungs-Berufsgenossenschaft genannt, in denen sich die Gefahrklassen in einem Intervall von 0,26 bis 45,40 bewegen.[72] Demgegenüber weist der Gefahrtarif 1999 der Zucker-BG nur zwei Gefahrklassen bei drei Tarifstellen auf (zweimal 5,0 sowie einmal 0,8).[73] Nach dem Gefahrtarif der VBG kommt es insgesamt zu einem größeren Ausmaß der Ungleichbehandlung als nach dem Gefahrtarif der Zucker-Berufsgenossenschaft. Die Profifußballvereine werden mit der Gefahrklasse 45,40 – bei gleicher Lohnsumme – um den Faktor 174,62 stärker belastet als die Leasingunternehmen mit Gefahrklasse 0,26. Bei der Zukker-BG errechnet sich insoweit ein Faktor von 6,25. Diese Art von „Verzerrungen" sollen durch das Absehen von der Gefahrklasse mithin vermieden werden.

Das ist aber nur dann beachtlich, wenn der Umfang der Belastung durch die DDR-Lasten nicht nur unerheblich ist, denn Bagatellbelastungen müssen insoweit außer Betracht bleiben. Die „Verzerrung" der Beitragsbelastung aufgrund der DDR-Umlage muß typischerweise einen gewissen Umfang erreichen, so daß er für den einzelnen Unternehmer betragsmäßig ins Gewicht fällt. In der Sache handelt es sich dabei um den Schutz des

70 BVerfGE 33, 125, 156 f.

71 Die absolute Höhe der Gefahrklasse fällt dagegen nicht ins Gewicht, weil die Gefahrklasse nur ein gewichtender Faktor ist, der das Verhältnis festlegt, in dem Lasten zwischen Unternehmern zueinander verteilt werden. Bei Gefahrklassenumrechnungen werden die damit verbundenen Änderungen durch den Betrag des Beitragsfußes wieder aufgefangen.

72 Vgl. Abschnitt 3.1.2.3 auf Seite 117 ff.

73 Vgl. Tabelle 1.5 auf Seite 54

Unternehmers vor übermäßiger Belastung durch die DDR-Altlastenumlage.

3.1.3.4.4 Ergebnis Liegen die vorstehenden Voraussetzungen aber vor, so besteht ein Grund von solcher Art und von solchem Gewicht, daß die Vertreterversammlung von der Ermächtigung in §§ 1157 I RVO, 215 IX SGB VII Gebrauch machen sollte. Es ist die Aufgabe der Vertreterversammlung festzustellen, ob diese Voraussetzungen:

- auffällig große Spannweite bei den Gefahrklassen und
- nicht nur unerheblicher Umfang der typischen Belastung

in der Berufsgenossenschaft vorliegen.

Dabei bleibt es der Versammlung überlassen, darüber zu befinden, inwieweit sie die Gefahrklasse bei der Umlage berücksichtigen möchte. Auch das teilweise Absehen von der Gefahrklasse ist daher zulässig. Insoweit ergeben sich keine allgemeinen Vorgaben aus der Ermächtigungsnorm. Auch hinsichtlich der Einschätzung, ob der Gefahrtarif ein „hinreichendes Ausmaß an Ungleichbehandlung" in dem oben diskutierten Sinne aufweise, verbleibt es bei der Einschätzung der Vertreterversammlung. Insoweit ist ein strenger Maßstab angezeigt, der an dieser Stelle die Interessen der Versicherten an der Prävention gegenüber dem Interesse der Unternehmer zurücktreten läßt. Die vorstehende Diskussion gibt einen ausreichenden Anhalt für die insoweit anzustellenden Erwägungen. Diese sind aber nicht von dem Gesetzgeber ausdrücklich festzusetzen, weil sie der Satzungsermächtigung im Wege verfassungskonformer Auslegung entnommen werden können. Das in §§ 1157 I RVO, 215 IX SGB VII enthaltene „Programm" legt die Vorgaben an den Satzungsgeber in hinreichender Weise fest.

3.1.3.5 Ergebnis

§§ 1157 I RVO, 215 IX SGB VII sind daher mit Blick auf Art. 3 I GG verfassungskonform auszulegen, so daß die Norm als hinreichend bestimmt anzusehen ist. Die Ermächtigungen entsprechen damit der Wesentlichkeitstheorie.

3.1.4 Ergebnis

Die in der neueren Literatur geäußerten Bedenken gegen die Vereinbarkeit von § 157 SGB VII mit der Wesentlichkeitstheorie erweisen sich somit als nicht durchschlagend. Auch §§ 1157 I RVO, 215 IX SGB VII sind mit der Wesentlichkeitstheorie vereinbar.

3.2 Der Gestaltungsspielraum der Vertreterversammlung bei der Festsetzung des Gefahrtarifs

3.2.1 Die Festlegungen des Gesetzgebers und das Satzungsermessen der Vertreterversammlung

Während der vorherige Abschnitt 3.1 auf Seite 115 ff. vom Umfang der Festlegungspflicht des Gesetzgebers handelte, geht es im Folgenden um das Satzungsermessen der Vertreterversammlung, also um den (*„politischen"*[74]) Gestaltungsspielraum, der der Vertreterversammlung bei der Festsetzung des Gefahrtarifs verbleibt. Die gesetzlichen Festlegungen, die in der Satzungsermächtigung getroffenen werden, begrenzen das Rechtsetzungsermessen des Satzungsgebers. Die Satzung ist rechtmäßig, wenn sie mit dem höherrangigen Recht, also mit der Satzungsermächtigung (hier: § 157 SGB VII), mit dem Verfassungsrecht (Art. 3 I GG) und dem europäischen Gemeinschaftsrecht[75] zu vereinbaren ist.

Inhalt und Grenzen des Satzungsermessens der Vertreterversammlung sind vom Gesetzgeber zu bestimmen. Im Rahmen der Satzungsermächtigung hat der Satzungsgeber dann eine „Einschätzungsprärogative",[76] wenn mehrere gleichermaßen rechtmäßige Alternativen zur näheren Ausgestaltung der Satzung zur Wahl stehen. Dem entspricht eine insoweit beschränkte gerichtliche Kontrolldichte. Dem Gericht verbleibt deshalb zu prüfen, ob die Grenzen des Gestaltungsspielraums beim Erlaß der Satzung beachtet worden sind, innerhalb derer die Vertreterversammlung autonom

---

74 *Papier/Möller*, SGb 1998, 337, 344.

75 Europarechtliche Vorgaben werden von der Problemstellung der Arbeit nicht erfaßt. Hierauf wird deshalb in Abschnitt 3.2.3 auf Seite 142 ff. der Vollständigkeit halber eingegangen, soweit sich hierfür ein Anlaß ergeben hat und soweit das für die Praxis bedeutsam ist. Weil das Europarecht kein sachlicher Grund für die Abweichung vom Äquivalenzprinzip ist, handelt es sich dabei um einen Exkurs.

76 *Ossenbühl*, in: HbStR III, § 66 Rn. 48.

Recht setzt.[77] Maßstab hierfür ist vorliegend Art. 3 I GG.[78] Nach der sog. Neuen Formel ist es erforderlich, hier einen strengen Maßstab anzuwenden.[79] Es ist ein Grund von solcher Art und von solchem Gewicht zu benennen, daß er die ungleiche Behandlung der Unternehmer aufgrund des Gefahrtarifs zu rechtfertigen vermag.

3.2.2 Rechtfertigung der Abweichung vom Äquivalenzprinzip

Ausgangspunkt für die Festsetzung des Gefahrtarifs ist das Äquivalenzprinzip, und zwar sowohl für die Anwendung der Versicherungstechnik bei der Bildung der Tarifstellen als auch hinsichtlich der dabei anzustellenden Berechnungen.[80] Insoweit bestehen recht weitgehende und klare Festlegungen des Gesetzgebers. Die Probleme liegen in der Praxis in der Anwendung des Rechts und bei der Feststellung der hierfür erheblichen Tatsachen, insbesondere bei der Bildung und bei der wechselseitigen Abgrenzung von Gewerbezweigen oder bei der Ausgliederung bestimmter Tätigkeiten. Bei den Zeitarbeitsfirmen war beispielsweise streitig, ob diese Unternehmen eine „gewerbetypische Unfallgefahr" aufweisen, die es rechtfertigt, sie in eigenen Tarifstellen zusammenzufassen, oder ob die Unternehmen zusammen mit bzw. wie die Unternehmensarten zu veranlagen seien, in die sie ihre Beschäftigten „entleihen".[81] Aber auch die richtige Festsetzung der Gefahrklassen war in der Vergangenheit problematisch. Im einzelnen sei auf die zuvor behandelte Rechtsprechung verwiesen.[82]

Das Äquivalenzprinzip ist in der gesetzlichen Unfallversicherung nicht im strengen versicherungsmathematischen Sinne verwirklicht.[83] Bei der Festsetzung des Gefahrtarifs entstehen insbesondere durch das sogenannte Neulastverfahren erhebliche Abweichungen von der Beitragsäquivalenz der einzelnen Tarifstellen.[84] Andererseits ist angesichts der schon mehrfach erwähnten Versiebenfachung der Beiträge der Profifußballvereine aufgrund des Gefahrtarifs 1995 der Verwaltungs-Berufsgenossenschaft,

77 *Jarass*, in: Jarass/Pieroth, GG, Art. 19 GG Rn. 48 m. w. N.

78 Vgl. Abschnitt 1.3.2.2 auf Seite 67 ff.

79 Vgl. Abschnitt 1.3.2.2 auf Seite 69 ff.

80 Vgl. die Auslegung von § 157 SGB VII in Abschnitt 3.1.2.2 auf Seite 116 ff. sowie allgemein zum Äquivalenzprinzip in Abschnitt 2.1.4 auf Seite 88 ff.

81 Vgl. Abschnitt 1.2.4 auf Seite 8 ff.

82 Vgl. die Zusammenfassung der „typischen Streitfragen" in der Rechtsprechung in Abschnitt 1.3.2.3 auf Seite 71.

83 Vgl. Abschnitt 2.1.4.2 auf Seite 91 ff.

84 Vgl. Seite 91 ff. sowie den folgenden Abschnitt 3.2.2.1 auf der nächsten Seite.

einem Bemühen um rechnerische Äquivalenz, zu fragen, inwieweit das Übermaßverbot und der Vertrauensschutz bei der Festsetzung der Gefahrklassen eingreifen.[85] Schließlich sind die Grenzen der Typisierung im Gefahrtarif zu erörtern.[86] In jedem Fall ist zu untersuchen, welche Gesichtspunkte eine Abweichung vom Äquivalenzprinzip bei der Festsetzung des Gefahrtarifs rechtfertigen können.

3.2.2.1 Prävention

Die durch das Neulastverfahren bewirkten Abweichungen vom Äquivalenzprinzip bezwecken, wie bereits ausgeführt,[87] die Prävention von Versicherungsfällen. Die Prävention ist aufgrund ihrer verfassungsrechtlichen Herleitung aus dem Grundrecht der Versicherten aus Art. 2 II 1 GG[88] ein hinreichend gewichtiger Grund im Sinne von Art. 3 I GG, um von der versicherungstechnischen Äquivalenz abzuweichen. Nur durch die Anwendung des Neulastverfahrens ist es möglich, die Unfallgefahr so zeitnah wie möglich in die Berechnung der Gefahrklassen und somit in die Verteilung der Lasten einfließen zu lassen. Zur Vermeidung von Wiederholungen wird auf die vorstehende Diskussion verwiesen.[89]

3.2.2.2 Übermaßverbot und Vertrauensschutz

Die Frage, in welchem Umfang die Festsetzungen des Gefahrtarifs bei einer Revision geändert werden dürfen, wird regelmäßig im Rahmen des Vertrauensschutzes diskutiert.[90] Praktisch bedeutsam war hier insbeson-

---

85 Vgl. hierzu Abschnitt 3.2.2.2.
86 Vgl. Abschnitt 3.2.2.3 auf Seite 138 ff.
87 Vgl. Abschnitt 2.2.2.4 auf Seite 103 ff.
88 Vgl. Abschnitt 2.3.3 auf Seite 110 ff.
89 Vgl. die Fußnoten 87 f.
90 Der Vertrauensschutz steht *im übrigen* einer Neufestsetzung des Gefahrtarifs im Zweifel nicht entgegen. Die schlichte sukzessive Neufestsetzung des Gefahrtarifs von einer Tarifperiode zur nächsten ist unproblematisch, weil sich das Vertrauen des Unternehmers ohnehin nur auf die laufende Tarifperiode richten kann. Zukünftige Änderungen des Rechts bleiben daher grundsätzlich möglich. Das gilt aber auch für die rückwirkende Neufestsetzung des Gefahrtarifs. Weder im Falle der sog. „echten" (Änderung nach Ablauf der Tarifperiode; vgl. *Jarass*, in: Jarass/Pieroth, GG, Art. 20 GG Rn. 68 m. w. N.) noch der „unechten" Rückwirkung (Änderung während der laufenden Tarifperiode; vgl. *Jarass*, in: Jarass/Pieroth, GG, Art. 20 GG Rn. 69 m. w. N.) ist ein *schutzwürdiges* Vertrauen seitens der Unternehmer ersichtlich, soweit der Gefahrtarif fehlerhaft festgesetzt worden war. Das einzige, worauf der Unternehmer unter der Geltung der §§ 152

dere die Neufestsetzung der Gefahrklassen für Sportvereine im Gefahrtarif 1995 der Verwaltungs-Berufsgenossenschaft, bei der es zu einer Versiebenfachung der Beiträge gekommen war.[91]

Vor allem für die Belastung mit Steuern und sonstigen Abgaben hat die Rechsprechung den Grundsatz aufgestellt, jedenfalls eine rückwirkende Anhebung müsse sich *„in maßvollen Grenzen"* halten.[92] Dieser Maßstab ist auch auf die Erhebung von Beiträgen zur gesetzlichen Unfallversicherung übertragen worden.[93] Dem ist die Literatur gefolgt.[94] Auch das Bundesversicherungsamt vertritt die Auffassung, hier sei vielmehr der *„Grundsatz von Treu und Glauben sowie das Übermaß- und Überraschungsverbot"* heranzuziehen, das den Unternehmer vor *„unverhältnismäßig großen Sprünge[n]"* bei den Gefahrklassen schütze.[95]

Ergibt sich also bei der Berechnung der Gefahrklasse ein Wert, der die vorhergehenden Festsetzungen in nicht mehr „maßvoller" Weise übersteigt, so steht der Anhebung der Gefahrklasse auf den berechneten Wert

---

SGB VII ff. vertrauen kann ist, daß er seinen zutreffend berechneten Anteil an den Gesamtlasten der BG zu tragen hat. Daran ändert sich auch nichts dadurch, daß evtl. in der Zwischenzeit Unternehmen aus der Berufsgenossenschaft ausscheiden mögen. Insoweit besteht eine solidarische Haftung der Unternehmer. Die Interessen der übrigen Unternehmer an einer rechtmäßigen Festsetzung der Gefahrklassen und einer gerechten Verteilung der Kosten in der BG werden stets gegenüber dem Bestandsinteresse derjenigen Unternehmer überwiegen, die von einem Fehler im Gefahrtarif profitieren. Hinzu kommt das Interesse der Allgemeinheit an der Prävention von Versicherungsfällen. Fehlerhafte Satzungen sind grundsätzlich nichtig (*Ossenbühl*, in: HbStR III, § 66 Rn. 61). Die Gefahrklasse ist nach § 157 I 1 SGB VII durch die Vertreterversammlung festzusetzen. Die Vertreterversammlung kann daher jederzeit eine rechtmäßige Regelung anstelle der fehlerhaften setzen. Sie ist dazu auch nachträglich verpflichtet, denn die Aufstellung durch die Aufsichtsbehörde nach § 158 II 2 SGB VII kommt nur ganz ausnahmsweise in Betracht. Die fehlerhaften Beitragsbescheide sind zurückzunehmen (§ 44 I 1 SGB X; vgl. *Janzen*, NZS 2001, 351, 351.). Die Erhebung von Beiträgen aufgrund eines öffentlich-rechtlichen Erstattungsanspruchs (dafür neuestens: *Janzen*, NZS 2001, 351, 352 f.) kommt jedenfalls schon wegen dessen Subsidiarität gegenüber den speziellen Regeln des Beitragsrechts im SGB VII nicht in Betracht (vgl. allgemein: *Fritz Ossenbühl*, Staatshaftungsrecht, 5. Aufl. 1998, S. 424 f. m. w. N.).

91 Vgl. Abschnitt 1.2.5 auf Seite 13 ff.; *Papier/Möller*, SGb 1998, 337, 337.

92 BVerfGE 13, 274, 278.

93 BSG SGb 1974, 384, 387 zu einem Fall der unechten Rückwirkung; BSG SozR 3–2200 § 725 Nr. 2; LSG Rheinland-Pfalz, Breith. 1983, 970.

94 Vgl. die Urteilsanmerkungen von *Schur*, SGb 1974, 388, 388 und *Gitter*, NZS 1996, 247, 253 f.; *Schulz*, in: Wannagat, SGB VII, § 157 SGB VII Rn. 28; *Leube*, in: Kater/Leube, SGB VII, § 157 SGB VII Rn. 8.

95 Bundesversicherungsamt, Tätigkeitsbericht 1995, S. 56; zitiert nach: *Schulz*, Gefahrtarif, S. 273.

das Übermaßverbot entgegen. Die Gefahrklasse kann dann nicht unmittelbar und sprunghaft auf den berechneten Wert angehoben werden. Sie wird deshalb schrittweise auf die rechnerisch korrekte Höhe anzuheben sein.[96] Das Übermaßverbot rechtfertigt insoweit die Abweichung von der Äquivalenz bei der Aufstellung des Gefahrtarifs.

Offen bleibt dabei, wie eine „maßvolle Grenze" bei der Neufestsetzung einer Gefahrklasse im Sinne einer Erhöhung im Einzelfall bemessen sein sollte. Die Rechtsprechung hat hierfür keinen festen Schwellenwert vorgegeben, jedenfalls ein Anstieg der Beiträge auf *„mehr als das Dreifache"* wurde aber für unzulässig erachtet.[97] Eine Erhöhung *nur des Beitragsfußes* um mehr als 12% soll *„keine übermäßige Belastung"* darstellen.[98] Dabei ist bedeutsam, daß das Bundessozialgericht auf die *„Beitragshöhe"* abgestellt hat, nicht auf die absolute oder relative Höhe der Gefahrklasse allein, zu der die Unternehmer veranlagt werden. Das erscheint sachgerecht, weil, wie aus Formel 1.4 auf Seite 51 ersichtlich ist, die Gefahrklasse nur *ein* Faktor neben den Arbeitsentgelten und dem Beitragsfuß ist, aus denen die Beiträge berechnet werden. Es ist deshalb immer auf die Beitragshöhe insgesamt, nicht nur auf die Gefahrklasse abzustellen.

Allgemein starke Schwankungen der Gefahrklasse hatte es gegeben, als die VBG in dem Gefahrtarif 1998 erstmals keine „Eckgefahrklasse" mehr festgesetzt hatte.[99] Bis dahin war die Tarifstelle 1 für Kreditinstitute u. ä. stets mit der Gefahrklasse 1 versehen worden, und die Unfallgefährdungen aller übrigen Tarifstellen wurden danach rechnerisch auf das Unfallrisiko der Tarifstelle 1 bezogen. Sie diente damit als Index zur Festsetzung der anderen Gefahrklassen. Die VBG sprach insoweit von einer *„Normierung"* der Gefahrklassen.[100] Nachdem diese Normierung aufgegeben worden war und nunmehr nach Inkrafttreten des § 157 III SGB VII die rechnerischen Gefahrklassen festgesetzt wurden, stieg der Beitragsfuß stark an.[101] Ausschlaggebend für die Höhe der Beiträge ist aber nach der Formel 1.4 das *Produkt aus Gefahrklasse und Beitragsfuß*. Hierauf ist deshalb zur Ermittlung der Beitragsbelastung abzustellen.[102]

Der Unternehmer darf grundsätzlich darauf vertrauen, daß sich seine

---

96 Vgl. hierzu auch Fn. 86 auf Seite 14 m. w. N.

97 BSG SGb 1974, 284, 387.

98 LSG Brandenburg, NZS 2002, 489 (nur Leitsätze).

99 Zur Eckgefahrklasse vgl. Abschnitt 1.3.1.5 auf Seite 59.

100 Auskunft der Beitragsabteilung der Bezirksverwaltung Mainz der VBG.

101 Vgl. hierzu bereits Tabelle 1.6 auf Seite 60.

102 Ebenso: *Fenn*, SGb 2004, 94, 95.

Beitragslast mit der Zeit nur innerhalb bestimmter Grenzen erhöht. Dabei ist es grundsätzlich unerheblich, ob die Änderung der Beitragshöhe auf eine Änderung der tatsächlichen Verhältnisse oder auf eine Änderung der Politik der Vertreterversammlung bei der Bildung von Tarifstellen zurückgeht. Das Übermaßverbot gilt in jedem Fall, unabhängig von der Ursache des Beitragsanstiegs.

Es ist nicht möglich, die Grenzen für die Schwankung der Beitragsbelastung von einer Tarifperiode zur nächsten oder im Rahmen einer kürzerfristigen Neufestsetzung allgemein zu bestimmen.[103] Gleiches gilt für den zeitlichen Rahmen, innerhalb dessen das Übermaßverbot eingreift, also für den Zeitraum, über den hinweg die Gefahrklasse angehoben werden müßte. Für den Umfang der insoweit vorzusehenden Übergangsregelung[104] wird es auf die tatsächlichen Verhältnisse ankommen. Unter Zugrundelegung der Rechtsprechung[105] wird jedenfalls der Anstieg um ein Vielfaches der vorherigen Beitragsbelastung als Indiz für einen Verstoß gegen den Verhältnismäßigkeitsgrundsatz und auch gegen den Vertrauensschutz der Unternehmer dienen können. Die Versiebenfachung des Beitrags der Sportvereine aufgrund des Gefahrtarifs 1995 der VBG war demnach unzulässig.[106]

Greift der Vertrauensschutz bzw. das Übermaßverbot zugunsten der Unternehmer einer Tarifstelle ein, so haben die übrigen Tarifstellen diejenigen Lasten, welche nicht auf die Verursacher umgelegt werden dürfen, für eine Übergangszeit mitzutragen. Ausgehend von dem auf den Seiten 102 ff. vorgestellten Modell, entstehen auf diese Weise Transfers bei der Tragung

103 Vgl. zur Bestimmung von derartigen Grenzsätzen allgemein: *Osterloh*, in: Sachs, GG, Art. 3 GG Rn. 111.

104 Zu den Vorgaben vgl. ausführlich: *Rüfner*, in: Bonner Kommentar, Art. 3 I GG Rn. 114 m. w. N.

105 Vgl. Fußnoten 97 und 98 auf der vorherigen Seite.

106 Problematisch war auch das weitere Verfahren der Berufsgenossenschaft: Fehlerfolge der übersetzten Beiträge war die Nichtigkeit der Festsetzungen für die betreffende Tarifstelle in dem Gefahrtarif. Die insoweit ergangenen Bescheide waren rechtswidrig. Da die Fußballvereine sich geweigert hatten, Beiträge zu zahlen, wären die Veranlagungs- und die Beitragsbescheide gem. § 44 II SGB X mit Wirkung für die Zukunft und für die Vergangenheit zurückzunehmen gewesen. Die Gefahrklasse wäre von der Vertreterversammlung in zutreffender Höhe neu festzusetzen und die Unternehmer wären danach neu zu veranlagen gewesen. Für die vertragliche Vereinbarung von Beiträgen außerhalb dieses Verfahrens bestand hingegen kein Raum (so zutreffend auch der Vortrag der *Revision* in der mündlichen Verhandlung beim BSG am 24. 6. 2003 in der Sache Az. B 2 U 21/02 R).

der Lasten zwischen den Tarifstellen. Sie sind Ausdruck der Solidarität zwischen den Unternehmern.

Für die Praxis bedeutsam ist, daß ein effektiver Rechtsschutz nur dann möglich sein wird, wenn die gesamte Übergangsregelung aus dem Gefahrtarif ersichtlich ist. Wenn also die Gefahrklasse einer Tarifstelle schrittweise angehoben werden soll, ist der vorgesehene Anstieg, auch für die kommenden Tarifperioden, von vornherein in dem Gefahrtarif festzusetzen.[107,108]

3.2.2.3 Rechtfertigung der Typisierung im Gefahrtarif

Der Gefahrtarif ist eine typisierende Regelung, weil er die Unfallgefahr in einer Berufsgenossenschaft nach Gewerbezweigen und nach Tätigkeiten abbildet und dabei auf die Verhältnisse in den einzelnen Betrieben keine Rücksicht genommen wird.[109] So ist die **Bildung von Tarifstellen** eine Typisierung, die Entscheidung für eine Abgrenzung der Tarifstellen nach Gewerbezweigen oder nach Tätigkeiten. Die Typisierung setzt der *„Abstufung der Beiträge"* im Sinne von § 157 I 2 SGB VII Grenzen, weil sie vorwegnimmt, wie fein die Differenzierungen ausfallen können, nach denen dann die Unfallgefahr in den Gefahrklassen zum Ausdruck kommen kann. Je gröber die Typisierung bei der Tarifstellenbildung, desto stärker wird im Ergebnis von der Beitragsäquivalenz im strengen Sinne abgewichen werden. Die typisierende Festsetzung des Gefahrtarifs, eine Ungleichbehandlung, ist durch einen sachlichen Grund zu rechtfertigen. Insoweit ist bereits in Abschnitt 3.1.2.4.1 auf Seite 120 ff. darauf hingewiesen worden, daß hierüber *mit Blick auf die Typisierung* in erster Linie unter dem Gesichtspunkt der Rechtsanwendungsgleichheit und der Rechtssicherheit bei der späteren Veranlagung zu entscheiden sein wird. Auf den vorgenannten Abschnitt wird deshalb an dieser Stelle verwiesen.

Die **Festsetzung der Gefahrklassen** erfolgt pauschal. Vielfach ist aus den Gefahrtarifen ersichtlich, daß nur bestimmte Zahlenwerte als Gefahrklassen gewählt werden. Insbesondere die Bau-Berufsgenossenschaften

---

107 So ist es beispielsweise in dem Gefahrtarif 2001 der Verwaltungs-Berufsgenossenschaft erfolgt, wo nunmehr für 26 von 59 Tarifstellen der Anstieg der Gefahrklasse für die folgenden Jahre festgeschrieben worden ist.

108 Zur Vorwirkung von Art. 19 IV GG auf die Tätigkeit der Verwaltung allgemein vgl. *Krebs*, in: von Münch/Kunig, GG, Art. 19 GG Rn. 66 m. w. N.

109 Vgl. allgemein zu typisierenden Regelungen Abschnitt 1.3.2.2 auf Seite 69.

pflegen nur ganze oder halbe Zahlen als Gefahrklassen festzusetzen. Da die Gefahrklassen gem. § 157 III SGB VII aus Arbeitsentgelten und Lasten zu „berechnen“ sind, ist ohne weiteres ersichtlich, daß hierbei halbe und ganze Zahlen nur ganz ausnahmsweise als Ergebnis einer Rechnung auftreten können. Die berechneten Werte müssen also auf- oder abgerundet werden, um das gewünschte Ergebnis zu erhalten.

Das Gesetz bestimmt in § 157 III SGB VII einen Rechenvorgang zur Ermittlung der Gefahrklassen. Sowohl die insoweit einzustellenden Größen als auch die vorzunehmenden Operationen werden vorgegeben. Diese Berechnung ist Ausdruck des Äquivalenzprinzips. Sie ist für alle Gefahrklassen gleich durchzuführen. Wie bereits ausgeführt, sind eventuell hieran anschließende *Umrechnungen* der Gefahrklassen unproblematisch, weil sie das Verhältnis der nach Maßgabe von § 157 III SGB VII berechneten Werte zueinander nicht berühren.[110] Diese Umrechnungen verändern die Äquivalenz der Beiträge nicht. Sie sind deshalb von einer *Rundung* der Gefahrklassen zu unterscheiden. Die Rundung stellt schon prinzipiell eine Abweichung von der Beitragsäquivalenz dar. Auch wenn sie nach bestimmten Regeln erfolgt, wird die eine Gefahrklasse auf-, die andere abzurunden sein, so daß es zu Ungleichbehandlungen der Tarifstellen kommt. Darüberhinaus wird der Umfang der Rundung bei den einzelnen Tarifstellen jeweils ganz unterschiedlich ausfallen; mal wird er größer, mal kleiner sein, je nachdem wie weit die berechnete Gefahrklasse von dem nächsten Wert verschieden ist, auf den gerundet werden soll. Die Rundung ist deshalb durch einen sachlichen Grund zu rechtfertigen. Maßstab ist wiederum die Neue Formel zu Art. 3 I GG. Anzuwenden ist der strenge Maßstab, weil es zu einer Ungleichbehandlung der Unternehmer kommt.

Die Bau-Berufsgenossenschaften verfahren auf diese Weise aus Tradition.[111] Bei der Überarbeitung des Gefahrtarifs wird stets darauf geachtet, daß dieser tradierte Ansatz beibehalten wird. Dabei handelt es sich aber, wie gerade ausgeführt, letztlich um ein recht grobes Verfahren, das im einzelnen zu erheblichen Abweichungen der gerundeten Ziffern von den berechneten Werten führen kann. Die Tradition allein vermag diese Vorgehensweise nicht zu begründen. Auch eine lange bestehende Übung ist – zumindest auf Dauer – kein Grund von solcher Art und solchem Gewicht, daß er eine Abweichung von der Beitragsäquivalenz im Sinne von Art. 3 I

---

110 Vgl. Abschnitt 1.3.1.5 auf Seite 59 ff.

111 Auskunft der Direktion der Bau-Berufsgenossenschaft Frankfurt am Main.

GG rechtfertigen könnte.[112]

Insoweit findet also die zulässige Typisierung ihre Grenze. Typisierung darf nicht dazu führen, daß das Verhältnis der berechneten Gefahrklassen zueinander berührt wird, so daß sich die Beitragsäquivalenz ändert. Die Gefahrklassen sind so festzusetzen, wie sie berechnet worden waren. Die Verwaltungs-Berufsgenossenschaft entspricht diesen Vorgaben dagegen in rechtmäßiger Weise, indem sie seit dem Gefahrtarif 1998 zwei, statt früher eine Nachkommastelle bei der Gefahrklasse ausweist.

3.2.2.4 Ergebnis und Schlußfolgerungen für den Umfang des Gestaltungsspielraums der Vertreterversammlung

Es ergibt sich, daß die Prävention und das Übermaßverbot bzw. der Vertrauensschutz sachliche Gründe sind, mit denen eine Abweichung von der bei der versicherungstechnischen Äquivalenz bei der Festsetzung des Gefahrtarifs von der versicherungstechnischen Äquivalenz begründet werden kann.

Die Vertreterversammlung hat einen Gestaltungsspielraum bei der Festsetzung des Gefahrtarifs. Er ist durch das höherrangige Recht begrenzt und materiell ausgestaltet (festgelegt). Der Umfang dieses Spielraums darf indessen nicht überschätzt werden. Er unterliegt in der Praxis weitgehenden Einschränkungen, die sich zunächst daraus ergeben, daß die Verhältnisse in den Gewerbezweigen, für die die Berufsgenossenschaften zuständig sind, nur sehr langfristigen Veränderungen unterliegen. Änderungen der tatsächlichen Verhältnisse erfolgen im wirtschaftlichen Bereich regelmäßig nicht sprunghaft, sondern langfristig, also über eine oder über eine Reihe von Tarifperioden hinweg. Gefahrtarife werden auch nicht bei jeder Festsetzung völlig neu „erfunden“, sondern in zeitlicher Folge aus dem jeweils vorhergehenden Gefahrtarif heraus entwickelt. Das Übermaßverbot und der Grundsatz des Vertrauensschutzes stellen eine wirksame normative Begrenzung für die Änderung von Gefahrklassen und für die Bildung der Tarifstellen dar. Die Entscheidung darüber, ob ein Gewerbezweig- oder ein Tätigkeitstarif aufzustellen sei, wird in erster Linie von dem Ge-

112 BVerfGE 62, 256, 279; *Jarass*, in: Jarass/Pieroth, GG, Art. 3 GG Rn. 16. – Umgekehrt könnte sich ein Unternehmer nicht auf Gewohnheitsrecht als Grundlage für die Festsetzung des Gefahrtarifs oder die Veranlagung zu den Gefahrklassen berufen; dem stände schon die gesetzliche Regelung in § 157 SGB VII entgegen. Vgl. bereits zum alten Recht: BSGE 43, 289, 291 f.

sichtspunkt der Praktikabilität und der Rechtsanwendungsgleichheit gelenkt werden, so daß auch insoweit tiefgreifende Änderungen eher selten sind. Diese These wird von der Praxis gestützt, wie der Übergang vom Tätigkeits- zum Gewerbezweigtarif im Jahre 1984 bei der Verwaltungs-Berufsgenossenschaft, ein geradezu epochaler Umbruch, zeigt. Die Gefahrklassen sind zudem nach § 157 III SGB VII aus den gezahlten Leistungen und den Arbeitsentgelten zu „berechnen", wodurch auch hier von vornherein ein sehr kleiner Spielraum vorgegeben ist.

Der Umfang des Gestaltungsspielraums, innerhalb dessen die Vertreterversammlung „politisch" zu handeln befugt ist, ist damit sowohl bei normativer als auch bei praxisnaher Betrachtung sogar vergleichsweise gering. Das erkennt auch ein Teil der neueren Rechtsprechung.[113] Die Auffassung eines Teils der Literatur, insoweit würden der Vertreterversammlung weitgehende und nur in ungenügender Weise von dem Gesetzgeber festgelegte Entscheidungen übertragen, ist bereits aus anderen Gründen vorstehend abgelehnt worden.[114]

Die Folge hieraus ist, daß die Vertreterversammlung leicht Gefahr läuft, ihren recht eng gefaßten Spielraum zu überschreiten, wenn sie allzu weitgehende Veränderungen an den bestehenden Festsetzungen in dem Gefahrtarif vornimmt, und daß die Rechtsprechung den Gefahrtarif insoweit mit Blick auf Artt. 3 I, 19 IV GG einer strengen Prüfung zu unterziehen hat. Insbesondere sind jeweils die Ziele, einerseits risikoäquivalente Beitragsabstufungen zu schaffen und andererseits die Belastung der Unternehmer in maßvollen Grenzen zu halten, miteinander in Einklang zu bringen, also abzuwägen. Man könnte hier auch von einer Art „Optimierungsaufgabe" sprechen, die der Vertreterversammlung gestellt ist. Die Rechtsprechung wendet diese strengen Vorgaben – umgekehrt – bei der Prüfung von Ge-

113 BSG, Urteil vom 11. November 2003, Az. B 2 U 16/03 R, Internet: `http://juris.bundessozialgericht.de/cgi-bin/rechtsprechung/document.py?Gericht=bsg&Art=en&sid=238a6365b5f7af445e77dbd693445787&nr=8193&anz=1&pos=0&Frame=2` am 14. August 2004, Rn. 19: *„Soweit die BG über den von ihr gemäß § 157 SGB VII als autonomes Recht zu beschließenden Gefahrtarif die Beitragshöhe beeinflusst, ist sie aber durch gesetzliche und verfassungsrechtliche Vorgaben weitgehend eingeengt; zudem bedarf ihre Entscheidung der Genehmigung der Aufsichtsbehörde (§ 158 Abs 1 SGB VII), so dass eine freie Tarifgestaltung, wie sie für ein marktwirtschaftlich handelndes Versicherungsunternehmen typisch wäre, nicht möglich ist."*

114 Vgl. Seite 116 ff.

fahrtarifen in der Praxis oft nur in unzureichendem Maße an.[115]

3.2.3 Exkurs: Europäisches Gemeinschaftsrecht

Das europäische Gemeinschaftsrecht ist für die Festsetzung des Gefahrtarifs insoweit bedeutsam, als es um die Bestimmung der Vorgaben für diejenigen Unternehmer geht, die am gemeinsamen Markt tätig sind, beispielsweise die Profifußballvereine, die in den diversen europäischen Pokalwettbewerben („*Champions League*") teilnehmen. Soweit es sich dabei um deutsche Vereine handelt, werden die für die Unfallversicherung ihrer Spieler anfallenden Sozialversicherungsbeiträge durch die Verwaltungs-Berufsgenossenschaft festgesetzt.

Beachtlich ist insoweit Art. 87 EGV (früher: Art. 92 EGV). Demnach „*sind staatliche oder aus staatlichen Mitteln gewährte Beihilfen gleich welcher Art, die durch die Begünstigung bestimmter Unternehmen oder Produktionszweige den Wettbewerb verfälschen oder zu verfälschen drohen, mit dem gemeinsamen Markt unvereinbar, soweit sie den Handel zwischen den Mitgliedstaaten*" beeinträchtigen (Art. 87 I EGV).

Der Begriff der Beihilfe ist weiter gefaßt als derjenige der Subvention. Er umfaßt nicht nur unmittelbare Zuwendungen von staatlicher Seite an ein Unternehmen oder einen ganzen Produktionszweig, sondern auch die Gewährung der Entlastung von Kosten, die ein Unternehmen normalerweise zu tragen hat.[116] Kein Produktionszweig soll von staatlicher Seite gegenüber einem anderen in der Weise bevorzugt werden, daß sich die staatliche Maßnahme auf den Wettbewerb auf dem gemeinsamen Markt auswirkt.[117] Auf die Gründe der staatlichen Einflußnahme auf den Wettbewerb kommt es dabei nicht an.[118] In Bereich der Sozialversicherung ist insbesondere auf unerlaubte Beihilfen erkannt worden bei der zeitlich begrenzten Befreiung eines Industriezweigs von Soziallasten,[119] aber auch im Falle bloßer Zah-

---

115 Vgl. ausführlich zur gerichtlichen Kontrolle von Gefahrtarifen und m. w. N.: *Fenn*, SGb 2004, 94; passim.

116 EuGH – *Banco de Crédito Industrial SA*, nunmehr: *Banco Exterior de España SA / Aycentamiente de Valencia*, Rs. C-387/92 – EuGHE 1994 I–902, 907 Rn. 13; *Albert Bleckmann*, Europarecht, 6. Aufl. 1997, Rn. 2052.

117 EuGH – Italien / Kommission, Rs. 173/73 – EuGHE 1974, 709, 718 Rn. 26/28; *Thomas Oppermann*, Europarecht, 2. Aufl. 1999, Rn. 1110.

118 *Oppermann*, a. a. O. (Fn. 117), Rn. 1110.

119 EuGH – Italien / Kommission, Rs. 173/73 – EuGHE 1974, 709, 719 Rn. 33/35; EuGH – Frankreich / Kommission, Rs. C-301/87 – EuGHE 1990, 307, 362 Rn. 41.

lungserleichterungen für Sozialversicherungsbeiträge.[120]

Daraus folgt, daß ein rechtswidriger Gefahrtarif, durch den die Unternehmer am gemeinsamen Markt gegenüber den Wettbewerbern aus anderen Mitgliedsstaaten bevorzugt werden, auch gegen Art. 87 I EGV verstößt. Dabei ist es für einen Verstoß gegen Art. 87 I EGV schon ausreichend, daß eine Verfälschung des Wettbewerbs einzutreten droht. Angesichts der sehr umfangreichen Beitragsnachlässe für die Profifußballvereine schon unter Geltung des Gefahrtarifs 1990[121] ist von einem Verstoß gegen Art. 87 I EGV auszugehen.

Das Verbot der Subventionierung durch die Gestaltung des Gefahrtarifs[122] wird durch das Verbot der Beihilfen in Art. 87 I EGV weiter betont. Wegen des Anwendungsvorrangs des Gemeinschaftsrechts vor dem nationalen Recht[123] ist ein Gefahrtarif, der gegen das Gemeinschaftsrecht verstößt, insoweit nicht anwendbar. Hierunter fällt beispielsweise auch die nur vorübergehenden Entlastung von Beiträgen zur Sozialversicherung.[124]

Das gemeinschaftsrechtliche Beihilfeverbot fordert deshalb die zutreffende Festsetzung des Gefahrtarifs nach den zuvor erarbeiteten Gesichtspunkten insbesondere für diejenigen Unternehmer, die am gemeinsamen Markt teilnehmen. Es formuliert selbst hierfür keinen Maßstab, sondern verweist wiederum auf die vorstehend erörterten Kriterien nach Maßgabe von Art. 3 I GG. Für die übrigen Unternehmer, für die eine gewerbliche Berufsgenossenschaft zuständig ist, die aber nicht mit Wettbewerbern aus anderen Mitgliedsstaaten konkurrieren, ist das gemeinschaftsrechtliche Beihilfeverbot unbeachtlich. Insoweit bleibt es bei den allgemeinen Regeln.

---

120 EuGH – *Déménagement Manutention Transport SA (DMT)*, Rs. C-256/97 – EuZW 1999, 506, 508.

121 Vgl. Tabelle 1.1 auf Seite 14.

122 *Schulz*, Gefahrtarif, S. 83. – Vgl. Abschnitt 2.2.2.1 auf Seite 100 ff.

123 Vgl. hierzu ausführlich: *Bleckmann*, a. a. O. (Fn. 116), Rn. 1070 ff.; EuGH – *Costa/ENEL*, Rs. 6/64 – EuGHE 1964, 1251, 1269 ff.

124 EuGH – Italien/Kommission, Rs. 173/73 – EuGHE 1974, 709, 719 Rn. 33/35; EuGH – Frankreich / Kommission, Rs. C-301/87 – EuGHE 1990, 307, 362 Rn. 41; EuGH – *Déménagement Manutention Transport SA (DMT)*, Rs. C-256/97 – EuZW 1999, 506, 508.

3.3 Die Vereinbarkeit der Umlage der DDR-Altlasten auf die gewerblichen Berufsgenossenschaften mit dem allgemeinen Gleichheitssatz

3.3.1 Die Heranziehung der gewerblichen Berufsgenossenschaften zu den DDR-Altlasten

Wie oben ausgeführt,[125] wurde 1990 die Zuständigkeit der meisten westdeutschen Unfallversicherungsträger auf das frühere Staatsgebiet der DDR erstreckt;[126] gleichzeitig wurden ihnen die Altlasten aus der Unfallversicherung der DDR übertragen. Sie müssen seitdem für die Lasten der ostdeutschen Altrentner aufkommen, und sie haben sie bei der Leistungserbringung zu betreuen. Die Verteilung von der „Überleitungsanstalt Sozialversicherung" auf die Spitzenverbände der Unfallversicherungsträger erfolgte dabei aufgrund eines pauschalen Schlüssels, der im Einigungsvertrag festgelegt worden war. Die Einzelheiten des Verfahrens sind vorstehend beschrieben worden, darauf wird an dieser Stelle verwiesen.[127]

Dabei sind zwei Aspekte problematisch:[128] Zum einen wurden die Lasten vollständig auf die Unfallversicherungsträger, insbesondere auf die gewerblichen Berufsgenossenschaften – und damit auf die Unternehmer – übertragen, ohne daß ihnen dafür ein staatlicher oder sonst ein Ausgleich gewährt worden wäre.[129] Die Unfallversicherungsträger – also alle Träger, nicht nur die gewerblichen BGen – tragen die Lasten seitdem aus den Beiträgen ihrer Mitglieder. Soweit diese Lasten also den gewerblichen Unternehmern zuteil wurden, so wurden sie einer bestimmten Gruppe von Betroffenen in Form von Sozialversicherungsbeiträgen auferlegt. Steuern oder andere Abgaben werden zu ihrer Finanzierung hier nicht erhoben. Dieses Vorgehen ist zu rechtfertigen. Zum anderen erfolgte die Verteilung der Altrentner aus der DDR-Sozialversicherung nach einem pauschalen Schlüssel, der zu einer zufälligen Verteilung der Leistungsberechtigten sowohl auf die Spitzenverbände als auch – weiterhin – auf die Be-

125 Vgl. Abschnitt 1.2.7 auf Seite 21 ff.

126 Zu den Ausnahmen bei den Bau- und bei den Metall-Berufsgenossenschaften vgl. Abschnitt 1.2.7.3 auf Seite 25 ff.

127 Vgl. Abschnitt 1.2.7.3 auf Seite 25 ff.

128 Vgl. bereits die Problemstellung in Abschnitt 1.3.2.4 auf Seite 73 ff.

129 Vgl. den folgenden Abschnitt 3.3.2.

rufsgenossenschaften führte.[130,131] Letzteres ist eine Abweichung von dem Prinzip der Gliederung der Träger nach Berufs- und Gewerbezweigen.[132] Die Berufsgenossenschaften sind seit je für bestimmte Branchen zuständig, und damit ist gleichzeitig ihre Zuständigkeit für Unfälle aus allen anderen Branchen ausgeschlossen.

Maßstab ist jeweils Art. 3 I GG. Die Verschiedenbehandlung der Unternehmer als Personengruppen führt zur Anwendung der Neuen Formel und weiter zu einer strengen Verhältnismäßigkeitsprüfung. Zu untersuchen ist zunächst die Übertragung der Lasten auf die gewerblichen Unternehmen über den HVBG.[133] Die Heranziehung der Unternehmer zur Finanzierung eines bestimmten Anteils der DDR-Altlasten ist eine Ungleichbehandlung der Unternehmer insgesamt im Vergleich zu den übrigen Normadressaten, den Mitgliedern der anderen Spitzenverbände.

3.3.2 Die Rechtfertigung der Tragung der Lasten durch die Unternehmer

3.3.2.1 Finanzierung durch „Beteiligte"

Auszugehen ist von dem Kompetenztitel in Art. 74 I Nr. 12 GG, denn bei der Regelung der Altlasten aus der DDR-Sozialversicherung im Einigungsvertrag handelte es sich um ein Gesetz zur „Sozialversicherung". Diese wird aus Sozialversicherungsbeiträgen finanziert, und zwar grundsätzlich aus Beiträgen, die paritätisch von den Beschäftigten und von den Arbeitgebern aufgebracht werden. Nur in der gewerblichen Unfallversicherung bringen die Unternehmer – zur Förderung der Prävention[134] – die Unfallast alleine auf.

Die Heranziehung eines Betroffenen zu Sozialversicherungsbeiträgen ist nach der Rechtsprechung nur zulässig, soweit es sich bei ihm um einen „Beteiligten" handelt.[135] Soweit die Versicherten zu eigenen Beiträgen herangezogen werden, ist das unter dem Gesichtspunkt der Äquivalenz unproblematisch, denn sie finanzieren damit gerade die Leistungen (mit), die

130 Man sprach deshalb auch zutreffend von einem sogenannten „Zufallsgenerator". Vgl. Abschnitt 3.1.3.4.1 auf Seite 126 ff.

131 Vgl. Abschnitt 3.3.3 auf Seite 151 ff.

132 Vgl. Abschnitt 1.3.1.2 auf Seite 45 ff.

133 Zur weiteren Verteilung der Lasten innerhalb der einzelnen gewerblichen Berufsgenossenschaften auf ihre jeweiligen Mitglieder vgl. Abschnitt 3.4 auf Seite 165 ff.

134 Vgl. Abschnitt 2.3.2 auf Seite 107 ff.

135 Vgl. Fn. 28 auf Seite 80 m. w. N.

sie im Versicherungsfall selbst beanspruchen können.[136] Die Erhebung von Sozialversicherungsbeiträgen bei einem Dritten hingegen bedarf einer besonderen sachlichen Rechtfertigung vor Art. 3 I GG.[137] Die Beitragspflicht der Arbeitgeber folgt zwanglos aus ihrer Fürsorgepflicht aus dem Arbeitsverhältnis.[138] Insoweit kann auf das Solidarprinzip abgestellt werden.[139]

Fraglich ist hier, ob die *westdeutschen* Unternehmer als „Beteiligte" in dem vorstehenden Sinne gelten können, weil sie keinerlei historisch gewachsenen Bezug zu den verbliebenen Lasten der *ostdeutschen* Sozialversicherung haben. Die deutsche Teilung dauerte, die erste Zeit der Besatzung durch die alliierten Siegermächte nach dem zweiten Weltkrieg eingerechnet, über einen Zeitraum von mehr als 40 Jahren an. Reguläre ost-westdeutsche Arbeitsverhältnisse waren während dieser Zeit ausgeschlossen. Das steht einer Haftung der heutigen Unternehmer für die DDR-Altlasten letztlich aber nicht entgegen. Seit je hat es zu den Aufgaben der Unfallversicherung gezählt, Altlasten zu finanzieren.[140] Die sogenannte Tote Last macht sogar den größten Teil der Lasten jeder Berufsgenossenschaft aus.[141] Auch bei den DDR-Altlasten handelt es sich um Tote Lasten in diesem Sinne, weil die Unternehmen, in denen sie ursprünglich entstanden sind, seit dem Untergang des ostdeutschen Staates nicht mehr existieren. Es ist Ausdruck der Solidarität zwischen den Unternehmern, daß diese Lasten von den Berufsgenossenschaften weiter mitgetragen werden.[142] Darüberhinaus werden die DDR-Altlasten nicht nur von den westdeutschen Unternehmern finanziert. Denn durch den Einigungsvertrag wurde neben der Rechtsnachfolge in die Leistungen für Altrentner der Unfallversicherung der DDR auch die Erstreckung der Zuständigkeit der bundesdeutschen Unfallversicherungsträger geregelt. Diese sind seitdem überwiegend[143] auch für die fünf neuen Bundesländer örtlich und sachlich zuständig. Die neu hinzugekommenen ostdeutschen Unternehmer werden deshalb genauso zur Tragung der DDR-Altlasten herangezogen wie die

136 *Ferdinand Kirchhof*, in: HbStR IV, § 93 Rn. 17.
137 BVerfGE 75, 108, 147.
138 BVerfGE 11, 105, 113; 75, 108, 146.
139 *Kirchhof*, in: HbStR IV, § 93 Rn. 17 m. w. N.
140 BSG SGb 2001, 254, 257.
141 Vgl. Abschnitt 2.2.2.2 auf Seite 102 ff.
142 BSG SGb 2001, 254, 257.
143 Zu den Ausnahmen der Berufsgenossenschaften, die sich nicht auf das Beitrittsgebiet erstreckt hatten, vgl. Abschnitt 1.2.7.3 auf Seite 25 ff.

westdeutschen Unternehmer.[144] Diese stehen den DDR-Altlasten ebenso nah oder fern wie jene.

Die Verpflichtung zur solidarischen Tragung der Altlasten gilt für die jeweils am Markt tätigen Unternehmer, unabhängig von dem weiteren Bestand der Unternehmen, aus denen die Versicherungsfälle herrühren. Die andere staatliche und wirtschaftliche Organisationsform und Eigentumsordnung der Deutschen Demokratischen Republik im Verhältnis zur Bundesrepublik Deutschland steht dem ebensowenig entgegen wie der Umstand, daß der Umfang des Versicherungsschutzes nach dem Recht der DDR von dem Umfang der bundesdeutschen Unfallversicherung im einzelnen etwas abwich.[145] Solche Unterschiede sind rein systembedingt und daher für die Sache ohne Belang. Die Voraussetzungen, unter denen Geschädigte Ansprüche gegen die Unfallversicherungsträger geltend machen konnten, waren denjenigen nach westdeutschem Recht hinreichend ähnlich.[146] Sie stehen einer Eingliederung in das bundesdeutsche System der gesetzlichen Unfallversicherung somit nicht entgegen.

3.3.2.2 Keine staatliche Ausgleichspflicht

Der Inanspruchnahme der Unternehmer als Beteiligte steht auch keine staatliche Ausgleichspflicht entgegen. Insbesondere sind die DDR-Altlasten grundsätzlich keine „Kriegsfolgelasten", die nach Art. 120 I 1 GG vom Bund zu tragen wären. Zwar war die Teilung Deutschlands eine unmittelbare Folge des Zweiten Weltkriegs, es besteht aber Einigkeit darüber, daß jedenfalls die Kosten, die durch den nunmehr erfolgten Zusammenschluß der beiden deutschen Staaten bedingt sind, nicht als Kriegsfolgelasten anzusehen sind.[147] Mit zunehmendem zeitlichem Abstand zum Zweiten Weltkrieg wird es immer schwerer sein, noch einen hinreichend engen kausalen Zusammenhang bestimmter Lasten zu den Kriegsereignissen herzustellen.[148]

Lediglich für die mit dem Uranerzbergbau der *„Wismut"*[149] verbundenen Lasten könnte ein solcher Zusammenhang unter Umständen noch be-

---

144 BSG SGb 2001, 254, 257.

145 Vgl. hierzu die Gegenüberstellung bei *Aulmann*, BG 1990, 184, 188 f.

146 So auch die *Beklagte* in der Revision bei BSG SGb 1997, 182, 183.

147 *Schaefer*, in: von Münch/Kunig, GG, Art. 120 GG Rn. 9 f.; *Sieckmann*, in: Sachs, GG, Art. 120 GG Rn. 11; *Jarass*, in: Jarass/Pieroth, GG, Art. 120 GG Rn. 3.

148 Grundlegend zum ganzen: BVerfGE 9, 305, 324 ff.

149 Vgl. Seite 23 ff.

stehen, weil *„nach dem Krieg der Uranbergbau von sowjetischer Seite als deutsche Reparationsleistung unter rigorosen Bedingungen eingeführt"*[150] worden war. Es ist aber zum einen aus tatsächlicher Sicht fraglich, ob und – falls ja – inwieweit überhaupt noch Leistungen an Überlebende oder Hinterbliebene aus dieser Zeit zu erbringen sind. In der Folgezeit war die *„SDAG Wismut"* zudem unter sowjetisch-deutscher Leitung tätig. Auch insoweit wird die Nähe zu den Kriegsereignissen mit zunehmendem zeitlichem Abstand immer weiter abnehmen, so daß es immer weniger gerechtfertigt erscheint, insoweit von Kriegsfolgelasten zu sprechen. Auch Art. 120 I 4 GG gewährt im übrigen keinen Anspruch eines Sozialversicherungsträgers auf einen staatlichen Zuschuß zu Kriegsfolgelasten, sondern regelt im Zusammenspiel mit Art. 120 I 1 GG lediglich die Kostentragung des Bundes gegenüber den Ländern.[151] Ausgleichsansprüche der Sozialversicherungsträger gegenüber dem Bund bestehen im Rahmen des Art. 120 I 4 GG nur nach Maßgabe des einfachen Rechts.[152] Wo also eine diesbezügliche Regelung fehlt, besteht kein Anspruch auf die Übernahme von Lasten. In der Unfallversicherung leistet der Staat aber prinzipiell keine staatlichen Zuschüsse, und eine hiervon abweichende Regelung für die DDR-Altlasten ist nicht erfolgt, so daß dementsprechende Ausgleichszahlungen des Bundes an die gewerblichen Berufsgenossenschaften auch vorliegend nicht infrage kom-

---

150 Aus der BT-Drs. 11/7511, zitiert bei *Joachim Breuer*, Die Last der Wismut – eine Herausforderung für die Berufsgenossenschaften, BG 1991, 508, 517, 518. – Die in diesen Bergwerken angewandte Technik des Uranabbaus war ausgesprochen einfach, und die Arbeitsbedingungen äußerst schlecht, so daß schwerste Gesundheitsschäden der Beschäftigten eine notwendige Folge sein mußten. Vielfach bestand, zumindest in der unmittelbaren Nachkriegszeit, Arbeitszwang, von der sowjetischen Besatzungsmacht angeordnet. – Vgl. die Darstellung bei *Breuer*, BG 1991, 508, 509 f. sowie ausführlich: *HVBG (Hg.)*, Berufsgenossenschaftliche Aktivitäten und Forschungsvorhaben zum Thema Wismut – Erkenntnisstand und Perspektiven, Fachkolloquium Dresden, 9. und 10. Dezember 1996, 1997.

151 BVerfGE 14, 221, 233 ff., 238 ff.; *Breuer* BG 1991, 508, 518. – Anders hingegen bei den Lasten, die auf die Unfallversicherungsträger der öffentlichen Hand entfallen sind, deren Lasten aus Mitteln der Länder getragen werden. In diesem Fall greift Art. 120 I 4 GG als Regel der Lastentragung zwischen dem Bund und den Ländern ein, so daß insoweit ein Ausgleich der Kosten, die den Ländern entstehen, durch den Bund zu erfolgen hat. Die Lasten, die der Bund selbst als Unfallversicherungsträger bzw. die nunmehr neugegründete Unfallkasse des Bundes zu tragen haben, verbleiben ohnehin beim Bund. – Vgl. BVerfGE 14, 221, 233 ff., 238 ff.

152 *Jarass*, in: Jarass/Pieroth, GG, Art. 120 GG Rn. 7 m. w. N; *Kirchhof*, in: HbStR IV, § 93 Rn. 41 mit Bezugnahme auf BSGE 34, 177; 47, 148 zur Staatsgarantie des Bundes für die Allgemeinen Ortskrankenkassen.

men können.

Auch der Gesichtspunkt der „Kriegsfolgelasten" steht somit nicht der Übertragung der DDR-Altlasten auf die Berufsgenossenschaften entgegen.[153] Der Staat ist nicht verpflichtet, den Unternehmern insoweite inen Ausgleich zu gewähren.

3.3.2.3 DDR-Altlasten sind keine Sonderabgabe

Der Heranziehung der Unternehmer zu den DDR-Altlasten steht auch nicht entgegen, daß es sich bei diesen Lasten um eine „Sonderabgabe" handeln würde, die von den Unternehmern nicht erhoben werden dürfte.[154]

Die Sozialversicherungsbeiträge sind eine öffentlich-rechtliche Abgabe eigener Art.[155] Sozialversicherungsbeiträge werden von den Trägern der Sozialversicherung als rechtlich vom Staat verselbständigte Körperschaften des öffentlichen Rechts zur Deckung ihres eigenen Finanzbedarfs erhoben.[156] Mit der Abgrenzung von Sozialversicherungsbeiträgen und Sonderabgaben hat sich das Bundesverfassungsgericht in der Entscheidung zum *Künstlersozialversicherungsgesetz* vom 8. April 1987 auseinandergesetzt.[157] Der Gesetzgeber stützt sich bei der Erhebung von Sonderabgaben auf seine Kompetenz für einen bestimmten Sachbereich, nicht auf einen Titel aus der Finanzverfassung der Artt. 104 a ff. GG.[158] Es besteht hier deshalb prinzipiell die Gefahr der Umgehung und der Aushöhlung der bundesstaatlichen Finanzverfassung,[159] weshalb die Rechtsprechung für die Zulässigkeit derartiger Abgaben enge Voraussetzungen formuliert hat.[160]

---

153 Im übrigen besteht ebensowenig eine Ausgleichspflicht auch unter dem Gesichtspunkt der „Fremdlasten". Als solche wurden bisher in der Unfallversicherung diskutiert: Fremdrenten nach dem FRG; Versicherungsschutz für Personen, die „wie ein Beschäftigter" tätig werden (§ 2 II 1 SGB VII) sowie für nicht versicherte Unternehmer (§ 105 II 2–4 SGB VII); Wegeunfälle; Lastenausgleich (§§ 176 ff. SGB VII); Auferlegung anteiliger Verwaltungs- und Verfahrenskosten (vgl. *Hermann Butzer*, Fremdlasten in der Sozialversicherung, 2001, S. 69 m. w. N.). – Das Thema ist zu umfangreich, als daß darauf in der Arbeit ausführlich eingegangen werden könnte.

154 So aber die *Revision* in BSG SGb 1997, 182, 182.

155 *Kirchhof*, in: HbStR IV, § 93 Rn. 16 m. w. N. – Dort auch zusammenfassend zur Diskussion um die finanzverfassungsrechtliche Einordnung der Sozialversicherungsbeiträge.

156 BVerfGE 75, 108, 148.

157 BVerfGE 75, 108, 147 ff.

158 BVerfGE 75, 108, 147.

159 BVerfGE 75, 108, 147.

160 Die Abgabe muß von einer homogenen Gruppe erhoben werden, die in einer spezifischen Beziehung zu dem mit der Abgabenerhebung verfolgten Zweck steht. Die erziel-

Diese Gefahr ist aber nach Ansicht des Gerichts bei Sozialversicherungsbeiträgen *„typischerweise"* von vornherein nicht gegeben, weil die Sachkompetenz zur Regelung der Sozialversicherung stets mit der Kompetenz zur Erhebung von Beiträgen zur Finanzierung der zu erbringenden Leistungen verbunden war.[161] Sozialversicherungsbeiträge sind deshalb keine Sonderabgaben im Sinne der Rechtsprechung.[162]

Das gilt auch für die DDR-Altlasten aus der Unfallversicherung. Denn die DDR-Altlasten rühren aus der unternehmerischen Tätigkeit her. Es handelt sich um Lasten aus Arbeitsunfällen und Berufskrankheiten, die von den Unternehmern im Rahmen der gesetzlichen Unfallversicherung solidarisch getragen werden. Der Gesetzgeber war nicht gehindert, diese Lasten den Unfallversicherungsträgern aufzuerlegen. Das folgt zwar nicht aus der Rechtsprechung des Bundesverfassungsgerichts zur Tragung von Kriegsfolgelasten durch die Sozialversicherungsträger,[163] weil es sich bei den DDR-Altlasten, wie vorstehend ausgeführt,[164] gerade *nicht* um Kriegsfolgelasten handelt. Der Vergleich mit den Fremdrenten geht auch deshalb fehl, weil die Zuständigkeit der bundesdeutschen Berufsgenossenschaften, im Gegensatz zu den der Fremdrenten, auf das Beitrittsgebiet erstreckt worden war, so daß den Ausgaben auch neue Einnahmen von den ostdeutschen Unternehmern entgegenstehen, wohingegen die Tragung der Fremdrenten lediglich Lasten verursacht hatte. Fremdrenten sind auch stets von einem sachlich zuständigen Träger auszubringen (§ 9 I 1 FRG). Die Übertragung von Altlasten anderer ([ost-] deutscher) Träger auf die sich erstreckenden bundesdeutschen Unfallversicherungsträger ist aber jedenfalls vom berufsgenossenschaftlichen Prinzip insoweit gedeckt, als es darum ging, die diesbezüglichen Altlasten solidarisch und gemeinsam in einem seltenen Ausnahmefall durch die Unternehmer aufzubringen, um die Funktionsfähigkeit der Unfallversicherung sicherzustellen. Insoweit erscheint die Übernahme der Altlasten der Bergbau-BG durch die übrigen gewerblichen Berufsgenossenschaften und die See-BG aufgrund des

---

ten Einnahmen müssen „gruppennützig" verwandt werden (BVerfGE 55, 274, 297 ff.; 67, 256, 275 ff.; 75, 108, 147), eine in diesem Sinne „fremdnützige" Abgabe wäre daher unzulässig (BVerfGE 55, 274, 307). Die Sonderabgabe soll zudem eine seltene Ausnahme sein (BVerfGE 55, 274, 308).

161 BVerfGE 75, 108, 148.

162 BVerfGE 75, 108, 147.

163 So aber BSG SGb 1997, 182, 183; 2001, 254, 256 mit Bezug auf BVerfGE 14, 221, 233 ff. zu den Fremdrenten in der Unfallversicherung.

164 Vgl. Abschnitt 3.3.2.2 auf Seite 147 ff.

Unfallversicherungs-Neuregelungsgesetzes vom 30. April 1963[165] auf die vorliegende Fragestellung übertragbar.[166] Zwar betraf dieser Fall einen Träger, der weiterexistierte, während ihm eine Entlastung bezüglich seiner Rentenaltlasten gewährt wurde, wohingegen die Unfallversicherungsträger der DDR aufgelöst worden waren. Es kommt hierin aber der Grundsatz zum Tragen, daß *die Unternehmer*, nicht die allgemeinen Steuerzahler, die Lasten aus den Versicherungsfällen der Unfallversicherung aufbringen, wenn der frühere Träger hierzu nicht mehr in der Lage ist, und zwar unabhängig davon, aus welcher früheren Trägerschaft die Lasten stammen.

Zwar wäre es dem Gesetzgeber unbenommen gewesen, den Unternehmern hierzu ausnahmsweise einen Ausgleich zu gewähren. Die Größenordnung der DDR-Altlasten hätte das unter Umständen auch nahegelegt. Dabei handelte es sich aber um eine politische Entscheidung. Eine staatliche Ausgleichspflicht bestand, wie bereits ausgeführt,[167] insoweit nicht.

3.3.2.4 Ergebnis

Gegen die Übertragung der DDR-Altlasten auf die gewerblichen Unternehmer bestehen daher keine Bedenken.

3.3.3 Die Übertragung der Lasten nach einem pauschalen Schlüssel

3.3.3.1 Die Verteilung der Altlasten auf die Mitglieder des HVBG

Durch Anwendung von Formel 1.2 auf Seite 26 entfielen auf den HVBG pauschal[168] 82,59% der gesamten DDR-Altlasten.[169] Dieses Vorgehen ist zu rechtfertigen. Der Anteil, der auf einen Spitzenverband entfiel, errechnete sich aus dem Verhältnis der Rentenlast dieses Verbandes zu den Rentenzahlungen aller Verbände im Jahr 1989. Die DDR-Altlasten wurden al-

165 BGBl. I S. 241 – Die gewerblichen Berufsgenossenschaften und die See-Berufsgenossenschaft tragen seit dem 1. Januar 1963 die Altlast der Bergbau-Berufsgenossenschaft, soweit sie vor dem 1. Januar 1953 entstanden war; vgl. BVerfGE 23, 12, 12.

166 BVerfGE 23, 12, 24 ff.; wie hier: BSG SGb 1997, 182, 183; 2001, 254, 256.

167 Vgl. Abschnitt 3.3.2.2 auf Seite 147 ff.

168 *Rüfner*, in: Bonner Kommentar, Art. 3 I GG Rn. 112 Fn. 346 definiert die „Pauschalierung" im Anschluß an *Tipke/Lang*, Steuerrecht, als eine *„Typisierung[...] der rechnerischen Grundlagen"*.

169 Genauer: 82,59% der Leistungsbezieher (s. u.) – Zu den Anteilen der drei Spitzenverbände vgl. Tabelle 1.2 auf Seite 27.

so nach dem Verhältnis der Rentenlasten der Spitzenverbände zueinander verteilt. Je höher die von dem Verband zu erbringenden Leistungen waren, desto höher war der Anteil an den DDR-Altlasten, der ihm übertragen wurde. Dabei wurden aber *nicht lediglich „Lasten"* verteilt, die, als Geldbetrag, beliebig durch eine Rechnung hätten aufgeteilt werden können, denn es waren weiterhin Leistungen an bestimmte Personen zu erbringen. Die Verteilung der DDR-Altlasten erfolgte daher mittels einer besonderen Zuständigkeitsregelung für *einzelne Versicherungsfälle*. Die Rentner waren auf die Unfallversicherungsträger zu verteilen, die fortan für sie zuständig sein würden. Durch die Bildung pauschaler Quoten kam es dabei zu einer völlig zufälligen Verteilung der Leistungsberechtigten, ohne Ansehung der Branchen, in denen sie tätig waren, als der Arbeitsunfall oder die Berufskrankheit eintrat, für die sie zu entschädigen sind. Die Praxis verfuhr schließlich anhand einer Liste, in der die Betroffenen nach dem Familiennamen und dem Geburtsdatum unmittelbar auf die Träger verteilt wurden.[170] Die Verteilung erfolgte also nach Köpfen, nicht nach der Schwere der Last im einzelnen Fall oder nach dem finanziellen Umfang der Lasten für einen Spitzenverband oder für einen Träger insgesamt.

Was den HVBG und dessen Mitglieder betrifft, so sind seitdem aufgrund dieser Regelung nicht nur Leistungsberechtigte aus dem Bereich der gewerblichen Wirtschaft zu betreuen, sondern – bezogen auf die nach bundesdeutschem Recht übliche Gliederung der Unfallversicherung[171] – auch solche aus den landwirtschaftlichen Betrieben und aus der Zuständigkeit der Unfallkassen der öffentlichen Hand. Während die solidarische Haftung der gewerblichen Unternehmer für Altlasten der eigenen Berufsgenossenschaft und für die Lasten notleidend gewordener anderer gewerblicher Berufsgenossenschaften aus der Vergangenheit bekannt und auch allgemein anerkannt sind, stellt die *Auferlegung von Lasten aus den anderen Zweigen der Unfallversicherung* ein Novum dar, weil dadurch die grundlegende dreifache Gliederung des Systems der Unfallversicherungsträger

170 Vgl. Fußnote 158 auf Seite 28 m. w. N. – NB: Die Liste gibt die Verteilung nach Anwendung beider hier und im folgenden erwähnter Schlüssel wieder. Aus ihr ist unmittelbar zu entnehmen, welche Rentner welchen Unfallversicherungsträgern zugewiesen worden waren.

171 Wie in Abschnitt 1.2.7.1 auf Seite 22 ff. dargestellt, war die Gliederung der Unfallversicherung in dem Sinne, wie sie in der Bundesrepublik üblich war, der DDR-Sozialversicherung fremd; dort gab es jeweils zentrale Träger für bestimmte Personengruppen, die sämtliche Zweige der Sozialversicherung abdeckten und deren Zuständigkeit sich an anderen Kriterien orientierte.

nach gewerblichen und landwirtschaftlichen Berufsgenossenschaften sowie den Trägern der öffentlichen Hand erstmals durchbrochen wird.

Innerhalb des HVBG erfolgte die weitere Verteilung der Versicherungsfälle auf die einzelnen Berufsgenossenschaften dann wiederum aufgrund eines weiteren pauschalen Schlüssels, der sich je zur Hälfte aus dem Anteil der Arbeitsentgelte und der Rentenneulasten im Jahre 1989 für Versicherungsfälle seit dem Jahr 1985 zusammensetzte.[172]

Die Unfallversicherung unterscheidet sich von den anderen Zweigen der Sozialversicherung durch ein äußerst differenziertes Zuständigkeitsrecht, von dem im Gesetz keine Abweichung vorgesehen ist.[173,174] Die sich daraus ergebenden Beschränkungen sind letztlich durch den Gedanken der Prävention von Versicherungsfällen gerechtfertigt, weil auf diese Weise sichergestellt ist, daß Leistungen zur Prävention von dem für den jeweiligen Sachbereich fachlich kompetenten Träger erbracht werden können.[175] Prävention kann auch über das Beitragsrecht nur innerhalb von Berufsgenossenschaften Erfolg haben, die – mit den Begriffen des Beitragsrechts – sozusagen als „Gefahrengemeinschaften" höchstmöglicher Stufe verstanden werden können, die vermittels des Gefahrtarifs in noch kleinere Gefahrengemeinschaften zerteilt und weiter ausdifferenziert werden sollen. Wird in ein so gestaltetes System von Fach-Berufsgenossenschaften mit einer zufällig sich auswirkenden Zuständigkeitsregelung eingegriffen, so bedeutet das eine sehr weitgehende Abweichung von dem Prinzip der Beitragsäquivalenz, denn die pauschal und zufällig auf eine BG entfallenden Versicherungsfälle sind in das Gefüge der Tarifstellen und der so vermittelten Äquivalenz, das im Moment der Übertragung der Zuständigkeit vorzufinden ist, nicht einzupassen. Das ganze Vorgehen ist deshalb als Abweichung vom Äquivalenzprinzip verfassungsrechtlich zu rechtfertigen.

Die Übernahme von Altlasten ist insgesamt durch das Solidarprinzip be-

---

172 Vgl. Formel 1.3 auf Seite 28 sowie insgesamt Abschnitt 1.2.7.3 auf Seite 25 ff.

173 *Ricke*, a. a. O. (Fn. 117 auf Seite 21), S. 19 f. – Im Gegensatz dazu besteht insbesondere in der gesetzlichen Krankenversicherung ein Wahlrecht des Versicherten, der sich gem. §§ 173 ff. SGB V für eine Krankenkasse entscheiden kann.

174 Eine Einschränkung ergibt sich allerdings in der Praxis durch den sogenannten *„Grundsatz der Katasterstetigkeit"*, der besagt, daß eine Berufsgenossenschaft für ein Unternehmen, das in ihrem Unternehmerverzeichnis eingetragen ist, (zumindest vorläufig) auch dann weiterhin zuständig bleibt, wenn sich der Gegenstand des Unternehmens geändert hat, so daß die Zuständigkeit auf eine andere Berufsgenossenschaft wechseln müßte (vgl. *Eberhard Jung*, in: Wannagat, SGB VII, § 136 SGB VII Rn. 16 f. m. w. N.).

175 Vgl. Seite 48 m. w. N.

gründet, aufgrund dessen die Unfallversicherungsträger im Ausnahmefall füreinander einstehen, um die Funktionsfähigkeit der Unfallversicherung sicherzustellen. Das gilt auch für die DDR-Altlasten, und dadurch kann vorliegend auch die ausnahmsweise Übernahme von Versicherungsfällen aus den anderen Zweigen der Unfallversicherung durch die gewerblichen Berufsgenossenschaften gerechtfertigt werden.

3.3.3.2 Probleme

Dabei entstehen vor allem folgende Probleme: Zu rechtfertigen ist zunächst, daß die allgemeine Verteilung der Versicherungsfälle nach einem pauschalen Schlüssel erfolgte, ohne Wahrung der üblichen Zuständigkeitsregelung der §§ 121 ff. SGB VII (bzw. der entsprechenden früheren Bestimmungen der RVO).[176] Weiterhin ist zu fragen, ob der in dem Schlüssel gewählte Maßstab sachgerecht und verhältnismäßig war.[177] Schließlich waren die Anteile der sich nicht erstreckenden Bau- und Metall-Berufsgenossenschaften nicht in die Verteilung der Versicherungsfälle mit einbezogen worden, wie eingangs von Abschnitt 3.3 auf Seite 144 erwähnt. Deren Anteile waren vielmehr ihren jeweiligen sich erstreckenden Schwester-Berufsgenossenschaften zugeschlagen worden. Dieses Vorgehen ist zu rechtfertigen.[178]

3.3.3.3 Sachliche Rechtfertigung der Pauschalierung bei der Verteilung der Lasten

Zweck der Regelung war die Überführung der Altlasten aus der Unfallversichrerung der DDR auf die bundesdeutschen Unfallversicherungsträger. Angesichts von etwa 300 000 Fällen,[179] die in kurzer Zeit zu bearbeiten waren, kam hierfür eine typisierende, pauschalierende Regelung in Betracht. Eine typisierende Regelung ist aber wiederum selbst rechtfertigungsbedürftig. Es muß einen sachlichen Grund dafür geben, bei der Regelung bestimmter Fälle zu typisieren.[180]

Der Zweck einer Typisierung besteht zunächst darin, den Verwaltungsaufwand zu vermindern und zu vereinfachen. Eine Typisierung oder Pau-

176 Vgl. Abschnitt 3.3.3.3 auf Seite 154 ff.
177 Vgl. Abschnitt 3.3.3.4 auf Seite 160 ff.
178 Vgl. Abschnitt 3.3.3.5 auf Seite 162 ff..
179 *Sokoll*, BG 1991, 722, 724.
180 Zu typisierenden Regelungen allgemein vgl. bereits Abschnitt 1.3.2.2 auf Seite 69 ff.

schalierung ist also grundsätzlich dann gerechtfertigt, wenn aufgrund der großen Zahl der zu bearbeitenden Fälle und der infolgedessen zu erhebenden und zu verarbeitenden Daten die Gleichbehandlung der Adressaten einer Regelung anders nicht mehr gewährleistet wäre.[181] Unter diesen Umständen ist es ein Gebot des allgemeinen Gleichheitssatzes, der Verwaltung eine praktikable Regelung an die Hand zu geben, die geeignet ist, das vom Gesetzgeber bezweckte Ziel zu erreichen. Dabei steht die Einzelfallgerechtigkeit notwendig hinter der allgemeinen Durchführbarkeit der Regelung zurück. Eine so weitgehende Vereinfachung der tatbestandlichen Voraussetzungen einer Vorschrift ist vor allem auch dahingehend zu würdigen, inwieweit größere Datenmengen durch moderne Datenverarbeitungsanlagen noch zu handhaben sind. Je leichter man dem Einzelfall durch den Einsatz der modernen EDV gerecht zu werden vermag, desto schwerer wird es sein, eine allzu grobe Pauschalierung noch zu rechtfertigen.[182]

Die Abweichung vom Äquivalenzprinzip, die durch das hier praktizierte Verteilungsverfahren bewirkt wurde, ist durch einen sachlichen Grund zu rechtfertigen. Beitragsäquivalenz wird in der gesetzlichen Unfallversicherung grundlegend durch die Gliederung der Träger nach Berufs- und Gewerbezweigen herbeigeführt. Sie ist eine prinzipielle Voraussetzung für alle weiteren diesbezüglichen Elemente im Beitragsrecht. Die Typisierung wäre, als Abweichung von dem allgemeinen Zuständigkeitsrecht, jedenfalls dann notwendig gewesen, wenn eine Verteilung der Arbeitsunfälle unter Beachtung der fachlichen Zuständigkeit der Unfallversicherungsträger entweder gar nicht oder nur mit einem unverhältnismäßig großen Aufwand möglich gewesen wäre.

Die tatsächlichen Umstände stellten sich folgendermaßen dar: Es waren insgesamt etwa 300 000 Arbeitsunfälle auf die Unfallversicherungsträger zu verteilen.[183] Für jeden Rentenbezieher war eine Akte vorhanden, in der, entsprechend der umfassenden Zuständigkeit des Trägers, alle Belange der Sozialversicherung erfaßt worden waren. Es handelte sich deshalb um eine *„einheitliche Rentenakte"*, von der die Angaben zur Unfallversicherung nur einen Teil ausmachten.[184] Die Unfallakte mußte zunächst aus der einheitlichen Rentenakte gelöst werden.[185] Diese Akten lagen in Form von

181 *Rüfner*, in: Bonner Kommentar, Art. 3 I GG Rn. 111 ff., 114.
182 BVerfGE 63, 119, 128 f.; *Rüfner*, in: Bonner Kommentar, Art. 3 I GG Rn. 114.
183 *Sokoll*, BG 1991, 722, 724.
184 *Sokoll*, BG 1991, 722, 725.
185 *Sokoll*, BG 1991, 722, 725.

Papierakten vor, daneben gab es eine EDV-gestützte Datensammlung.[186]

Der Umfang der Unfallakte war in der überwiegenden Zahl der Fälle ausgesprochen gering, der Datenbestand war sehr schlecht.[187] Es konnte daher in den meisten Fällen nicht aus der Akte entnommen werden, in welchem Betrieb oder in welchem Gewerbezweig sich ein Unfall oder eine Berufskrankheit ereignet hatte. Auch der digitalisierte Datenbestand ließ insoweit keine Rückschlüsse zu.[188]

Der Einordnung der Einzelfälle in das gegliederte bundesdeutsche System der Unfallversicherungsträger stand darüberhinaus die grundsätzlich andere Organisationsform der Betriebe in der DDR entgegen.[189] Grundform der Organisation der Betriebe war der sogenannte *„Volkseigene Betrieb"* (*„VEB"*).[190] *„Kombinate"* waren Zusammenschlüsse mehrerer volkseigener Betriebe.[191] In den Fällen, bei denen der Betrieb, in dem sich ein Versicherungsfall ereignet hatte, aus der Akte zu entnehmen war, war regelmäßig nur bekannt, um welches Kombinat bzw. um welche Genossenschaft es sich dabei gehandelt hatte. Zwar folgte die Namensgebung der Kombinate zumindest grundsätzlich ihrem Aufgabenkreis, so daß die Bezeichnungen der Kombinate oft eine fachliche Zuordnung zu einem bestimmten bundesdeutschen Unfallversicherungsträger nahelegen,[192] und die Volkswirtschaft der DDR war durchaus mit derjenigen der BRD vergleichbar in dem Sinne, daß in beiden jedenfalls im Grundsatz dieselben

---

186 Auskunft des HVBG, Sankt Augustin. – *Sokoll*, BG 1991, 722, 725 erwähnt, daß es bei der Rentenanpassung 1991 *„im Vorfeld zahlreiche Probleme mit den vom Rechenzentrum Leipzig der Überleitungsanstalt zur Verfügung gestellten Datenbändern zu lösen"* galt.

187 Die Akten bestanden teilweise nur *„aus zwei bis drei Blättern"*, auf denen im wesentlichen festgehalten war, *daß* der Versicherte eine oder mehrere Renten erhielt. In vielen Fällen fehlte aber die Begründung, *aus welchem Rechtsgrund* die Renten zu zahlen waren bzw. die Schilderung des Lebenssachverhalts, aus dem der Anspruch entstanden war. Diese Umstände waren von den Trägern der DDR-Sozialversicherung regelmäßig nicht dokumentiert worden (Auskunft des HVBG, Sankt Augustin).

188 Auskunft des HVBG, Sankt Augustin.

189 Auskunft des HVBG, Sankt Augustin. – Vgl. auch: BSG SGb 1997, 182, 183; BVerfGE 91, 294, 309.

190 *Bundesministerium für innerdeutsche Beziehungen (Hg.)*, DDR-Handbuch, 3. Aufl. 1985, Bd. I, S. 193 ff., 193, 196 ff.

191 DDR-Handbuch, a. a. O. (Fn. 190), Bd. I, S. 193 ff., 198 ff., 198.

192 Zum Beispiel spräche der Name *„Kombinat Kraftverkehr, VEB"* für eine Zuständigkeit der Berufsgenossenschaft für Fahrzeughaltungen (BGF). – Das Beispiel ist entnommen: DDR-Handbuch, Bd. I, S. 733 f. – Weniger eindeutig wäre aber bereits die Bezeichnungen *„Kombinat Haushaltsgeräte"* oder *„Kombinat Deko"* (DDR-Handbuch, Bd. I, S. 199).

Branchen vorzufinden waren.[193] Allein daraus kann aber noch nicht zwingend auf die Zuständigkeit eines bestimmten Unfallversicherungsträgers für einen bestimmten Versicherungsfall unter Zugrundelegung des allgemeinen Zuständigkeitsrechts geschlossen werden, denn insbesondere für Kombinate gilt: *„Die Organisationsstruktur ist stark abhängig von der Form der Vereinigung. Sie ist besonders kompliziert bei Kombinaten, die unterschiedliche Verarbeitungsprozesse vereinen (z. B. elektro-chemisches Kombinat).“*[194] Mit anderen Worten: Die Eigenschaft des Unternehmers im Sinne des westdeutschen Unfallversicherungsrechts ist nicht deckungsgleich mit der Organisation der Betriebe in der ehemaligen DDR. Sie ist auch nicht auf sonstige Weise herzuleiten. Die zutreffende Zuordnung jedes oder auch nur der größten Zahl der Arbeitsunfälle in die Systematik der Zuständigkeit der Unfallversicherungsträger wäre daher nur aufgrund des Namens des Unternehmens nicht möglich gewesen. Sie wäre zudem dadurch erschwert oder unmöglich gemacht worden, daß die Unternehmen, in denen sich die Unfälle ereignet hatten, bereits untergegangen waren, so daß auch Nachforschungen vor Ort grundsätzlich nicht mehr möglich gewesen wären.

Die fachliche Zuständigkeit der Unfallversicherungsträger hätte deshalb in jedem Einzelfall erst bei den Rentenbeziehern ermittelt werden müssen, wäre man gem. §§ 121 ff. SGB VII verfahren.[195] Diese Daten wären, wie stets, grundsätzlich beim Betroffenen zu erheben gewesen (§ 67 a II 1 SGB X).[196] Eine andere Möglichkeit, diese Daten zu erheben, hätte den Versicherungsträgern auch aus tatsächlichen Gründen nicht zur Verfügung gestanden. Einen Anhalt für die Zuständigkeit gibt hier etwa § 9 I 1 FRG, in dem bestimmt ist, daß sich die Zuständigkeit bei der Erbringung von Leistungen für Fremdrenten richtet *„... nach der Art des Unternehmens, in dem sich der Arbeitsunfall ereignet hat,... wenn sich der Arbeitsunfall dort, wo sich der Berechtigte in der Bundesrepublik Deutschland zur Zeit der Anmeldung des Anspruchs gewöhnlich aufhält, ereignet hätte.“*

---

193 Das ist insbesondere aus der Anlage zur *„Achten Durchführungsbestimmung zur Verordnung zur Sozialversicherungspflicht“* ersichtlich, wo, analog zu den bundesdeutschen Gefahrtarifen, eine Auflistung der *„Gefahrenklassen“* nach Gewerbezweigen gegeben wird. Vgl. die 8. DB z. VSV vom 2. 1. 1957 in der Fassung der 9. DB z. VSV vom 14. 1. 1958, GBl. I Nr. 8 S. 82 = Aichberger II Nr. 252.

194 DDR-Handbuch, a. a. O. (Fn. 190), Bd. I, S. 199.

195 Auskunft des HVBG, Sankt Augustin.

196 BVerfGE 65, 1, 41 f. m. w. N.; *Kranig*, in: HS-UV, § 52 Rn. 45 f.; *Spiros Simitis*, in: *Hans Meyer und Michael Stolleis (Hg.)*, Staats- und Verwaltungsrecht für Hessen, 4. Aufl. 1996, S. 126 f.

Die Erhebung der Daten wäre auf der Grundlage von § 199 I 2 Nr. 1 SGB VII zulässig gewesen. Der dazu erforderliche Aufwand wäre aber erheblich gewesen. Jeder Rentenbezieher hätte einzeln angeschrieben werden und nach der Einordnung des Betriebes in das gegliederte bundesdeutsche System der Unfallversicherung befragt werden müssen. Es war zu erwarten, daß die meisten Rentenbezieher damit überfordert gewesen wären, weil ihnen die dahingehende Systematik aufgrund unterschiedlicher sozialer und wirtschaftlicher Erfahrungen fremd gewesen wäre. Sie hätten deshalb voraussichtlich Angaben gemacht, die einer weiteren, unter Umständen aufwendigen, Sachbearbeitung bedurft hätten: Man hätte zunächst abwarten müssen, bis die Antworten der Betroffenen vorgelegen hätten – soweit sie überhaupt bei der Verwaltung eingegangen wären. Eventuell wären unzutreffende oder unvollständige Angaben erfolgt, die auf Nachfrage berichtigt bzw. vervollständigt hätten werden müssen. Falls Antworten ausgeblieben wären, hätte eine Mahnung erstellt werden müssen; notfalls hätte man die Angaben durch Sachbearbeiter vor Ort bei den Betroffenen direkt erheben müssen.

Das hierzu erforderliche Personal stand aber nicht zur Verfügung.[197] Die Bezirksverwaltungen der Berufsgenossenschaften mußten erst flächendeckend aufgebaut werden. Im Bereich der Unfallversicherung der öffentlichen Hand sowie bei der landwirtschaftlichen Unfallversicherung mußten erst noch neue Träger gegründet werden.[198] Hierzu war Personal aus den westdeutschen Verwaltungen entsandt worden. Ostdeutsche Mitarbeiter mußten erst gewonnen und ausgebildet bzw. auf das bundesdeutsche Recht umgeschult werden.[199]

Aber auch der zeitliche Umfang einer Ermittlung der fachlichen Zuständigkeit in jedem Einzelfall wäre erheblich gewesen. Bei etwa 300 000 Fällen[200] wäre mit einer über mehrere Jahre andauernden Sachbearbeitung zu rechnen gewesen.[201] Damit wäre eine längere Zeit der Rechtsunsicherheit für die Betroffenen verbunden gewesen. Die Rentenbezieher hätten sich in dieser Zeit beispielsweise weiterhin an die „Überleitungsanstalt Sozi-

197 Zur Personalknappheit bei der „Überleitungsanstalt Sozialversicherung" vgl. bereits S. 26 m. w. N.

198 *Sokoll*, BG 1991, 722, 723.

199 In manchen Fällen wurde Personal der Träger der DDR-Sozialversicherung wegen der früheren Tätigkeit für den *„Staatssicherheitsdienst"* der DDR (*„Stasi"*) nicht in den bundesdeutschen öffentlichen Dienst übernommen.

200 *Sokoll*, BG 1991, 722, 724.

201 Auskunft des HVBG, Sankt Augustin.

alversicherung" oder einen anderen zentralen Träger als Verwaltungsträger wenden müssen, während die Unfallversicherungsträger in demgleichen Zeitraum über das Ausmaß der von ihnen aufgrund der fachlichen Zuständigkeit zu tragenden Lasten im unklaren geblieben wären. Das zur weiteren Sachbearbeitung notwendige Personal stand aber, wie bereits erwähnt, bei der Überleitungsanstalt bereits Anfang 1991 nicht mehr zur Verfügung.[202] Im übrigen wären die von den Unfallversicherungsträgern zu erbringen Leistungen weiter zu finanzieren.

Der Gedanke, diese Lasten während einer Übergangszeit nach dem Verteilungsschlüssel zu tragen und die Rentenbezieher erst später nach der dann ermittelten fachlichen Zuständigkeit an die jeweiligen Träger zuzuweisen, war seinerzeit zwar erwogen, dann aber wieder verworfen worden, weil man den Leistungsbeziehern eine erneute Überweisung ersparen wollte.[203] Auch wäre damit erneut ein erheblicher Verwaltungsaufwand verbunden gewesen. Angesichts des Ausmaßes an Veränderungen, mit dem die Bürger der ehemaligen DDR konfrontiert waren, ist das ein durchaus sinnvoller und ernstzunehmender Gesichtspunkt. Der Hinnahme eines längeren „Schwebezustandes" mit späterer *„Nachverteilung"* der Arbeitsunfälle hätte aber auch der kurzfristige Wegfall der Überleitungsanstalt als zentraler Verwaltungsträger für den Bereich der Unfallversicherung entgegengestanden.[204] Dadurch wäre die Kontinuität bei der Zahlung von Renten sowie bei der Erbringung von Leistungen zur medizinischen und beruflichen Rehabilitation gefährdet gewesen.[205]

Weil somit eine Verteilung der Arbeitsunfälle unter Beachtung der fachlichen Zuständigkeit in jedem Einzelfall aufgrund der tatsächlichen Gegebenheiten nicht möglich war, wurde nach einem pauschalen Schlüssel gesucht, der geeignet war, die Lasten *„gerecht"* auf die Unfallversicherungsträger zu verteilen.[206]

Die Suche nach einer praktikablen Lösung des vorliegenden Problems erscheint in Anbetracht der geschilderten Umstände geboten. Eine Alternative zu dem schließlich angewandten Verfahren ist aufgrund der vor-

---

202 *Sokoll*, BG 1991, 722, 724. – Vgl. Abschnitt 1.2.7.3 auf Seite 26 ff.

203 Auskunft des HVBG, Sankt Augustin.

204 *Sokoll*, BG 1991, 722, 724.

205 *Hauptverband der gewerblichen Berufsgenossenschaften (Hg.)*, Geschäfts- und Rechnungsergebnisse der gewerblichen Berufsgenossenschaften 1999, S. 50; Auskunft des HVBG, Sankt Augustin.

206 Auskunft des HVBG, Sankt Augustin.

stehend geschilderten erheblichen Schwierigkeiten nicht ersichtlich. Der Gesichtspunkt der Praktikabilität der Verwaltungstätigkeit ist deshalb ein sachlicher Grund von solcher Art und von solchem Gewicht, daß er die hier gewählte Typisierung bei der Verteilung der Arbeitsunfälle und die damit einhergehende Abweichung vom Äquivalenzprinzip grundsätzlich zu rechtfertigen vermag.

3.3.3.4 Rechtfertigung des Verteilungsschlüssels im einzelnen

Auch die Auswahl der Kriterien, die in die Verteilungsschlüssel eingestellt wurden, ist durch einen sachlichen Grund zu rechtfertigen. Der Schlüssel zur (ursprünglichen) Verteilung der Versicherungsfälle von der „Überleitungsanstalt Sozialversicherung" auf die Spitzenverbände stellte auf das Verhältnis der Rentenzahlbeträge im Jahr 1989 ab.[207] Die Verteilung der einzelnen Arbeitsunfälle auf die Unfallversicherungsträger erfolgte dann anhand einer Liste aller Versicherungsfälle, die nach Name und Geburtstag der Leistungsberechtigten sortiert war. Innerhalb des HVBG richtete sich diese (weitere) Verteilung nach einem (weiteren) Schlüssel, der je zur Hälfte auf den Anteil einer Berufsgenossenschaft an den Rentenneulasten aller gewerblichen Berufsgenossenschaften in der damaligen Zeit und zur anderen Hälfte auf deren Anteil an den Arbeitsentgelten aller BGen abstellte.[208] Die Auswahl der hier verwendeten Größen ist durch einen sachlichen Grund zu rechtfertigen.

Die insoweit gebildeten Schlüssel eigneten sich für eine praktikable Verfahrensweise zur Verteilung der DDR-Altlasten auf die Berufsgenossenschaften. Bei der Auswahl der Größen stellte man pragmatisch auf solche Werte ab, die aus der Statistik der Spitzenverbände der Unfallversicherungsträger ohnehin erhoben bzw. berechnet worden waren. Die Größen waren deshalb bereits vorhanden und konnten somit leicht zur Grundlage für weitere Entscheidungen gemacht werden.[209]

Für die Verteilung von der Überleitungsanstalt auf die Spitzenverbände wurde der Anteil der Rentenzahlbeträge als alleiniger Maßstab gewählt, weil für den Bereich der landwirtschaftlichen Berufsgenossenschaften und für die Unfallversicherungsträger der öffentlichen Hand keine Angaben über Arbeitsentgelte verfügbar waren, wo diese Größen für die Er-

207 Vgl. Formel 1.2 auf Seite 26.
208 Vgl. Formel 1.3 auf Seite 28.
209 Auskunft des HVBG, Sankt Augustin.

hebung der Beiträge grundsätzlich keine Rolle spielen.[210] Die Arbeitsentgelte konnten der Aufteilung daher nicht allgemein zugrundegelegt werden. Dieser Faktor ist nur für den Bereich der gewerblichen Berufsgenossenschaften verfügbar. Die Rentenzahlbeträge waren deshalb gleichsam der „kleinste gemeinsame Nenner", mittels dessen die Spitzenverbände direkt miteinander verglichen werden konnten und der auf alle Verbände gleichermaßen anwendbar ist.[211]

Durch die Wahl des Schlüssels wird insbesondere auch erreicht, daß sich die Mehrbelastung in Grenzen hielt, die infolge des hinzukommenden Anteils an den DDR-Altlasten entstand. Denn der Anteil an den Versicherungsfällen aus den DDR-Altlasten, die auf seine Mitglieder übertragen wurde, war umso höher, je größer der Anteil eines Verbandes an allen von der bundesdeutschen Unfallversicherung gezahlten Versichertenrenten war. Damit wurde auch sichergestellt, daß die Verteilung dieser Lasten nach der Leistungsfähigkeit der Spitzenverbände erfolgen konnte.

Der Schlüssel, der bei der weiteren Verteilung vom HVBG auf die Berufsgenossenschaften zur Anwendung kam, stellt zur Hälfte auf die Rentenneulasten sowie auf die Arbeitsentgeltsumme einer Berufsgenossenschaft im Verhältnis zu den anderen gewerblichen Berufsgenossenschaften ab. Auch hier kommt in zweifacher Hinsicht der Gedanke der Leistungsfähigkeit einer BG zum Zuge: Sowohl die Arbeitsentgeltsummen als auch die Rentenneulasten stellen letztlich auf die Leistungsfähigkeit der Träger ab. Im Falle der Rentenlasten folgt dies aus dem Umstand, daß die Rentenhöhe wiederum von den Arbeitsentgelten abhängt. In den seinerzeit aktuellen Arbeitsentgeltsummen kam die finanzielle Leistungsfähigkeit der Unternehmer unmittelbar zum Ausdruck, während mit den Rentenneulasten die Belastung durch Versicherungsfälle in jüngerer Zeit in die Rech-

---

210 Auskunft des HVBG, Sankt Augustin. – Zu den landwirtschaftlichen Berufsgenossenschaften vgl. §§ 182 ff. SGB VII. Gem. § 182 II 1, 2 SGB VII sind Berechnungsgrundlagen: *„... das Umlagesoll, die Fläche, der Wirtschaftswert, der Flächenwert, der Arbeitsbedarf oder ein anderer vergleichbarer Maßstab. Die Satzung hat bei der Festlegung der Berechnungsgrundlagen die Unfallrisiken in den Unternehmen ausreichend zu berücksichtigen; sie kann hierzu einen Gefahrtarif aufstellen."* – Zu den Unfallversicherungsträgern der öffentlichen Hand vgl. § 185 IV SGB VII: *„Die Höhe der Beiträge richtet sich nach der Einwohnerzahl, der Zahl der Versicherten oder den Arbeitsentgelten. Die Satzung bestimmt den Beitragsmaßstab und regelt das Nähere über seine Anwendung; sie kann einen einheitlichen Mindestbeitrag bestimmen."* sowie § 185 V 1 SGB VII: *„Die Satzung kann bestimmen, daß die Beiträge nach dem Grad des Unfallrisikos unter Berücksichtigung der Leistungaufwendungen abgestuft werden; § 157 Abs. 5 und § 158 gelten entsprechend."*

211 Auskunft des HVBG, Sankt Augustin.

nung mit einbezogen wird. Der HVBG versteht die Rentenneulasten als *„eine Art ‚BG-übergreifenden Gefahrtarif' "*,[212] durch den die Unfallgefahr einer ganzen BG, gemessen an den von ihr aufzubringenden Neulasten, im Verhältnis zu den übrigen gewerblichen Berufsgenossenschaften in den Verteilungsschlüssel Eingang finden konnte – ein Äquivalenzmoment, das keiner weiteren Rechtfertigung bedarf.

Der schließlich gewählte Verteilungsschlüssel galt deshalb insgesamt als *„ausgesprochen praktikabel"*.[213] Er eignete sich für eine pragmatische Lösung. Die dabei gewählten Größen waren auch sonst für das Beitragsrecht der Unfallversicherung maßgebliche Werte, die eine sach- und systemgerechte und letztlich auch verhältnismäßige Verteilung der Lasten ermöglichten. Insbesondere ist nicht ersichtlich, welche anderen Größen hätten herangezogen werden können. Es ist nicht ersichtlich, daß die hier gewählten Größen zu einer unverhältnismäßigen Belastung der Unternehmer geführt hätte. Gegen den Schlüssel bestehen deshalb keine Bedenken mit Blick auf Art. 3 I GG.

3.3.3.5 Sachliche Rechtfertigung der Behandlung der Bau- und der Metall-Berufsgenossenschaften

Die Rentenlasten der sich nicht auf das Beitrittsgebiet erstreckenden Bau- und Metall-Berufsgenossenschaften gingen mit in die Verteilung zwischen den Spitzenverbänden ein. Sie wurden deshalb zulasten des HVBG berücksichtigt.[214] Auf diese Berufsgenossenschaften wurden aber keine Ostlasten übertragen, weil sie mangels Erstreckung auf das Beitrittsgebiet keine neuen Einnahmen aus diesem Bereich erzielen konnten. Der Verteilungsschlüssel nach Formel 1.3 auf Seite 28 wurde dennoch auf alle gewerblichen Berufsgenossenschaften angewandt. Diejenigen Anteile, die dabei für die sich nicht erstreckenden Bau- und Metall-Berufsgenossenschaften errechnet wurden, waren insgesamt jeweils ihren übrigen Schwester-BGen zugeschlagen worden. Dabei wurde auf das Verhältnis der sich erstreckenden Bau- oder Metall-Berufsgenossenschaften zueinander abgestellt. Diese trugen somit zum einen ihren „eigenen" Anteil nach dem allgemeinen Verteilungschlüssel[215] und zusätzlich den Anteil, der ihnen

212 Auskunft des HVBG, Sankt Augustin.

213 *Sokoll*, BG 1991, 722, 724; BSG SGb 1997, 182, 183.

214 Vgl. Formel 1.2 auf Seite 26.

215 Gemeint ist hier der Schlüssel nach Formel 1.3 auf Seite 28.

aus der Aufteilung der Lasten der Nichterstrecker zufiel. Damit wurden die sich erstreckenden Bau- und Metall-Berufsgenossenschaften gegenüber den übrigen sich erstreckenden Berufsgenossenschaften schlechter gestellt, auf die keine weiteren Lastenanteile neben dem allgemeinen Verteilungsschlüssel entfielen.

Dieses Verfahren ist durch einen sachlichen Grund zu rechtfertigen. Es ist nicht ohne Alternative, denn die Anteile der nicht erstreckten Bau- und Metall-Berufsgenossenschaften hätten auch auf sämtliche Berufsgenossenschaften aufgeteilt werden können. Durch dieses Vorgehen erhöht sich die Abweichung von der Beitragsäquivalenz, die durch die pauschale Verteilung der DDR-Altlasten ohnehin gegeben ist, für die erstreckenden Bau- und Metall-Berufsgenossenschaften noch weiter.

Unproblematisch ist, daß auch hier wiederum ein pauschaler Maßstab gewählt wurde.[216] Demgegenüber ist aber ein sachlicher Grund dafür, die Bau- und Metall-Berufsgenossenschaften, deren Zuständigkeit auf das Beitrittsgebiet erstreckt wurde, anders zu behandeln als die übrigen sich erstreckenden (bundesweiten) Berufsgenossenschaften, nicht ersichtlich. Die regional organisierten Bau- und Metall-Berufsgenossenschaften bilden insbesondere keine „Einheit" für sich, sie stehen in keiner irgendwie gearteten „besonderen" Beziehung zueinander, die diese weitere Belastung für die „Erstrecker" unter ihnen rechtfertigen könnte,[217] denn diese Berufsgenossenschaften sind jeweils voneinander selbständige Unfallversicherungsträger. Das gilt auch für die Finanzierung ihrer Lasten, insbesondere besteht auch kein Lastenausgleich zwischen ihnen. Auch bei dem DDR-Lastenausgleich[218] werden sie getrennt voneinander behandelt. Es gibt daher keine besonderen solidarischen Beziehungen zwischen diesen Berufsgenossenschaften, die es rechtfertigen würden, gerade sie – im Gegensatz zu den übrigen gewerblichen BGen – zu diesen Lasten heranzuziehen. Daß sie für denselben Berufszweig zuständig sind, reicht angesichts des allgemeinen pauschalen Verteilungsverfahrens, das auf die fachlichen Zuständigkeiten gerade keine Rücksicht nimmt, zur Rechtfertigung jedenfalls nicht aus. Die Regelung ist, schließlich, auch nicht von der Praktikabilität gefordert, weil andere Möglichkeiten, vor allem, wie eingangs erwähnt, die Umlage der Anteile der Nichterstrecker auf *sämtliche* übrigen BGen, ebensoleicht zu verwirklichen wären und ebenfalls ohne weiteres praktizierbar gewesen

216 Zur Begründung ist auf Abschnitt 3.3.3.3 auf Seite 154 ff. zu verweisen.
217 So aber ein Einwand des HVBG, Sankt Augustin, in der Diskussion mit dem Verf.
218 Vgl. Abschnitt 3.5 auf Seite 171 ff.

wären. Es hätte auch dem allgemeinen Verteilungsverfahren entsprochen, die Lasten nach einem einheitlichen Schlüssel auf alle gewerblichen Berufsgenossenschaften umzulegen. Ein sachlicher Grund, hiervon abzuweichen und für die erstreckenden Bau- und Metall-Berufsgenossenschaften besondere Berechnungsgrundlagen vorzusehen, ergibt sich nach alledem nicht.

Die Verteilung der Anteile der sich nicht erstreckenden Bau- und Metall-Berufsgenossenschaften auf ihre sich erstreckenden Schwester-Berufsgenossenschaften ist daher willkürlich erfolgt. Die Regelung ist deshalb mit Art. 3 I GG nicht vereinbar.

3.3.3.6 Ergebnis

Die Umlage der DDR-Altlasten aufgrund eines pauschalen Schlüssels ist demnach grundsätzlich mit Art. 3 I GG vereinbar. Der dabei gewählte Schlüssel ist sach- und systemgerecht, und die Umlage ist verhältnismäßig. Die Umlage der Anteile der sich nicht erstreckenden Bau- und Metall-Berufsgenossenschaften auf ihre sich erstreckenden Schwester-Berufsgenossenschaften ist dagegen nicht durch einen sachlichen Grund gerechtfertigt und verstößt deshalb gegen Art. 3 I GG.

Zu den Rechtsfolgen des Verstoßes siehe Abschnitt 3.6 auf Seite 184 ff.

3.3.4 Ergebnis

Gegen die Übertragung der DDR-Altlasten auf die Unternehmer nach einem pauschalen Verteilungsschlüssel bestehen somit, abgesehen von der Übertragung der fiktiven Anteile der sich nicht auf das Beitrittsgebiet erstreckenden Bau- und Metall-Berufsgenossenschaften auf deren sich erstreckenden Schwester-BGen, keine Bedenken.

3.4 Die Umlage der DDR-Altlasten innerhalb der gewerblichen Berufsgenossenschaften als Gleichheitsproblem

3.4.1 „Gleichheit" der Unternehmer bei der Umlage einer pauschal verteilten Altlast

Innerhalb der einzelnen Berufsgenossenschaften sind die DDR-Altlasten grundsätzlich nach den Lohnsummen und nach den Gefahrklassen auf die Unternehmer umzulegen (§§ 153 I, 167 I SGB VII). Der Gesetzgeber hatte es aber den Vertreterversammlungen anheimgestellt, von der Umlage nach der Gefahrklasse abzusehen.[219] Bis einschließlich 1994 galt insoweit § 1157 I RVO. Danach fehlte es an einer diesbezüglichen Ermächtigung, so daß es für die Umlage der DDR-Altlasten bei den allgemeinen Regeln verblieb. Im Jahre 2003 trat § 215 IX SGB VII, praktisch wortgleich mit § 1157 I RVO, in Kraft.

Die Rechtsprechung zur Umlage der DDR-Altlasten auf die Unternehmer ist uneinheitlich: Während das BSG zunächst die Ansicht vertreten hatte, die Anwendung der allgemeinen Regeln für die Umlage dieser Lasten könne gegen Art. 3 I GG verstoßen,[220] woraufhin der Gesetzgeber die Satzungsermächtigung in § 215 IX SGB VII (neu) schuf, hat es sich nunmehr von dieser Wertung abgewandt und vertritt genau den entgegengesetzten Standpunkt.[221] Die zwischenzeitlich erfolgte Änderung der Rechtslage hat das Gericht dabei ausdrücklich in seine Erwägungen mit eingeschlossen. Sie hat nach Ansicht des Senats kein anderes Ergebnis zur Folge.[222]

Soweit das Gesetz nichts anderes bestimmt, sind sämtliche Lasten einer Berufsgenossenschaft, also auch die diversen Altlasten, nach den allgemeinen Regeln umzulegen. Der Gesetzgeber kann gleichwohl hiervon abweichende Berechnungsgrundlagen für bestimmte Lasten vorsehen, wenn dies sachlich gerechtfertigt ist (§ 153 I SGB VII). Ein Beispiel hierfür ist § 179 SGB VII, wonach der Ausgleichsanteil einer Berufsgenossenschaft zu dem berufsgenossenschaftlichen Ausgleichsverfahren nach den §§ 176 ff.

---

219 Vgl. Abschnitt 3.1.3 auf Seite 124 ff. m. w. N.

220 BSG, SGb 2001, 254, 258. – Vgl. hierzu im einzelnen Abschnitt 1.2.7.8 auf Seite 38 ff. m. w. N.

221 BSG, Urteil vom 24. Februar 2004, Az. B 2 U 31/03 R, a. a. O. (Fn. 72 auf Seite 92), Rn. 23 ff., 27.

222 BSG, Urteil vom 24. Februar 2004, Az. B 2 U 31/03 R, a. a. O. (Fn. 72 auf Seite 92), Rn. 28.

SGB VII *„ausschließlich nach den Arbeitsentgelten der Versicherten in den Unternehmen"* umzulegen ist. Auch soweit die Vertreterversammlung einen Beschluß gemäß § 1157 I RVO (bzw. nunmehr 215 IX SGB VII) gefaßt hatte, galten in diesem Sinne besondere Vorschriften. Wurde die Ausnahmeregelung in einer BG aus einem der vorstehenden Gründe nicht angewandt, so erfolgte die Umlage der DDR-Altlasten nur nach den Arbeitsentgelten der Unternehmer, was eine dementsprechende Ungleichbehandlung zur Folge hatte. Ansonsten, das heißt in der Zeit von 1995 bis 2002, als es keine diesbezügliche Satzungsermächtigung gab, und wenn die Vertreterversammlung keinen solchen Beschluß faßte, wurden die DDR-Altlasten im Rahmen des Umlagesolls über den Beitragsfuß auf die Unternehmer nach Lohnsummen und zusätzlich nach der Gefahrklasse umgelegt. Nach Maßgabe des Gefahrtarifs kam es insoweit zu einer Ungleichbehandlung der Unternehmer in den Berufsgenossenschaften. Der Anteil, den ein Unternehmer zu tragen hatte, war *ceteris paribus* umso größer, je höher die Gefahrklasse war, zu der er veranlagt worden war.

Das Verfahren bei der Umlage der DDR-Altlasten innerhalb der Berufsgenossenschaften ist somit anhand von Art. 3 I GG zu rechtfertigen. Für die Umlage dieser Lasten nach der Gefahrklasse ist ein sachlicher Grund von solcher Art und von solchem Gewicht anzuführen, daß er geeignet wäre, die hierdurch bewirkte ungleiche Behandlung der Unternehmer in einer Berufsgenossenschaft zu rechtfertigen. Insoweit ist ein strenger Verhältnismäßigkeitsmaßstab anzuwenden, weil es um die Verschiedenbehandlung der Unternehmer als Personengruppen geht. Die Umlage nach der Gefahrklasse ist dabei der Ausgangspunkt, weil er auch vom Gesetzgeber als Normalfall gewählt wurde, sofern die Vertreterversammlung nichts anderes beschließt. Umgekehrt ist aber auch die Umlage ohne Berücksichtigung der Gefahrklasse durch einen sachlichen Grund zu rechtfertigen.

Nicht Gegenstand der vorliegenden Prüfung von Art. 3 I GG ist die Ungleichbehandlung, die dadurch entsteht, daß die Vertreterversammlungen zweier Berufsgenossenschaften unterschiedlich verfahren. Beschließt eine Vertreterversammlung, von der Berücksichtigung der Gefahrklasse bei der Umlage der DDR-Altlasten abzusehen, während die Vertreterversammlung einer anderen Berufsgenossenschaft einen solchen Beschluß nicht faßt, so betrifft die daraus folgende faktische Ungleichbehandlung nicht den allgemeinen Gleichheitssatz, weil dieser nur eingreift, wenn es sich um eine Ungleichbehandlung zweier vergleichbarer Fälle durch denselben Träger öffentlicher Gewalt handelt.[223] Gemeinsamer Bezugspunkt ist hier deshalb der (Bundes-) Gesetzgeber, der aber beide Fälle bereits dadurch gleich behandelt hat, daß er für alle Berufsgenossenschaften dieselben Regeln schuf, die diese dann jeweils gegenüber ihren Mitgliedern anzuwenden haben. Unternehmer, die verschiedenen Berufsgenossenschaften angehören, werden deshalb bei sonst gleichen Bedingungen regelmäßig unterschiedlich hohe Anteile der DDR-Altlasten zu tragen haben. Soweit das auf die unterschiedlichen Quoten der Berufsgenossenschaften bei der Übernahme der Lasten zurückgeht, so ist dies grundsätzlich nicht zu beanstanden.[224]

3.4.2 Rechtfertigung der Umlage nach der Gefahrklasse

Das **Äquivalenzprinzip** kann zur Rechtfertigung der Umlage der DDR-Altlasten nach der Gefahrklasse nicht herangezogen werden, weil die Lasten pauschal verteilt worden waren. Auf die Äquivalenzdefizite, die auf die Umlage der Unfallasten über den Beitragsfuß zurückgehen, wurde bereits eingegangen.[225] Auch dabei handelt es sich um eine pauschale Lastenverteilung, bei der keine vollständige Kongruenz von Verursachung und Finanzierung der Lasten mehr besteht. Das vorstehend beschriebene Verfahren zur Verteilung der DDR-Altlasten über die Spitzenverbände auf die einzelnen Unfallversicherungsträger führt darüberhinaus zu einer Schwächung der Beitragsäquivalenz, weil die jeweiligen Berufsgenossenschaften erstmalig auch zur Tragung von Versicherungsfällen herangezogen worden waren, die aus landwirtschaftlichen Betrieben und aus dem öffentlichen Sektor stammen.[226,227] Deshalb tritt das Äquivalenzprinzip hier ganz hinter dem **Solidarprinzip** zurück, das die Übernahme der La-

223 *Jarass*, in: Jarass/Pieroth, GG, Art. 3 GG Rn. 4 a m. w. N.

224 Vgl. Abschnitt 3.3.3 auf Seite 151 ff.

225 Vgl. Abschnitt 2.1.4.2 auf Seite 91 ff.

226 Das erkennt auch BSG, Urteil vom 24. Februar 2004, Az. B 2 U 31/03 R, a. a. O. (Fn. 72 auf Seite 92), Rn. 27. – Allerdings dürfte der Anteil des landwirtschaftlichen und des öffentlichen Sektors an den DDR-Altlasten, die auf die gewerblichen Unternehmer übertragen wurden, gering gewesen sein. Zahlen sind hierzu wegen der unterschiedlichen Gliederung der Unfallversicherungsträger in Ost- und Westdeutschland nicht verfügbar. Es ist aber anzunehmen, daß sich die Verhältnisse in der DDR nicht sehr viel anders darstellten als in der Bundesrepublik, wo letztlich über 82% der Unfallasten auf die gewerblichen Träger entfielen, wie Tabelle 1.2 auf Seite 27 zeigt.

227 Vgl. Abschnitt 3.3.3.1 auf Seite 152 ff.

sten insgesamt begründet.[228] Das Solidarprinzip rechtfertigt somit zwar die Abweichung von der Äquivalenz, die mit der DDR-Lasten-Umlage an sich einhergeht; es erklärt aber nicht, weshalb diese Umlage grundsätzlich nach der Gefahrklasse erfolgen sollte.

Die Rechtfertigung für die Berücksichtigung der Unfallgefahr bei der Umlage der DDR-Lasten folgt deshalb allein aus dem Gesichtspunkt der **Prävention** von Versicherungsfällen. Aufgrund der verfassungsrechtlichen Herleitung aus der Schutzpflicht aus Art. 2 II 1 GG[229] ist dieser Aspekt hinreichend gewichtig, um ihn auch hier zum Tragen zu bringen. Unabhängig von ihrer Herkunft sind alle Lasten, die auf den Unternehmer nach der Gefahrklasse umgelegt werden, gleichermaßen geeignet, der Förderung der Prävention zu dienen. Insoweit besteht kein Unterschied zwischen Altlasten und Neulasten, ebensowenig wie zwischen Altlasten, die aus dem örtlichen und sachlichen Zuständigkeitsbereich der (früheren) westdeutschen Unfallversicherung herrühren und Altlasten, die aus der untergegangenen Unfallversicherung des Beitrittsgebiets stammen.[230] Mangels entgegenstehender Anhaltspunkte erscheint es deshalb sachgerecht und geboten, diese Regelung auch für die DDR-Altlasten als Grundsatz beizubehalten. Die Prävention ist deshalb auch für die DDR-Altlasten ein Grund von solcher Art und von solchem Gewicht, daß er die Verschiedenbehandlung der Unternehmer aufgrund des Gefahrtarifs rechtfertigen kann.

3.4.3 Rechtfertigung der Umlage ohne Berücksichtigung der Gefahrklasse

Die Ermächtigung der Vertreterversammlung in §§ 1157 I RVO, 215 IX SGB VII, von der Gefahrklasse bei der Umlage der DDR-Altlasten abzusehen, ist rechtmäßig. Insbesondere erfüllen die Satzungsermächtigungen die Anforderungen, die sich aus der sogenannten Wesentlichkeitstheorie ergeben.[231]

Die verfassungskonforme Auslegung mit Blick auf Art. 3 I GG hat ergeben, daß von den Satzungsermächtigungen Gebrauch zu machen ist, um *„Beitragsverzerrungen"* von nicht nur unerheblichem Umfang innerhalb ei-

228 BSG SGb 2001, 254, 256 f.

229 Vgl. Abschnitt 2.3 auf Seite 106 ff., 110 ff.

230 BSG, Urteil vom 24. Februar 2004, Az. B 2 U 31/03 R, a. a. O. (Fn. 72 auf Seite 92), Rn. 27.

231 Vgl. Abschnitt 3.1.3 auf Seite 124 ff.

ner BG abzuwenden.[232] Rechtfertigung für die Einführung der dementsprechenden Satzungsermächtigungen ist deshalb der Schutz der Unternehmer vor zu weitgehenden Ungleichbehandlungen, die durch die Umlage nach der Gefahrklasse bedingt sind. In diesen Fällen ist ein entsprechender Bechluß der Vertreterversammlung herbeizuführen. In der Sache geht es dabei um die **Zumutbarkeit** der Ungleichbehandlung, um die Beachtung des **Übermaßverbots** bzw. des **Vertrauensschutzes.**[233] Es handelt es sich um eine Regelung zur Milderung von Härten in einzelnen Berufsgenossenschaften. Deshalb ist zu fragen, ob die Ungleichbehandlung wegen der Anwendung des Gefahrtarifs auf die Umlage der DDR-Lasten im Einzelfall ein Ausmaß erreicht habe, welches mit ihrem Zweck – dem Schutz von Leben und Gesundheit der Versicherten vermittels des Beitragsrechts[234] – in keinem angemessenen Verhältnis mehr steht. In diesem Fall wäre die Vertreterversammlung verpflichtet, einen diesbezüglichen Beschluß zu treffen, so daß die Umlage der DDR-Altlasten in der BG nur noch nach den Arbeitsentgeltsummen erfolgt. Zu der insoweit anzustellenden Abwägung sei auf Abschnitt 3.1.3.4.3 auf Seite 129 ff. verwiesen. Auch an den starken Anstieg der Beiträge beim Zusammenschluß der beiden deutschen Staaten ist insoweit zu denken.[235]

Indem der Gesetzgeber die vorliegenden Satzungsermächtigungen als Ausnahmebestimmungen gegenüber den allgemeinen Regeln ausgestaltet hat, hat er einerseits anerkannt, daß ein gewisses Maß an Ungleichheit durch Anwendung des Gefahrtarifs auch auf die Umlage der DDR-Altlasten nicht nur hinzunehmen, sondern im Interesse der Prävention – wie auch sonst in der Unfallversicherung – wünschenswert sei. Gleichzeitig stellt der Gesetzgeber durch §§ 1157 I RVO, 215 IX SGB VII ein Instrument bereit, um die Grundrechte der Unternehmer wirksam zu wahren, ohne daß die Interessen der Versicherten an einer wirksamen Prävention dahinter zurückstehen müßten. Der Gesetzgeber hat es der gemeinsamen Selbstverwaltung überlassen, eine angemessene Lösung für den Einzelfall zu treffen. Diese wird, angesichts der hohen Bedeutung des Schutzgutes aus

232 Vgl. Abschnitt 3.1.3.4.3 auf Seite 129 ff. m. w. N.

233 Vgl. hierzu allgemein und insbesondere bei der Festsetzung des Gefahrtarifs: Abschnitt 3.2.2.2 auf Seite 134 ff.

234 Vgl. den vorherigen Abschnitt 3.4.2 auf Seite 167 ff.

235 Vgl. Tabelle 1.4 auf Seite 34, wonach der durchschnittliche Beitragssatz der gewerblichen Berufsgenossenschaften, nach stetigem Fallen zuvor, im Zeitraum 1990–1994 wieder auf das Niveau der Zeit um 1980 angestiegen war.

Art 2 II 1 GG, grundsätzlich darin bestehen, die Gefahrklasse weiterhin in einem bestimmten Verhältnis zur Lohnsumme in die Umlage mit einzubeziehen. Die Gefahrklasse ist nur soweit zurückzunehmen, wie es der Schutz der Grundrechte der Unternehmer als notwendig erscheinen läßt. Umgekehrt ist die Prävention über den Gefahrtarif so weit wie möglich zu verwirklichen. Nur in besonders gelagerten Ausnahmefällen, wie beispielsweise bei dem Gefahrtarif der Verwaltungs-Berufsgenossenschaft,[236] mag von vornherein zu erwägen sein, die Gefahrklasse überhaupt ganz außer Betracht zu lassen, weil die Unterschiede, die durch die Anwendung des Gefahrtarifs entstehen, dies wegen der großen Differenzen bei der Unfallgefahr in den diversen Gewerbezweigen nahelegen. In anderen Fällen kann hingegen eine Umlage je zum Teil nach Gefahrklasse und nach Lohnsumme zu sachgerechten Ergebnissen führen. Jedenfalls aber werden sich die Vertreterversammlungen und die Aufsichtsbehörde unter der Geltung des § 215 IX SGB VII intensiv mit der Frage auseinanderzusetzen haben, *ob* und – wenn ja – *inwieweit* bei der Umlage der DDR-Altlasten in einer Berufsgenossenschaft von der Gefahrklasse abzusehen sei. Jedenfalls ist eine einheitliche Regelung für alle Unternehmer der Berufsgenossenschaft zu treffen. Die Betätigung des Satzungsermessens durch die Vertreterversammlung unterliegt der vollständigen Nachprüfung durch das Gericht, welches die Vereinbarkeit des Beschlusses mit dem höherrangigen Recht untersucht. Feste Maßstäbe können an dieser Stelle nicht formuliert werden. Es kann nur – wie in der vorstehenden Diskussion[237] – ein „Korridor" gezeichnet werden, innerhalb dessen unter Anwendung der insoweit angesprochenen Kriterien (Ausmaß der Ungleichbehandlung durch die Anwendung des Gefahrtarifs, Übermaßverbot, Vertrauensschutz) eine Lösung im Einzelfall zu finden ist.

3.4.4 Ergebnis

Auch die Regelung der Umlage der DDR-Altlasten innerhalb der Berufsgenossenschaften auf die Unternehmer ist mit Blick auf Art. 3 I GG nicht zu beanstanden.

---

236 Vgl. Abschnitt 3.1.3.4.3 auf Seite 130 ff.
237 Vgl. Abschnitt 3.1.3.4.3 auf Seite 130 ff.

3.5 Die Vereinbarkeit des DDR-Lastenausgleichs mit Art. 3 I GG

3.5.1 Durchführung und Zweck des DDR-Lastenausgleichs

Die Verteilung der DDR-Altlasten ist mit der Verteilung der Leistungsberechtigten aus der DDR-Sozialversicherung auf die bundesdeutschen Unfallversicherungsträger noch nicht abgeschlossen. Vielmehr sieht Anlage 1 Kapitel VIII Sachgebiet 1 Abschnitt III Ziff. 1 c (8) Nr. 2 bb) EVertr seit 1995 insoweit einen besonderen DDR-Lastenausgleich vor, durch den ein Teil der Lasten jährlich erneut zwischen den Berufsgenossenschaften umverteilt werden.[238] Der Verteilungsschlüssel, nach dem sich die Verteilung der Leistungsberechtigten auf die Unfallversicherungsrungsträger richtet, wurde hierzu in Jahre 1995 neu berechnet, diesmal aufgrund der Zahlen aus dem Jahr 1994 sowie der Jahre 1991–1994.[239]

Der Ausgleich wird seitdem jedes Jahr aufs neue unter Anwendung dieses Schlüssels durchgeführt. Er erfaßt also Veränderungen, die sich bei den Arbeitsentgelten und bei den Rentenneulasten im Zeitraum 1989–1994 ereignet hatten. Diese Veränderungen werden zwischen den Berufsgenossenschaften durch Umverteilung ausgeglichen. Änderungen der Verhältnisse, die später eingetreten waren, bleiben dagegen unberücksichtigt, denn der Schlüssel für den DDR-Lastenausgleich wird seitdem beibehalten, das heißt, der Lastenausgleich wird auch heute noch aufgrund der Verhältnisse von 1994 durchgeführt. Eine zeitliche Befristung hierfür ist nicht vorgesehen. Der Verteilungsschlüssel von 1994 ist somit der maßgebliche Schlüssel, nach dem die DDR-Rentenaltlasten nach Maßgabe des Einigungsvertrags langfristig zwischen den Berufsgenossenschaften verteilt worden sind.

Grund für die Einführung des DDR-Lastenausgleichs war der Umstand, daß der Schlüssel, aufgrund dessen die Rentner auf die Träger verteilt worden waren, nur die Verhältnisse vor der Erstreckung der Berufsgenossenschaften auf das Beitrittsgebiet erfassen konnte, weil er auf Datenbasis 1989 berechnet worden war.[240] Die Leistungsbezieher sollten kurzfristig und dauerhaft einem bestimmten Träger zugewiesen werden. Da auf ei-

238 Vgl. bereits Abschnitt 1.2.7.3 auf Seite 28 ff.

239 Vgl. Abschnitt 3.4 auf Seite 165 ff. – Der neuberechnete Schlüssel ist wiedergegeben in Tabelle 1.3 auf Seite 30 sowie in Abbildung 1.1 auf Seite 29.

240 Vgl. bereits Seite 28 m. w. N.

ne „Nachverteilung" der Rentenbezieher verzichtet worden war,[241] sollten die Veränderungen, die auf die Erstreckung der Berufsgenossenschaften auf das Beitrittsgebiet zurückgehen, nunmehr jährlich mittels eines besonderen Lastenausgleichsverfahrens zwischen den Berufsgenossenschaften auf der Grundlage des neuen Schlüssels von 1994 ausgeglichen werden. Die gesamte Durchführung des Ausgleichsverfahren liegt beim Haupverband der gewerblichen Berufsgenossenschaften.

Ein weiterer Zweck des Verfahrens war angeblich, die Lasten unter den Berufsgenossenschaften in gerechter Weise aufzuteilen.[242] Jedenfalls führt das Verfahren die pauschale Verteilung, die 1990 begonnen worden war, konsequent fort, indem es wiederum einen typisierenden Schlüssel vorsieht, der die Verteilung nach denselben Größen weiterführt, diesmal aber auf anderer, späterer Datenbasis.

3.5.2 Probleme

Durch den DDR-Lastenausgleich kommt es jedes Jahr erneut zu einer Ungleichbehandlung der Unternehmer. Der Schlüssel für das Verfahren steht fest.[243] Für jede Berufsgenossenschaft wird hiernach ein Prozentwert von den DDR-Altlasten des jeweiligen Jahres berechnet, den die Unternehmer der BG kollektiv zu übernehmen haben. Die Unternehmer werden also zunächst *nach Berufsgenossenschaften* ungleich behandelt, denn der Verteilungsschlüssel ist für jede BG einheitlich. Weiterhin erfolgt eine Ungleichbehandlung bei der weiteren Umlage der insoweit auferlegten Lasten *innerhalb einer Berufsgenossenschaft*. Um letzteres soll es an dieser Stelle nicht gehen, hierzu sei auf Abschnitt 3.4 auf Seite 165 ff. verwiesen.

Der Lastenausgleich führt aber nicht in jedem Fall zu einer Belastung für die Unternehmer, denn soweit eine Berufsgenossenschaft aus dem DDR-Lastenausgleich Zahlungen erhält, ist der Ausgleich mit einer Entlastung verbunden. Ein Teil der DDR-Altlasten dieser Berufsgenossenschaft wird dann von den Unternehmern derjenigen Berufsgenossenschaften getragen, die in den DDR-Lastenausgleich einzahlen.

Das Ausgleichsverfahren ist zum einen „an sich" rechtfertigungsbedürftig. Zur Rechtfertigung des Schlüssels sei insoweit auf die Abschnit-

241 Vgl. Fußnote 160 auf Seite 29 m. w. N.

242 Auskunft eines an der Gesetzgebung seinerzeit beteiligten Mitarbeiters beim HVBG, Sankt Augustin.

243 Vgl. Tabelle 1.3 auf Seite 30.

te 3.3.3.3 auf Seite 154 ff. und 3.3.3.4 auf Seite 160 ff. verwiesen, auf die vorliegend Bezug genommen wird, weil es sich dabei um die gleichen Größen handelt, die in die Rechnung eingehen, nur die Datengrundlage, auf die die Formel zur Berechnung des Schlüssels angewandt wird, ist gegenüber der Verteilung der Leistungsbezieher um ein paar Jahre verschoben.

Problematisch ist vor allem, daß der Schlüssel auf Datenbasis 1994 zeitlich unbefristet angewendet werden soll. Weil es jedes Jahr zu einer neuen Ungleichbehandlung der Unternehmer kommt, liegt auch jeweils ein neuer Grundrechtseingriff vor, der zu rechtfertigen ist. Der Gesetzgeber kann durchaus vorsehen, daß der Verteilungsschlüssel, der dem Lastenausgleich zugrundezulegen ist, unverändert beizubehalten sei. Der Ausgleich der Veränderungen 1990–1995 ist hierfür ein hinreichender sachlicher Grund. Der Gesetzgeber wählt aufgrund seiner Zwecksetzungskompetenz den Zeitpunkt, auf den es bei der Lastenverteilung ankommen soll. Beschränkungen ergeben sich insoweit aber, wenn ein anfangs gerechtfertigtes Verfahren im Zeitablauf durch die Änderung der Verhältnisse zu unbilligen Härten führt.[244] Fraglich ist deshalb, ob die Beibehaltung des pauschalen Schlüssels angesichts der erheblichen gesellschaftlichen und wirtschaftlichen Veränderungen in Deutschland seit 1994 auf Dauer gerechtfertigt ist. Die Änderung der tatsächlichen Verhältnisse könnte dem entgegenstehen. In der derzeit noch andauernden Rezession sank allein im Baugewerbe die Zahl der Beschäftigten von 1995–2000 in den neuen Bundesländern ohne Berlin um 24,8% und im früheren Bundesgebiet einschließlich Berlin um 10,4%.[245] Die Arbeitsentgeltsummen, die auch in den Verteilungsschlüssel eingehen, verringerten sich entsprechend.

Es besteht Einigkeit darüber, daß *„gewisse Härten und Ungerechtigkeiten"* im Einzelfall bei typisierenden Regelungen, die zur Vereinfachung der Verwaltungstätigkeit unabdingbar sind, durchaus hinzunehmen wären, solange diese Härten nicht allzuschwer wiegen und solange sie nicht allzu zahlreich sind.[246] Insbesondere aber wenn es von vornherein absehbar ist,

244 Zu den Anforderungen an typisierende Regelungen allgemein vgl. bereits Abschnitt 1.3.2.2 auf Seite 69 ff.

245 *Arbeitsgruppe Alternative Wirtschaftspolitik*, Memorandum 2002, Blauer Brief für falsche Wirtschaftspolitik – Kurswechsel für Arbeit und Gerechtigkeit, Blätter für deutsche und internationale Politik, 2002, 626, Internet: `http://www.memo.uni-bremen.de/docs/memo02ku.pdf`, dort auch der Tabellenanhang, Internet: `http://www.memo.uni-bremen.de/docs/memo02ta.pdf`, (am 4. Januar 2003), darin Tabelle A 2, S. 244.

246 BVerfGE 26, 265, 275 f.; 13, 21, 29; *Rüfner*, in: Bonner Kommentar, Art. 3 I GG Rn. 114 (Fn. 362) m. w. N.; *Osterloh*, in: Sachs, GG, Art. 3 GG Rn. 111; *Ekkehart Stein*, in: AK-GG,

daß bestimmte Adressaten einer Regelung von einer Härte betroffen sein werden, ist es unter dem Gesichtspunkt des Art. 3 I GG sowie des Verhältnismäßigkeitsgrundsatzes angezeigt, einer übermäßigen Ungleichbehandlung über eine dementsprechende Härteklausel entgegenzuwirken.[247] In jedem Fall ist dem Gesetzgeber bei der Entscheidung über eine Härtefallregelung ein gewisser Beobachtungszeitraum zuzugestehen, der allerdings von der Komplexität der zu regelnden Materie abhängig ist. Bei vergleichsweise komplexen Sachverhalten ist eine gröbere Typisierung für eine Übergangszeit zulässig.[248]

Sollte sich erweisen, daß vorliegend eine Härtefallregelung angezeigt ist, so wäre weiterhin zu untersuchen, wie sie zu gestalten sei.

3.5.3 Das Ausmaß der Ungleichbehandlung durch den DDR-Lastenausgleich im Zeitraum 1994–2001

3.5.3.1 Methode

Da der Schlüssel für die Verteilung der Rentner auf die gewerblichen Berufsgenossenschaften grundsätzlich eine verfassungsmäßige Lösung darstellte,[249] gibt er den Maßstab vor, anhand dessen zu entscheiden ist, ob der DDR-Lastenausgleich mit der weiteren Entwicklung seit 1994 vereinbar ist. Dazu ist der Schlüssel aufgrund der heute aktuellen Daten neu zu berechnen und dem Schlüssel auf Datenbasis 1994 gegenüberzustellen. Dabei ist zu beachten, daß in den Schlüssel 1994 nach Maßgabe des Einigungsvertrags die Rentenneulasten aus den *vier* Jahren von 1991 bis 1994 eingegangen sind, während in der heutigen Rechnungslegung des HVBG nur die Rentenneulasten aus den letzten *fünf* vorangegangenen Jahren vorliegen; sie werden daher hilfsweise zur Neuberechnung der fiktiven Schlüssel für 2000 und 2001 herangezogen.[250] Das kann hingenommen werden,

---

Art. 3 I GG Rn. 47.

247 *Osterloh*, in: Sachs, GG, Art. 3 GG Rn. 111 m. w. N.; *Rüfner*, in: Bonner Kommentar, Art. 3 I GG Rn. 114.

248 *Jarass*, in: Jarass/Pieroth, GG, Art. 3 GG Rn. 31 a. E., unter Bezugnahme auf BVerfGE 100, 59, 101.

249 Vgl. Abschnitt 3.3 auf Seite 144 ff. – Eine Ausnahme gilt für die Verteilung der sich nicht erstreckenden Bau- und Metall-Berufsgenossenschaften (Abschnitt 3.3.3.5 auf Seite 162 ff.).

250 Soweit im Folgenden von „fiktiven" Angaben oder Daten die Rede ist, so ist damit gemeint, daß die so bezeichneten Schlüssel tatsächlich nicht zur Anwendung gekommen sind, sondern so vom HVBG bzw. vom Verf. – wie hier vorgestellt – berechnet wurden.

weil nicht zu erwarten ist, daß sich das Ergebnis der Berechnung dadurch wesentlich ändern wird. Die Berufsgenossenschaften Nr. 5, 9, 23, 25 und 26[251] nehmen am DDR-Lastenausgleich nicht teil, weil sie sich nicht auf das Beitrittsgebiet erstreckt hatten; ihr Anteil ist deshalb gleich Null.[252] Diese Berufsgenossenschaften hatten keine DDR-Altlasten übernommen.

3.5.3.2 Neuberechnung und statistische Auswertung

Das Ergebnis der Neuberechnung des Verteilungsschlüssels ist der Tabelle 3.1 auf der nächsten Seite zu entnehmen.[253] Sie zeigt die Anteile an den DDR-Altlasten, die nach Formel 1.3 auf Seite 28 auf die einzelnen Berufsgenossenschaften entfallen, in Prozentanteilen für die Jahre 1994, 2000 und 2001. Aus der Tabelle ist zu ersehen, daß sich die Verteilung sechs bzw. sieben Jahre nach Einführung des DDR-Lastenausgleichs anders darstellt als im Jahr 1994. Teilweise ist es zu erheblichen Verschiebungen der Anteile gekommen. Die statistischen Kennzahlen zur Beschreibung der drei Stichproben in Tabelle 3.1 sind Tabelle 3.2 auf Seite 177 zu entnehmen. Die Zahlen wurden unter Einbeziehung aller 35 Berufsgenossenschaften berechnet, die Berufsgenossenschaften, die nicht am DDR-Lastenausgleich teilnehmen, wurden also berücksichtigt.[254] Eine Auswertung kann hier nur den allgemeinen Trend der Werte angeben, weil die Zahlen nicht durchgehend für jedes Jahr in dem Zeitraum von 1994 bis 2001 zur Verfügung stehen. Mit diesen Einschränkungen kann folgendes gesagt werden:[255]

- Es ist zunächst ersichtlich, daß die *Spannweite R*, das ist die Differenz zwischen dem kleinsten und dem größten Wert der Stichpro-

---

251 Das sind die Hütten- und Walzwerks-Berufsgenossenschaft (5), die Edel- und Unedelmetall-Berufsgenossenschaft (9), die Bau-Berufsgenossenschaft Rheinland und Westphalen (23), die Südwestliche Bau-Berufsgenossenschaft (25) sowie die Württembergische Bau-Berufsgenossenschaft (26).

252 Die Numerierung der Berufsgenossenschaften richtet sich im Folgenden *nicht* nach der Anlage 1 zu § 114 SGB VII. Sie folgt vielmehr der Systematik der Rechnungslegung des HVBG. Die Ziffer 13 ist dort nicht besetzt.

253 Die Daten wurden dem Verf. freundlicherweise vom HVBG, Sankt Augustin, zur Verfügung gestellt.

254 Hätte man diese Berufsgenossenschaften mit dem Anteil Null in den Berechnungen weggelassen, wären die Ergebnisse noch deutlicher ausgefallen.

255 Zur Beschreibung eindimensionaler Häufigkeitsverteilungen mit den Methoden der beschreibenden Statistik vgl. allgemein: *Dieter Hochstädter*, Statistische Methodenlehre. Ein Lehrbuch für Wirtschafts- und Sozialwissenschaftler, 8. Aufl. 1996, S. 25 ff., 57 ff.

BG	*1994*	*2000**	*2001**
1	*3,4739*	*3,5278*	*3,8432*
2	*1,3268*	*1,1925*	*1,1046*
3	*1,1380*	*0,8902*	*0,8736*
4	*0,5956*	*0,7140*	*0,7309*
5	*0,0000*	*0,0000*	*0,0000*
6	*6,1794*	*5,9508*	*5,9290*
7	*4,2641*	*4,2972*	*4,5712*
8	*7,8449*	*8,2065*	*8,3137*
9	*0,0000*	*0,0000*	*0,0000*
10	*8,2457*	*8,3579*	*8,7077*
11	*5,5315*	*5,1914*	*5,1917*
12	*2,5210*	*2,4006*	*2,2641*
14	*0,4125*	*0,3495*	*0,3657*
15	*1,8627*	*1,6652*	*1,6680*
16	*0,3672*	*0,3273*	*0,3328*
17	*1,5783*	*1,2029*	*1,1658*
18	*4,4574*	*4,1967*	*4,1262*
19	*0,7583*	*0,5993*	*0,5702*
20	*0,0630*	*0,0527*	*0,0553*
21	*1,4501*	*1,6964*	*1,5321*
22	*4,5228*	*4,6586*	*4,3405*
23	*0,0000*	*0,0000*	*0,0000*
24	*2,0193*	*2,1809*	*2,1109*
25	*0,0000*	*0,0000*	*0,0000*
26	*0,0000*	*0,0000*	*0,0000*
27	*5,0586*	*4,2693*	*4,0750*
28	*2,7809*	*1,9107*	*1,8100*
29	*7,1099*	*7,2199*	*7,2146*
30	*4,3087*	*4,0322*	*4,0199*
31	*11,0226*	*12,6878*	*12,9127*
32	*0,5159*	*0,4607*	*0,4719*
33	*4,2715*	*4,5853*	*4,6517*
34	*0,3155*	*0,2499*	*0,2398*
35	*0,1534*	*0,0835*	*0,0893*
36	*5,8503*	*6,8424*	*6,7180*
Summe	*100,0000*	*100,0000*	*100,0000*

Tabelle 3.1: Schlüssel für die Verteilung der DDR-Altlasten (in Prozent; die mit einem * markierten Werte sind eine fiktive Neuberechnung [vgl. Fn. 250]; Quelle: HVBG).

	1994	2000*	2001*
Spannweite R	11,02	12,69	12,91
Arithmetisches Mittel $\overline{x}$	2,86	2,86	2,86
Varianz s_x^2	8,32	9,54	9,82

Tabelle 3.2: Statistische Lage- und Streuungsmaße der drei Verteilungsschlüssel in Tabelle 3.1 auf der vorherigen Seite (* = fiktive Berechnung; vgl. Fn. 250; Berechnung d. Verf.).

be,[256] deutlich zugenommen hat, und zwar von 1994 bis 2001 um 17,15%.[257] Da die kleinsten Werte jeweils durch die sich nichterstreckenden Berufsgenossenschaften vorgegeben worden sind, handelt es sich hierbei jeweils um die Maxima der Verteilung; das sind jeweils die Werte, die sich für die Verwaltungs-Berufsgenossenschaft ergeben.

- Das *arithmetische Mittel* $\overline{x}$[258] ist konstant, weil die Summe aller Prozentanteile immer 100 ergibt und die Anzahl der Berufsgenossenschaften ebenfalls immer gleich bleibt.
- Die Differenz zwischen dem größten Wert und dem arithmetischen Mittel hat sich seit 1994 vergrößert. Es handelte sich von Anfang an um eine „schiefe" Verteilung, weil das arithmetische Mittel nicht in der Mitte zwischen dem kleinsten und dem größten Wert lag.[259] Die Ungleichheiten haben seitdem weiter zugenommen.
- Auch das Maß für die statistische Streuung der Werte ergibt heute höhere Werte als 1994. Die *Varianz* s_x^2 gibt an, wie eine Stichprobe um ihr arithmetisches Mittel streut.[260] Sie nahm seit 1994 zu. Daraus ist ersichtlich, daß die Verteilungen aufgrund der Schlüssel von 2000 und von 2001 stärker streuen als die ursprüngliche Verteilung von 1994.

256 *Hochstädter*, a. a. O. (Fn. 255), S. 72 f.

257 Dieser hohe Prozentsatz ergibt sich, weil es sich, wie aus Tabelle 3.2 ersichtlich, an sich um recht kleine Ausgangswerte handelt. Bei der Berechnung von Prozentsätzen ergibt sich deshalb auch bei betragsmäßig kleinen Veränderungen eine beträchtliche „Hebelwirkung".

258 Zur Berechnung des arithmetischen Mittels wird die Summe aller Werte einer Stichprobe durch die Anzahl der Werte geteilt; vgl. *Hochstädter*, a. a. O. (Fn. 255), S. 61 ff.

259 Das Ideal ist die sogenannte *„Gaußsche Normalverteilung"*, die bekannte *„Glockenkurve"*; vgl. *Hochstädter*, a. a. O. (Fn. 255), S. 471 ff.

260 Es handelt sich um die *„mittlere quadratische Abweichung vom arithmetischen Mittel"* (*Hochstädter*, a. a. O. (Fn. 255), S. 77 ff., 78). Aus ihr wird die *Standardabweichung* s_x berechnet; das ist die Quadratwurzel der Varianz s_x^2.

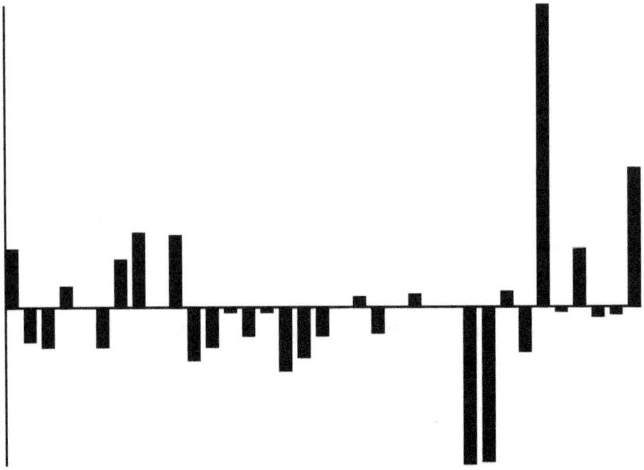

Abbildung 3.1: Absolute Veränderungen der Prozentanteile bei den Verteilungsschlüsseln 1994–2001 nach Tabelle 3.3 auf der nächsten Seite (x-Achse: die Berufsgenossenschaften 1–35; die y-Achse zeigt Werte von -0,98 bis 1,89; Berechnung d. Verf.).

Die Werte liegen also weiter vom arithmetischen Mittel der Stichproben entfernt. Da das arithmetische Mittel selbst konstant geblieben ist, ist die Streuung ein besonders aussagefähiges Maß für die immer weitergehende Veränderung der Werte in den Stichproben. Sie zeigt einen Trend an.

Die absoluten Veränderungen der Anteile der einzelnen Berufsgenossenschaften für die Zeiträume 1994-2000 und 1994–2001 sind jeweils in Tabelle 3.3 auf der nächsten Seite zusammengestellt. Abbildung 3.1 gibt die Veränderungen der Daten von 1994 zu 2001 im Vergleich zueinander als Balkendiagramm wieder.

Tabelle 3.3 und Abbildung 3.1 zeigen folgendes Bild:

- Bei den fünf Berufsgenossenschaften, die sich nicht erstreckt hatten, blieb es bei dem Anteil von 0%. Hier konnte selbstverständlich keine Änderung eintreten.
- Von 1994 bis 2000 sank der Anteil an den Lasten, den eine Berufsgenossenschaft zu übernehmen hätte, in 18 Fällen (1994–2001: 19 Fäl-

BG	*1994–2000*	*1994–2001*
1	*0,0539*	*0,3693*
2	*-0,1343*	*-0,2222*
3	*-0,2479*	*-0,2644*
4	*0,1184*	*0,1352*
5	*0,0000*	*0,0000*
6	*-0,2285*	*-0,2503*
7	*0,0331*	*0,3071*
8	*0,3615*	*0,4688*
9	*0,0000*	*0,0000*
10	*0,1122*	*0,4620*
11	*-0,3401*	*-0,3398*
12	*-0,1204*	*-0,2569*
14	*-0,0630*	*-0,0467*
15	*-0,1975*	*-0,1947*
16	*-0,0399*	*-0,0343*
17	*-0,3755*	*-0,4126*
18	*-0,2607*	*-0,3313*
19	*-0,1590*	*-0,1881*
20	*-0,0103*	*-0,0077*
21	*0,2464*	*0,0820*
22	*0,1358*	*-0,1824*
23	*0,0000*	*0,0000*
24	*0,1616*	*0,0916*
25	*0,0000*	*0,0000*
26	*0,0000*	*0,0000*
27	*-0,7894*	*-0,9837*
28	*-0,8702*	*-0,9710*
29	*0,1099*	*0,1047*
30	*-0,2765*	*-0,2888*
31	*1,6652*	*1,8902*
32	*-0,0552*	*-0,0440*
33	*0,3138*	*0,3802*
34	*-0,0656*	*-0,0757*
35	*-0,0699*	*-0,0641*
36	*0,9921*	*0,8678*
Summe	*0,0000*	*0,0000*

Tabelle 3.3: Absolute Veränderungen der Prozentanteile bei den Verteilungsschlüsseln (Berechnung d. Verf.).

le).[261] Der jeweilige Anteil stieg dagegen bei 12 (11) Berufsgenossenschaften.

- In den meisten Fällen – bei jeweils 25 Berufsgenossenschaften – bewegte sich die Veränderung gegenüber dem Schlüssel von 1994 in einem Intervall von ± 0,3 (bzw. ± 0,5) Punkten.
- Sowohl im Jahr 2000 als auch im Jahr 2001 kam es in vier Fällen zu größeren Veränderungen gegenüber 1994:
  - Bei den Berufsgenossenschaften Nr. 27 und Nr. 28[262] kam es zu Veränderungen im Bereich von -0,7894 und -0,8702 (bzw. -0,9837 und -0,9710) Punkten. Das ist das Zwei- bis Dreifache des Rahmens, in dem sich die Veränderung bei den meisten Berufsgenossenschaften hielt (± 0,3 bzw. ± 0,5 Punkte).
  - Bei den Berufsgenossenschaften Nr. 31 und Nr. 36,[263] kam es in den fiktiven Schlüsseln gegenüber dem gültigen Schlüssel von 1994 zu einem Anstieg um 1,6652 und 0,9921 (bzw. 1,8902 und 0,8678) Punkten. Das entspricht etwa dem Zwei- bis Vierfachen der jeweils am häufigsten anzutreffenden Veränderungen (± 0,3 bzw. ± 0,5 Punkte).

Diese Entwicklung wirkt sich dahingehend aus, daß die Berufsgenossenschaften, die DDR-Altlasten übernommen hatten, unter Zugrundelegung des heutigen, fiktiven Schlüssels einen anderen Anteil an den gesamten DDR-Lasten zu tragen hätten, als sie tatsächlich nach dem Schlüssel von 1994 aufzubringen haben. Das allein überrascht nicht, weil stets mit gewissen Schwankungen zu rechnen ist, entscheidend ist vielmehr der Umfang der Veränderung und der Trend, der vorstehend beschrieben worden ist. Es ist möglich, diese Veränderungen in Geldbeträge umzurechnen, weil bekannt ist, daß die gesamten Aufwendungen für die DDR-Altlasten bei allen gewerblichen Berufsgenossenschaften im Jahr 2001 insgesamt 754,6 Mio. Euro ausgemacht haben.[264] Die jeweiligen Veränderungen

261 Die Ergebnisse für den Zeitraum 1994–2001 werden im folgenden jeweils in Klammern angegeben.

262 Es handelt sich um die Bau-Berufsgenossenschaft Bayern und Sachsen (27) sowie um die Tiefbau-Berufsgenossenschaft (28).

263 Das sind die Verwaltungs-Berufsgenossenschaft (31) sowie die Berufsgenossenschaft für Gesundheitsdienst und Wohlfahrtspflege (36).

264 *HVBG (Hg.)*, Geschäfts- und Rechtsnungsergebnisse der gewerblichen Berufsgenossenschaften, 2001, S. 50. – Davon wurde aufgrund des DDR-Lastenausgleichs im Folgejahr ein Betrag in Höhe von insgesamt 37,5 Mio. Euro zwischen den Berufsgenossenschaften

dieser Summen unter Zugrundelegung der Schlüssel von 1994 und 2001 sind in Tabelle 3.4 auf der nächsten Seite zusammengestellt. Daraus ist ersichtlich, daß die Verwaltungs-Berufsgenossenschaft (Nr. 31), wäre sie bei dem Lastenausgleich im Jahr 2002 nach dem (fiktiven) Schlüssel von 2001 belastet worden, 14,26 Mio. Euro mehr hätte tragen müssen als nach dem Schlüssel von 1994, der tatsächlich angewandt worden war. Bei der Berufsgenossenschaft für Gesundheitsdienst und Wohlfahrtspflege (BGW, Nr. 36) betrüge die Mehrbelastung 6,55 Mio. Euro. Demgegenüber würde die Bau-Berufsgenossenschaft Bayern und Sachsen (Nr. 27) nach heutigen Verhältnissen um 7,42 Mio. Euro entlastet werden. Bei der Tiefbau-Berufsgenossenschaft (Nr. 28) betrüge die Entlastung gegenüber 1994 7,33 Mio. Euro. Bei den übrigen Berufsgenossenschaften bewegt sich die Veränderung im Bereich von wenigen hunderttausend Euro bis zu 3,54 Mio. Euro (Süddeutsche Metall-Berufsgenossenschaft, Nr. 8).

3.5.4 Schlußfolgerungen: Notwendigkeit einer Härteklausel

Es zeigt sich demnach, daß sich die Verhältnisse bei allen Berufsgenossenschaften seit Beginn des DDR-Lastenausgleichs in erheblicher Weise verändert haben. Bei den meisten Berufsgenossenschaften bewegt sich die Veränderung 1994–2001 in einem Intervall von $\pm$ 0,5 Prozentpunkten. Bei vier Berufsgenossenschaften hingegen gibt es „Ausreißerwerte", die um den Faktor 2 bis 4 von dem „üblichen" Rahmen abweichen. Weil es sich dabei um die VBG und die BGW handelt, liegt insoweit keine zufällige Entwicklung vor. Die Ausertung entspricht vielmehr dem Ergebnis, das aufgrund des allgemeinen Trends – Rezession, vor allem im Baugewerbe; zunehmender Beschäftigungsschwerpunkt in den Dienstleistungen – zu erwarten war.

Obwohl nicht alle Bau-Berufsgenossenschaften in gleicher Weise von der Rezession betroffen waren,[265] treten hier gleichwohl typische Fälle hervor, die durch die Beibehaltung des Verteilungsschlüssels von 1994 bevorzugt bzw. benachteiligt werden. Ein sachlicher Grund für die Beibehaltung des Schlüssels ist nicht ersichtlich. Auch der Vergleich mit der Behandlung anderer Altlasten in den Berufsgenossenschaften führt hier nicht weiter.[266]

umverteilt (a. a. O.).

265 Die Bau-Berufsgenossenschaften Hamburg und Frankfurt am Main standen nach dieser Rechnung im Jahre 2001 sogar etwas besser da als 1994.

266 So aber die Ansicht des HVBG in der Diskussion mit d. Verf.

BG	*1994*	*2001**	*Differenz*
1	*26,21*	*29,00*	*2,79*
2	*10,01*	*8,34*	*- 1,68*
3	*8,59*	*6,59*	*-2,00*
4	*4,49*	*5,52*	*1,02*
5	*0,00*	*0,00*	*0,00*
6	*46,63*	*44,74*	*-1,89*
7	*32,18*	*34,49*	*2,32*
8	*59,20*	*62,74*	*3,54*
9	*0,00*	*0,00*	*0,00*
10	*62,22*	*65,71*	*3,49*
11	*41,74*	*39,18*	*-2,56*
12	*19,02*	*17,09*	*-1,94*
14	*3,11*	*2,76*	*-0,35*
15	*14,06*	*12,59*	*-1,47*
16	*2,77*	*2,51*	*-0,26*
17	*11,91*	*8,80*	*-3,11*
18	*33,64*	*31,14*	*-2,50*
19	*5,72*	*4,30*	*-1,42*
20	*0,48*	*0,42*	*-0,06*
21	*10,94*	*11,56*	*0,62*
22	*34,13*	*32,75*	*-1,38*
23	*0,00*	*0,00*	*0,00*
24	*15,24*	*15,93*	*0,69*
25	*0,00*	*0,00*	*0,00*
26	*0,00*	*0,00*	*0,00*
27	*38,17*	*30,75*	*-7,42*
28	*20,99*	*13,66*	*-7,33*
29	*53,65*	*54,44*	*0,79*
30	*32,51*	*30,33*	*-2,18*
31	*83,18*	*97,44*	*14,26*
32	*3,89*	*3,56*	*-0,33*
33	*32,23*	*35,10*	*2,87*
34	*2,38*	*1,81*	*-0,57*
35	*1,16*	*0,67*	*-0,48*
36	*44,15*	*50,69*	*6,55*
Summe	*754,60*	*754,60*	*0,00*

Tabelle 3.4: Absolute Veränderung des Anteils an der DDR-Altlastenumlage in Mio. Euro zwischen den Verteilungsschlüsseln 1994 und 2001 (* = fiktiv; vgl. Fn. 250; Berechnung d. Verf.).

Die Unternehmer in den Berufsgenossenschaften tragen „ihre" Altlasten grundsätzlich solidarisch und auf unbestimmte Zeit selbst. Bei den DDR-Altlasten handelt es sich aber um einen quotenmäßig bestimmten Anteil an der Gesamtlast, der jedes Jahr erneut berechnet wird, so daß er auch jedes Jahr aufs neue zu rechtfertigen ist. Gewisse Härten im Einzelfall sind dabei grundsätzlich hinzunehmen, nicht aber allzu weitgehende Ungleichbehandlungen, durch die immer wieder dieselben Betroffenen übermäßig belastet werden.[267] Die Unternehmer der VBG und der BGW werden durch die Beibehaltung des Schlüssels 1994 systematisch auf Kosten aller übrigen gewerblichen Unternehmer entlastet. Besonders hiervon betroffen sind die Unternehmer der Bau-Berufsgenossenschaft Bayern und Sachsen sowie der Tiefbau-Berufsgenossenschaft. Der Grund dafür liegt letztlich in den strukturellen volkswirtschaftlichen Veränderungen seit Mitte der 1990er Jahre, auf die der DDR-Lastenausgleich keine Rücksicht nimmt. Diese Veränderungen waren für den Gesetzgeber auch bis zu einem gewissen Grade vorhersehbar gewesen. Ganz sicherlich konnte der Gesetzgeber nicht die genaue Entwicklung im einzelnen prognostizieren. Das ist aber auch gar nicht notwendig. Entscheidend ist, daß der langfristige volkswirtschaftliche Trend zur Stärkung des Dienstleistungssektors seit langer Zeit bekannt ist,[268] so daß er bei der Gestaltung eines auf lange Frist angelegten berufsgenossenschaftlichen Ausgleichsverfahrens mit einbezogen werden muß. Die diesbezüglichen Auswirkungen sind spätestens seit 2000 / 2001 hinreichend deutlich erkennbar, so daß ein längeres Zuwarten bei der Änderung des Zustands seitdem nicht mehr zumutbar erscheint. Auch der für das Jahr 2005 angekündigte Zusammenschluß der Bau-Berufsgenossenschaften führt hier zu keiner anderen Bewertung, da die übermäßige Belastung die Unternehmer der Branche insgesamt trifft, so daß es auf regionale Besonderheiten dann gerade nicht mehr ankommen wird. Auch hat diese Reform keine Auswirkungen auf die Nachteile der Unternehmer anderer Berufsgenossenschaften, die netto in den DDR-Lastenausgleich einzahlen müssen.

3.5.5 Ergebnis

Die Fortführung des DDR-Lastenausgleichs nach Maßgabe des Schlüssels von 1994 ist deshalb mit Art. 3 I GG nicht vereinbar. Eine dementsprechen-

267 Vgl. hierzu bereits Abschnitt 3.5.2 auf Seite 173 ff. m. w. N.
268 Vgl. Abschnitt 254 auf Seite 46 ff.

de Härteklausel ist somit notwendig.

3.6 Rechtsfolge der Unvereinbarkeit mit Art. 3 I GG

3.6.1 Verstöße gegen den allgemeinen Gleichheitssatz im Beitragsrecht der gewerblichen Unfallversicherung

Die vorstehende Untersuchung hat zwei Verstöße gegen Art. 3 I GG ergeben: Die zeitlich unbefristete Beibehaltung des Verteilungssschlüssels 1994 für den DDR-Lastenausgleich[269] und die Verteilung der Anteile der sich nicht erstreckenden Bau- und Metall-Berufsgenossenschaften nur auf deren sich erstreckende Schwester-Berufsgenossenschaften.[270]

3.6.2 Allgemeine Folgen eines Verstoßes gegen Art. 3 I GG

Stellt das Bundeverfassungsgericht einen Verstoß gegen den allgemeinen Gleichheitssatz fest, so erklärt es grundsätzlich die Regelung für mit Art. 3 I GG unvereinbar.[271] Dies wird vor allem mit dem Gewaltenteilungsgrundsatz begründet.[272] Dem Gesetzgeber kommt ein Gestaltungsspielraum zu, innerhalb dessen er Recht zu setzen befugt ist; das gilt auch für die Behebung einer rechtswidrigen Ungleichbehandlung durch den Gesetzgeber.[273] Das Bundesverfassungsgericht ist nicht berechtigt, anstelle der für rechtswidrig befundenen Regelung neues materielles Recht zu setzen. Vielmehr hat der Gesetzgeber – auch rückwirkend – anstelle der alten Regelung nach Maßgabe der Rechtsprechung eine neue, rechtmäßige zu schaffen.[274] Gerichte und Verwaltung dürfen das mit Art. 3 I GG für unvereinbar erklärte Gesetz nicht mehr anwenden.[275] Gegebenenfalls ist eine Übergangsregelung zu schaffen, bis der Gesetzgeber auf Dauer eine neue Norm gesetzt hat.[276]

---

269 Vgl. Abschnitt 3.5 auf Seite 171 ff.

270 Vgl. Abschnitt 3.3.3.5 auf Seite 162 ff.

271 BVerfGE 92, 91, 121; 99, 69, 83; *Osterloh*, in: Sachs, GG, Art. 3 GG Rn. 130; *Jarass*, in: Jarass/Pieroth, GG, Art. 3 GG Rn. 41.

272 *Pieroth/Schlink*, a. a. O. (Fn. 376 auf Seite 68), Rn. 479 ff., 483.

273 *Osterloh*, in: Sachs, GG, Art. 3 GG Rn. 131; BVerfGE 93, 386, 396.

274 *Osterloh*, in: Sachs, GG, Art. 3 GG Rn. 132.

275 *Osterloh*, in: Sachs, GG, Art. 3 GG Rn. 132; BVerfGE 73, 40, 101; 87, 234, 262 f.; 91, 389, 404 f.; 94, 241, 266; BSGE 83, 218, 223.

276 *Jarass*, in: Jarass/Pieroth, GG, Art. 3 GG Rn. 41; BVerfGE 73, 40, 101; 87, 153, 181.

Nur ausnahmsweise erklärt das Gericht eine Regelung ganz oder teilweise für nichtig.[277] Die Nichtigerklärung kommt nach der Rechtsprechung nur dann in Betracht, wenn nach Wegfall der für verfassungswidrig befundenen Bestimmung *„mit Sicherheit anzunehmen ist, daß der Gesetzgeber bei Beachtung des Art. 3 GG die nach der Nichtigerklärung verbleibende Fassung der Norm wählen würde"*.[278] Es darf keine andere Maßnahme in Betracht kommen, mit der der ungerechtfertigten Ungleichbehandlung abgeholfen werden könnte.[279] Dem Gesetzgeber bleibt es überlassen, für die Zukunft eine andere Regelung zu wählen, die mit Art. 3 I GG vereinbar ist.[280]

3.6.3 Härteklausel für den DDR-Lastenausgleich

3.6.3.1 Kein rückwirkender Ausgleich

Die Verteilung der Versicherungsfälle auf die Unfallversicherungsträger im Jahre 1990 aufgrund der Daten von 1989 war rechtmäßig.[281] Der DDR-Lastenausgleich wird nach den gleichen Kriterien durchgeführt. Größere Änderungen der wirtschaftlichen Verhältnisse fielen in den Zeitraum seit Mitte der 1990er Jahre; bis 1994 / 1995 kam es zu keiner wesentlichen Änderung, solange der Boom im Nachfeld der Öffnung der Ostgrenzen anhielt. Der Lastenausgleich war deshalb jedenfalls zu Beginn ebenfalls mit Art. 3 I GG vereinbar. Der Zeitpunkt, seitdem der DDR-Lastenausgleich rechtswidrig war, läßt sich mangels verfügbarer Daten im nachhinein nicht genau bestimmen. Diese Unsicherheit der Datierung erschwert eine auch rückwirkende Beseitigung des rechtswidrigen Zustands, wozu der Gesetzgeber grundsätzlich verpflichtet wäre.[282] Aber auch wenn die fehlenden Daten im nachhinein noch ermittelt bzw. rekonstruiert werden könnten, tritt in diesem Fall erschwerend hinzu, daß die Unfallversicherung nach dem Prinzip der nachträglichen Bedarfsdeckung finanziert wird,[283] so daß eine spätere Umverteilung der einst fehlerhaft verteilten Lasten nicht systemgerecht wäre. Ganz abgesehen von den praktischen Problemen, die sich bei der Berechnung stellten, könnte deshalb eine ungerechtfertigte

277 Vgl. die umfangreichen Nachweise bei: *Jarass*, in: Jarass/Pieroth, GG, Art. 3 GG Rn. 42.
278 *Osterloh*, in: Sachs, GG, Art. 3 GG Rn. 131 m. w. N..
279 BVerfGE 92, 91, 121; 99, 69, 82 f.
280 BVerfGE 99, 69, 83.
281 Vgl. Abschnitt 3.3 auf Seite 144 ff.
282 *Osterloh*, in: Sachs, GG, Art. 3 I GG Rn. 132 m. w. N.
283 Vgl. Abschnitt 1.3.1.4 auf Seite 50 ff.

Belastung der Unternehmer während eines bestimmten Veranlagungszeitraums nicht während eines späteren Zeitraums rückwirkend ausgeglichen werden. Die Beiträge der Unternehmer finanzieren prinzipiell nur die *heute* tatsächlich zu tragenden Lasten der Berufsgenossenschaft. „Ausgleichszahlungen" *ex post* sind dem System der Unfallversicherung fremd. Eine rückwirkende Beseitigung der Folgen des Verstoßes gegen Art. 3 I GG kommt hier deshalb ausnahmsweise nicht in Betracht.

Demnach ist das Augenmerk auf die Zukunft der Finanzierung der DDR-Rentenaltlasten zu richten. Der DDR-Lastenausgleich kann jedenfalls fortan nicht mehr aufgrund des Verteilungsschlüssels mit Datenbasis 1994 durchgeführt werden.

3.6.3.2 Völliger Verzicht auf den DDR-Lastenausgleich

Denkbar wäre zunächst der völlige Verzicht auf den DDR-Lastenausgleich überhaupt. In diesem Fall bliebe es bei der Verteilung der Rentenbezieher – und damit auch: der Lasten – aufgrund des Verteilungsschlüssels von 1989. Diese Verteilung war aber von dem Gesetzgeber nur provisorisch und übergangsweise vorgesehen. Es war von vornherein vorgesehen, den DDR-Lastenausgleich ab dem Jahr 1995 durchzuführen, um die Änderungen auszugleichen, die durch die Erstreckung der meisten gewerblichen Berufsgenossenschaften auf den Osten entstanden waren.[284] Erst der DDR-Lastenausgleich führte zu einer insgesamt nachvollziehbaren und sinnvollen Regelung für die Verteilung der DDR-Lasten. Diese ganze Regelung ist deshalb nicht beliebig „teilbar". Der DDR-Lastenausgleich ist vielmehr ein notwendiger Bestandteil der Verteilung der DDR-Altlasten. Auf ihn kann deshalb nicht völlig verzichtet werden. Es stellt sich deshalb nur die Frage, auf welche Weise er weiterhin durchgeführt werden sollte.

3.6.3.3 Das berufsgenossenschaftliche Ausgleichsverfahren, §§ 176 ff. SGB VII

Das allgemeine Lastenausgleichsverfahren der §§ 176 ff. SGB VII[285] ist keine Regelung zum Ausgleich der vorliegenden Ungleichbehandlungen. Das ist schon deswegen nicht der Fall, weil die diesbezügliche Regelung

284 Vgl. Abschnitt 3.5.1 auf Seite 171 ff. m. w. N.
285 Vgl. Abschnitt 1.3.1.6 auf Seite 62 ff. m. w. N.

überhaupt nicht auf die DDR-Rentenaltlasten abstellt. Hier geht es lediglich um die allgemeine Rentenlast und die allgemeinen Entschädigungslasten. Das berufsgenossenschaftliche Ausgleichsverfahren hat einen ganz anderen Zweck, nämlich die allgemeine Unterstützung notleidend gewordener Berufsgenossenschaften zur Sicherstellung der Leistungserbringung für die Versicherten. Der Ausgleich von Veränderungen bei den tatsächlichen Verhältnissen, aufgrund derer DDR-Altlasten zu verteilen sind, spielen hier keine Rolle.

3.6.3.4 § 215 IX SGB VII

Auch § 215 IX SGB VII kommt insoweit nicht die Bedeutung einer Härtefallregelung zu. Danach kann die Vertreterversammlung beschließen, bei der Umlage der DDR-Altlasten von den Vorgaben des Gefahrtarifs abzusehen. Die Regelung setzt aber bei der Gefahrklasse an, sie läßt die Höhe der auf den Unternehmer entfallenden DDR-Altlasten unberücksichtigt. § 215 IX SGB VII steht auch nicht im Zusammenhang mit dem DDR-Lastenausgleich. Zweck sowohl der Vorgängervorschrift § 1157 I RVO als auch des gleichlautenden § 215 IX SGB VII ist es, „Beitragsverzerrungen" abzuhelfen, die in einer Berufsgenossenschaft dadurch entstehen können, daß die DDR-Lasten nach dem Gefahrtarif umgelegt werden.[286] Auch die Wiedereinführung dieser Regelung durch das *„Gesetz zur Änderung des Sozialgesetzbuches und anderer Gesetze"*[287] macht eine Härtefallregelung für den DDR-Lastenausgleich somit nicht überflüssig.

3.6.3.5 Neuberechnung des Verteilungsschlüssels

Es bleibt die Möglichkeit, die Verteilung der DDR-Altlasten regelmäßig auf eine aktuelle Grundlage zu stellen. Das wird auch von der vorstehenden Untersuchung[288] nahegelegt. Die mit dem Verteilungsschlüssel verbundene Pauschalierung ist nur insoweit zulässig, als es keine andere Möglichkeit gibt, mit der der Zweck der Typisierung, nämlich die Vereinfachung der Verwaltungstätigkeit und überhaupt die Praktikabilität der Regelung, zu erreichen.

---

286 Vgl. hierzu die Abschnitte 3.1.3.4.1 auf Seite 126 ff., 3.1.3.4.3 auf Seite 129 ff.
287 Vgl. Abschnitt 1.2.7.5 auf Seite 33 ff.
288 Vgl. Abschnitt 3.5 auf Seite 171 ff.

Bei einem pauschalen Verteilungsschlüssel, der an sich mit Blick auf die Größen, die ihm zugrundegelegt worden sind, nicht zu beanstanden ist,[289] der aber gerade aufgrund der ausbleibenden Aktualisierung *à la longue* der sachlichen Rechtfertigung entbehrt, ist zunächst zu fragen, ob eben die Anpassung des Schlüssels an die geänderten Verhältnisse eine geeignete und ausreichende Regelung wäre, die mit den Grundrechten der betroffenen Unternehmer zu vereinbaren ist. Dies ist zu bejahen. Der Schlüssel, der ursprünglich zur Verteilung der Versicherungsfälle auf die Berufsgenossenschaften – und damit: auf die Unternehmer – angewandt worden war, ist, wie gerade erwähnt, rechtmäßig.[290] Er kann auch – gerade weil er aus Größen aus der Statistik der Unfallversicherungsträger gebildet wird, die leicht greifbar sind – mit Hilfe der EDV leicht neu berechnet werden. Auch der Umstand, daß bei der Beurteilung der Verhältnismäßigkeit des Verteilungsschlüssels ein strenger Maßstab anzulegen ist, spricht für die regelmäßige Neuberechnung, denn nur so ist es möglich, die Belastung für alle Betroffenen auf das unbedingt notwendige, angemessene und damit zumutbare Maß zu beschränken. Es handelt sich auch insgesamt um eine systemgerechte Lösung, die die von dem Gesetzgeber ursprünglich gewählte Verteilung konsequent fortsetzt und abrundet.

Die regelmäßige Neuberechnung des Verteilungsschlüssels ist daher eine Maßnahme, die sachlich gerechtfertigt und die auch verhältnismäßig wäre. Im Anschluß an das Prinzip der nachträglichen Bedarfsdeckung[291] ist es angezeigt, die Neuberechnung auf jährlicher Grundlage durchzuführen.

3.6.3.6 Ergebnis

Weder der vollständige Verzicht auf den DDR-Lastenausgleich noch das allgemeine berufsgenossenschaftliche Ausgleichsverfahren noch die wiedereingeführte Bestimmung des § 215 IX SGB VII wären vorliegend als Härtefalleregelung geeignet. Nur die jährliche Neuberechnung des Veteilungsschlüssels aufgrund der aktuellen Zahlen kommt in Frage. Es gibt demnach nur *eine* Möglichkeit, um den Verstoß gegen Art. 3 I GG zu beseitigen. Der Gesetzgeber würde diese deshalb mit Sicherheit wählen, zumal sie sich als systemgerecht und praktikabel darstellt und die übrige in dem

289 Vgl. Abschnitt 3.3.3 auf Seite 151 ff.
290 Vgl. Abschnitt 3.3.3 auf Seite 151 ff.
291 Vgl. Abschnitt 1.3.1.4 auf Seite 50 ff.

Einigungsvertrag getroffene Regelung konsequent zu Ende führt. Deshalb kommt vorliegend die Nichtigerklärung von Anlage I Kapitel VIII, Sachgebiet I Abschnitt III Ziff. 1 c (8) Nr. 2 EVertr in Betracht, soweit darin die Beibehaltung des Verteilungsschlüssels 1994 vorgesehen ist.

Zur Vermeidung weiterer ungerechtfertigter Benachteiligungen könnte das Bundesverfassungsgericht ausnahmsweise eine Übergangsregelung in Kraft setzen, um der weiteren ungerechtfertigten Ungleichbehandlung abzuhelfen, bis der Gesetzgeber eine formelle Regelung getroffen haben würde. Insoweit wäre anzuordnen, den DDR-Lastenausgleich bis auf weiteres aufgrund eines Verteilungsschlüssels durchzuführen, der jährlich nach der Maßgabe des Einigungsvertrags, jedoch unter Verwendung aktueller Zahlen für den jeweiligen Vorjahreszeitraum zu berechnen ist.

3.6.4 Die Verteilung der Anteile der sich nicht erstreckenden Bau- und Metall-Berufsgenossenschaften

Die Verteilung der rechnerischen Anteile der sich nicht erstreckenden Bau- und Metall-Berufsgenossenschaften auf deren sich erstreckende Schwester-Berufsgenossenschaften war sachlich nicht gerechtfertigt. Es wäre konsequent und systemgerecht gewesen, diese Anteile *sämtlichen* Berufsgenossenschaften zuzuschlagen, deren Zuständigkeit auf das Beitrittsgebiet erstreckt worden war. Die Verteilung der DDR-Altlasten vom HVBG auf die einzelnen BGen ist deshalb insoweit mit Art. 3 I GG nicht vereinbar.[292]

Dem Gesetzgeber stehen mehrere Möglichkeiten zur Verfügung, dem rechtswidrigen Zustand abzuhelfen. Wie vorstehend ausgeführt, kommt auch hier nur eine Regelung mit Wirkung für die Zukunft in Betracht.[293] Es empfiehlt sich aus Gründen der Praktikabilität, eine Lösung zu suchen, die auf den ohnehin neu zu regelnden DDR-Lastenausgleich aufsetzt. Der – ebenfalls neu zu berechnende – zutreffende Anteil der sich erstreckenden Berufsgenossenschaften könnte mit dem neu gefaßten DDR-Lastenausgleich *ex nunc* herbeigeführt werden. Dies könnte aber auch unabhängig vom DDR-Lastenausgleich erfolgen.

---

292 Vgl. Abschnitt 3.3.3.5 auf Seite 162 ff.
293 Vgl. Abschnitt 3.6.3.1 auf Seite 185 ff.

4 Zusammenfassung

- Die Rechtsprechung zum Beitragsrecht der gewerblichen Unfallversicherung befaßt sich mit der Festsetzung des Gefahrtarifs und mit der Umlage der DDR-Altlasten auf die Unternehmer (Abschnitt 1.2).
    - Behandelt wurden die Tarifstellen für Energieversorger, Personenverkehrsunternehmen, Zeitarbeitsunternehmen, Sportvereine und für „sonstige Unternehmensarten".
    - Probleme waren dabei:
        - Die Bildung der Tarifstellen unter Zugrundelegung des sogenannten Gewerbezweig- und des Tätigkeitsprinzips.
        - Die Festsetzung der Gefahrklassen als Ausdruck der Unfallgefahr in einem Gewerbezweig.
        - Die Umlage der DDR-Altlasten auf die gewerblichen Unternehmer nach der Gefahrklasse.
- Die Arbeit untersucht diese Fragen als Gleichheitsprobleme (Art. 3 I GG; Abschnitt 1.3.2).
- Grundlegend für das Verständnis des Beitragsrechts der gewerblichen Unfallversicherung ist die Klärung des Verhältnisses, in dem Äquivalenzprinzip, Solidarprinzip und Prävention zueinander stehen (Kapitel 2).
    - In der gewerblichen Unfallversicherung wird durch die Einbeziehung der Unfallgefahr in die Beitragsrechnung die Individualäquivalenz ein einem Maße verwirklicht, das in der Sozialversicherung sonst nicht erreicht wird. Das wird durch die Einbeziehung der Gefahrklasse in die Beitragsformel erreicht, in der die „gewerbetypische Unfallgefahr" zum Ausdruck kommt, die in einem Unternehmen typischerweise zu erwarten ist, während sich die Beiträge in den anderen Zweigen der Sozialversicherung nur nach den Arbeitsentgelten richten (Abschnitt 2.1.4.1).
    - Defizite bei der Beitragsäquivalenz ergeben sich in der gewerblichen Unfallversicherung durch (Abschnitt 2.1.4.2):

  - Pauschale Umlage aller Lasten einer Berufsgenossenschaft auf die Unternehmer über den Beitragsfuß.
  - Neulastverfahren bei der Berechnung der Gefahrklassen.
- Für die Festsetzung des Gefahrtarifs folgen aus dem Äquivalenzprinzip folgende Grundsätze (Abschnitt 2.1.4.3):
  - Unabhängig davon, ob ein Gewerbezweig-, ein Tätigkeitstarif oder ein gemischter Tarif gewählt wird, ist die Unfallgefahr das maßgebliche Kriterium für die Bildung der Gefahrtarifstellen. Sie ist allein am Umfang der Lasten zu messen, die der Gewerbezweig verursacht hat.
  - Ein Gewerbezweig bildet dann eine eigene Tarifstelle, wenn er die von den Unternehmern dieses Gewerbezweigs verursachten Lasten aus seinen Beiträgen selbst tragen kann.
  - Ist das nicht der Fall, so sind Gewerbezweige zu Tarifstellen zusammenzulegen. Maßgeblich sind auch hier wiederum die Lasten, die von den Gewerbezweigen verursacht worden sind.
  - Erweist sich innerhalb einer Tarifstelle, daß ein Gewerbezweig oder eine leicht abgrenzbare Gruppe von Versicherten (Beispiel: Büro) als statistisch signifikant weniger oder stärker gefährdet als die anderen Gewerbezweige der Tarifstelle und ist dieser „Ausreißer" selbst tragfähig, so ist er aus der Tarifstelle auszugliedern.
  - Das Prinzip der Umlage nach dem Äquivalenzprinzip gilt für alle Lasten einer gewerblichen Berufsgenossenschaft, sofern das Gesetz nicht ausdrücklich eine Ausnahme bestimmt.
- Das Solidarprinzip ist in der gewerblichen Unfallversicherung anders verwirklicht als in den übrigen Zweigen der Sozialversicherung.
  - Es gibt keinen „sozialen Ausgleich" zwischen den Unternehmern als Beitragsschuldnern (Abschnitt 2.2.2.1).
  - „Solidarausgleich" in der gewerblichen Unfallversicherung kommt in den folgenden Elementen zum Ausdruck:
    - Die pauschale Umlage aller Lasten über den Beitragsfuß bewirkt, daß die jeweils am Markt tätigen Unternehmer die Unfallasten einer Berufsgenossenschaft tragen, oh-

ne Rücksicht auf die Verursachung der Lasten oder die weitere Existenz der konkreten Verursacher (Abschnitt 2.2.2.2).

      - Transfers zwischen den Unternehmern derselben Tarifstelle nach der Lohnsumme (Abschnitt 2.2.2.3).
      - Transfers zwischen den Unternehmern verschiedener Tarifstellen aufgrund des Neulastverfahrens (Abschnitt 2.2.2.4).
      - Transfers zwischen den Unternehmern verschiedener Berufsgenossenschaften aufgrund des berufsgenossenschaftlichen Ausgleichsverfahrens (§§ 176 ff. SGB VII; Abschnitt 2.2.2.5).
    - Das Solidarprinzip ist für die Festsetzung des Gefahrtarifs ohne Bedeutung. Innerhalb einer Tarifstelle soll nur Risikoausgleich, kein Solidarausgleich stattfinden (Abschnitt 2.2.3).
  - Zweck der besonderen Betonung des Äquivalenzprinzips in der gewerblichen Unfallversicherung ist die Prävention von Versicherungsfällen (Abschnitt 2.3.2).
    - Äquivalenz ist kein bloßer „Zweck an sich". Sie dient gleichermaßen dem Schutz der Versicherten und der Beitragsgerechtigkeit (Abschnitt 2.3.2).
    - Verfassungsrechtliche Grundlage der Prävention ist die Schutzpflicht aus Art. 2 II 1 GG (Abschnitt 2.3.3).
    - Die Prävention rechtfertigt die Beitragsäquivalenz allgemein und das Neulastverfahren im besonderen (Abschnitt 2.3.4).
    - Die Prävention spricht für möglichst die zeitnahe Neufestsetzung des Gefahrtarifs(Abschnitt 2.3.4).
- Die sogenannte „Wesentlichkeitstheorie" wird im Beitragsrecht der gewerblichen Unfallversicherung nicht verletzt (Abschnitt 3.1).
  - § 157 SGB VII entspricht der Wesentlichkeitstheorie (Abschnitt 3.1.2).
    - An die Prüfung von Art. 3 I GG sind strenge Verhältnismäßigkeitsanforderungen zu stellen. Die Bestimmtheit der Satzungsermächtigung ist Art. 80 I 2 GG in entsprechender

Weise heranzuziehen (Abschnitt 3.1.2.3).

  - Die Tarifstellen im Gefahrtarif sind so zu bilden, daß es in ihnen zu einem versicherungsmäßigen Risikoausgleich kommt. Sonstige („solidarische") Transfers sollen hier nach dem Wortlaut des Gesetzes nicht bewirkt werden. Grundsätzlich ist dabei vom Gewerbezweigprinzip auszugehen, innerhalb dessen nach dem Tätigkeitsprinzip weiter differenziert werden kann (Abschnitt 3.1.2.4.1).
  - Die Gefahrklassen werden nach Maßgabe von § 157 III SGB VII berechnet (nicht: geschätzt oder frei vereinbart). Neulasttarife sind durch den Gesichtspunkt der Prävention gerechtfertigt und geboten (Abschnitt 3.1.2.4.2).
- Auch gegen §§ 1157 I RVO, 215 IX SGB VII bestehen mit Blick auf die Wesentlichkeitstheorie keine Bedenken. Die Vertreterversammlung hat dann von der Ermächtigung zum Absehen von der Gefahrklasse bei der DDR-Altlastenumlage Gebrauch zu machen, wenn anderenfalls eine übermäßige Belastung der Unternehmer entstehen würde. Maß hierfür ist die Spannweite der Gefahrklassen in dem Gefahrtarif einer Berufsgenossenschaft (Abschnitt 3.1.3.4).

- Der Gestaltungsspielraum der Vertreterversammlung bei der Festsetzung des Gefahrtarifs ist vom Äquivalenzprinzip her einzugrenzen (Abschnitt 3.2.2).
  - Abweichungen vom Äquivalenzprinzip sind zulässig
    - zur Prävention von Versicherungsfällen (Abschnitt 3.2.2.1);
    - zur Beachtung des Übermaßverbots und des Vertrauensschutzes der Unternehmer (Abschnitt 3.2.2.2).
    - Auch die Bildung der Tarifstellen und die Festsetzung der Gefahrklassen im Gefahrtarif ist – als Typisierung – selbst eine Abweichung vom Äquivalenzprinzip. Die Typisierung ist aber nur in bestimmten Grenzen zulässig. Ein Verfahren, das sich selbst afu die Beitragsäquivalenz auswirkt, ist dabei jedenfalls unzulässig (Beispiel: Rundung der Gefahrklassen auf ganze oder halbe Zahlenwerte in den Gefahrtarifen der Bau-Berufsgenossenschaften; Abschnitt 3.2.2.3).
  - Der Gestaltungsspielraum der Vertreterversammlung ist als eher gering anzusehen. Die Vertreterversammlung läuft deshalb

leicht Gefahr, ihren Spielraum zu überschreiten. Die Rechtsprechung hat den Gefahrtarif mit Blick auf Artt. 3 I, 19 IV GG einer strengen Prüfung zu unterziehen (Abschnitt 3.2.2.4).

- Die Übertragung der DDR-Altlasten auf die gewerblichen Unternehmer ist grundsätzlich mit Art. 3 I GG vereinbar.
  - Die Unternehmer tragen diese Lasten als „Beteiligte". Der Gesetzgeber ist nicht dazu verpflichtet, ihnen hierfür einen Ausgleich zu gewähren. Es handelt sich auch nicht um eine Sonderabgabe (Abschnitt 3.3.2).
  - Die Verteilung der DDR-Altlasten nach einem pauschalen Schlüssel ohne Beachtung der Zuständigkeit der Unfallversicherungsträger ist sachlich gerechtfertigt, weil die Ermittlung der sachlichen Zuständigkeit der Träger wegen des insoweit unzulänglichen Datenbestandes der DDR-Unfallversicherungsträger nicht möglich war. Der Schlüssel zur Verteilung der Lasten zwischen den Spitzenverbänden der Unfallversicherungsträger und der Schlüssel zur weiteren Verteilung vom HVBG auf die einzelnen Berufsgenossenschaften sind mit Art. 3 I GG zu vereinbaren (Abschnitt 3.3.3.3).
  - Allerdings verstößt die Verteilung der rechnerischen Anteile der Bau- und Metall-Berufsgenossenschaften, die sich nicht auf das Beitrittsgebiet erstreckt hatten, auf deren jeweilige Schwester-Berufsgenossenschaften gegen den allgemeinen Gleichheitssatz (Abschnitt 3.3.3.5).
- Auch die Umlage der DDR-Altlasten innerhalb der gewerblichen Berufsgenossenschaften auf die Unternehmer ist mit Art. 3 I GG zu vereinbaren (Abschnitt 3.4).
  - Die Umlage erfolgt grundsätzlich nach dem Gefahrtarif. Rechtfertigung hierfür ist die Prävention von Versicherungsfällen (Abschnitte 3.4.1 und 3.4.2).
  - Die Vertreterversammlung ist verpflichtet, gem. §§ 1157 I RVO, 215 IX SGB VII von einer Umlage der DDR-Altlasten nach der Gefahrklasse, wenn es sonst in der Berufsgenossenschaft zu unzumutbaren „Beitragsverzerrungen" kommen würde (Abschnitt 3.4.3).
- Der DDR-Lastenausgleich verstößt gegen Art. 3 I GG (Abschnitt 3.5).

  - Der Verteilungsschlüssel auf Datenbasis 1994 kann heute nicht mehr allgemein angewendet werden, weil dadurch insbesondere die VBG, die BGW sowie die Bau-Berufsgenossenschaft Bayern und Sachsen und die Tiefbau-BG übermäßig benachteiligt werden. Dies geht auf die Änderung der gesellschaftlichen und wirtschaftlichen Verhältnisse seit 1994 zurück (Abschnitt 3.5.3).
  - Diese Entwicklung macht eine Härteklausel notwendig (Abschnitt 3.5.4).
- Rechtsfolge der Verstöße gegen Art. 3 I GG ist
  - die Nichtigkeit des DDR-Lastenausgleichs; er ist für die Zukunft neu zu fassen (Abschnitt 3.6.3);
  - die Notwendigkeit, eine Regelung zu schaffen, mit der – ebenfalls mit Wirkung für die Zukunft – die Verteilung der rechnerischen Anteile der sich nicht erstreckenden Berufsgenossenschaften in rechtmäßiger Weise erfolgen kann (Abschnitt 3.6.4).

Stichwortverzeichnis

Frankfurter Abhandlungen zum Sozialrecht

Herausgegeben von
Ingwer Ebsen, Franz Ruland und Michael Stolleis

In der Reihe "Rechtswissenschaft" der EUROPÄISCHEN HOCHSCHULSCHRIFTEN sind bereits erschienen:

Gudrun Doering-Striening: Die Versagung von Opferentschädigungsleistungen gemäß § 2 Abs. 1 OEG. Zugleich ein Beitrag über Handhabung und Bedeutung von § 2 Abs. 1 OEG in der Praxis. EHS II, Band 657. 1988.

Ernst-Peter Gerhardt: Integrative Erziehung behinderter und nichtbehinderter Kinder im Kindergarten – rechtlicher Rahmen und Finanzierung. EHS II, Band 947. 1990.

Anne Breuer: Antidiskriminierungsgesetzgebung – Chancen oder Irrweg? Zur Verfassungsmäßigkeit und Geeignetheit gesetzgeberischer Maßnahmen zur Förderung der Gleichberechtigung. EHS II, Band 1112. 1991.

Michael von Savigny: Die Gesundheitsfürsorge im Strafvollzug unter besonderer Berücksichtigung der Gefangenen im freien Beschäftigungsverhältnis. EHS II, Band 1254. 1992.

Bernd Schieferstein: Die Wahrnehmung überörtlicher Sozialhilfeaufgaben durch höhere Kommunalverbände – am Beispiel des Landeswohlfahrtsverbandes Hessen. EHS II, Band 1294. 1992.

Band 1 Theresia Degener: Das ambulante Pflegerechtsverhältnis als Modell eines Sozialrechtsverhältnisses. 1994.

Band 2 Martina Keil-Löw: Die Kündigung des Versorgungsvertrags eines Plankrankenhauses nach § 110 SGB V. Suche nach einem wirksamen Instrument zur Steuerung der Krankenhauskapazität. 1994.

Band 3 Thomas Stöhr: Reform der einkommensteuerlichen Behandlung von Alterseinkünften. 1998.

Band 4 Martin Gegenwart: Die sozialrechtliche Stellung des Asylbewerbers in Frankreich und Deutschland. 1998.

Band 5 Frank Ehmann: Verwaltungsakte mit Dauerwirkung im Sozialhilferecht. 1999.

Band 6 Georg Karuth: Kindererziehungszeiten in der gesetzlichen Rentenversicherung. Verfassungsmäßigkeit der subsidiären Anrechnungsmethode. 2000.

Band 7 Angela Busse: Die medizinische Rehabilitation geistig und psychisch Behinderter. Zur Dogmatik medizinischer Rehabilitationsleistungen im Recht der finalen Sozialversicherungsträger. 2000.

Band 8 Knut Hinrichs: Selbstbeschaffung im Jugendhilferecht. Zur Aktualität fürsorgerechtlicher Grundsätze in der Jugendhilfe. 2003.

Band 9 Jürgen Fenn: Verfassungsfragen der Beitragsgestaltung in der gewerblichen Unfallversicherung. Gefahrtarif und DDR-Altlasten als Gleichheitsproblem. 2006.

www.peterlang.de

Axel Busch

Eine ökonomische Analyse der gesetzlichen Unfallversicherung

Frankfurt am Main, Berlin, Bern, Bruxelles, New York, Oxford, Wien, 2005.
466 S., zahlr. Tab. und Graf.
Europäische Hochschulschriften: Reihe 5, Volks- und Betriebswirtschaft. Bd. 3144
ISBN 3-631-53994-0 · br. € 74.50*

Die gesetzliche Unfallversicherung (GUV) ist ein öffentlich-rechtliches Sozialversicherungssystem zur Verhütung und Absicherung arbeitsbedingter Gesundheitsrisiken und -schäden. Vor dem Hintergrund hoher Lohnnebenkosten in Deutschland wird die Monopolstellung der GUV auf dem Versicherungsmarkt durch Politik und Wirtschaftsverbände zunehmend kritisiert und die Einführung eines privaten Versicherungsmarktes zur Steigerung der Effizienz optional zur GUV erwogen. Diese Analyse untersucht ausgehend von den komplexen Wechselwirkungen zwischen Prävention und Versicherungsschutz die Fragestellung, ob durch Deregulierung höhere Effizienz auf dem Versicherungsmarkt insgesamt erreicht werden kann. Mögliche Informationsasymmetrien auf Versicherungsmärkten sowie Veränderungen der Transaktions- und Produktionskosten durch Änderung der Versicherungsmarktstruktur bilden dabei wesentliche Aspekte der Untersuchung.

Aus dem Inhalt: Ökonomische Bedeutung von Unfallversicherungssystemen · Präventions- und Versicherungsfunktion der GUV · Versicherungsschutz und Prävention unter dem Aspekt von öffentlichen Gütern und externen Effekten · Adverse Selektion und Moral Hazard in Unfallversicherungssystemen · Prävention und Transaktionskosten · Produktionskosten von öffentlichen und privaten Versicherungsmärkten

Kolibri 360 GmbH
Ferdinand-Jühlke-Straße 7
99095 Erfurt, Deutschland
produktsicherheit@kolibri360.de

Druck:
CPI Druckdienstleistungen GmbH
im Auftrag der
Kolibri 360 GmbH
Ferdinand-Jühlke-Str. 7
99095 Erfurt